晉紀　東晉紀

南北朝　宋　紀附北魏　齊　紀附北魏

梁　紀附北魏東西魏北齊北周

陳　紀附北齊北周　隋　紀

第三册

綱鑑易知錄

卷三十至
卷四十一

晉武帝太康二年（公元二八一年）起
隋恭帝侗皇泰二年（公元六一九年）止

中華書局

綱鑑易知錄卷二十

晉紀

世祖武皇帝

綱　辛丑，二年，(二八一)春三月，選吳伎妾五千人入宮。

目　帝既平吳，頗事遊宴，怠於政事，掖庭殆將萬人。常乘羊車，恣其所之，至便宴寢；宮人競以竹葉插戶，鹽汁灑地，以引帝車。后父楊駿及弟珧、濟始用事，勢傾內外，時人謂之三楊，舊臣多被疏退。山濤數有規諷，帝雖知而不能改。

綱　冬十月，鮮卑慕容涉歸寇昌黎。鮮卑，東胡種名。(昌黎郡治昌黎縣，在今遼寧淩源縣境。)

目　初，鮮卑莫護跋始自塞外入居遼西棘城之北，(漢、魏遼西郡，有今河北東北部及遼寧西部地。)號慕容部。至孫涉歸，遷於遼東之北，世附中國，數從征討有功，拜大單于。至是，始叛寇昌黎。

自漢、魏以來，羌、胡、鮮卑降者，多處之塞內諸郡。其後數因忿恨，殺害長吏，漸爲民患。侍御史郭欽上疏曰：「戎狄彊獷，獷，粗惡貌。歷古爲患。宜及平吳之威，謀臣猛將之略，漸徙內郡雜胡於邊地，峻四夷出入之防，明先王荒服之制，此萬世長策也。」不聽。

竹葉引羊車　三楊

綱　壬寅，三年，(二八二)春正月朔，帝親祀南郊。

目　禮畢，帝問司隸校尉劉毅曰：「朕可方漢何帝？」對曰：「桓、靈。」帝曰：「何至於此？」對曰：「桓、靈賣官錢入官庫，陛下賣官錢入私門，以此言之，殆不如也。」帝大笑曰：「桓、靈不聞此言，今朕有直臣，固爲勝之。」

競以奢侈相高

中護軍羊琇，景獻后之從父弟也；景獻后，文帝后羊氏。後將軍王愷，文明后之弟也；文明后，武帝后王氏。散騎常侍石崇，苞之子也。石苞，前揚州都督。三人皆富於財，競以奢侈相高。車騎司馬傅咸上書曰：「先王之治天下，食肉衣帛，皆有其制，奢侈之費，甚於天災。古者人稠地狹，而有儲蓄，由於節也。今土廣人稀，而患不足，由於奢也。欲時人崇儉，當詰其奢，奢不見詰，轉相高尚，無有窮極矣！」

綱　以張華都督幽州軍事。(幽州都督治涿縣，在今河北涿縣北。)

綱　夏四月，魯公賈充卒。

目　充老病，自憂謚傳，從子模曰：「是非久自見，不可掩也！」至是薨，無嗣，妻郭槐欲以外孫韓謐爲世孫，謐音密。曹軫諫曰：「禮無異姓爲後之文。」槐表陳之，云充遺意，帝許之。及太常議謚，博士秦秀曰：「充悖禮溺情，以亂大倫。昔鄫養外孫莒公子爲後，鄫音情，姒姓國。莒，嬴姓國。莒女嫁爲鄫後夫人，無男，有女，還嫁于莒，有外孫。鄫子愛後夫人而無子，立其外孫。春秋書『莒人滅鄫』。襄公六年穀梁傳：「莒人滅鄫，非滅也，立異姓以涖祭祀，滅亡之道也。」絶父祖之血食，開朝廷之亂原。

按謚法『昏亂紀度曰荒』，請謚荒公。」帝更曰武。

綱 癸卯，四年，（二八三）夏，琅邪王伷卒。

目 謚曰武，子覲嗣。

孫皓卒

綱 冬，歸命侯孫皓卒。

綱 甲辰，五年，（二八四）春正月，龍見武庫井中。

綱 乙巳，六年，（二八五）春正月，尚書左僕射劉毅卒。

劉毅論九品中正

目 初，陳羣以吏部不能審覈天下之士，故令郡國及州各置中正，皆取本土之人，任朝廷官、德充才盛者爲之使，銓次等級，以爲九品，（見卷二十七魏文帝黄初元年「魏立九品法」目。）有言行脩著則升之，道義虧缺則降之，吏部憑以補授。行之寖久，中正或非其人，姦敝日滋。毅嘗上疏曰：「中正之設，損政者八：高下逐强弱，是非隨愛憎，一人之身，旬日異狀，上品無寒門，下品無勢族，一也。置州都者，本取州里清議所服，將以鎮異同，一言議也；今重其任而輕其人，使駁論横於州里，嫌隙結於大臣，二也。本立格於九品者，謂才德有優劣，倫輩有首尾也；今乃優劣易地，首尾倒錯，三也。陛下賞善罰惡，無不裁之以法；獨中正無賞罰之防及禁人訴訟，使受枉者不獲上聞，四也。一國之士多者千數，或流徙異邦，面猶不識，不過采譽於臺府，納毁於流言；任己則有不識之蔽，聽受則有彼此之偏，五也。凡求人才以治民也；今當官著效者或附卑品，在官無績者更獲高敍，抑功實而隆虚名，長浮華而廢考績，六也。凡官不同事，人不同能；今不狀其才之所宜，而但第爲九品。以品取人，或非才能之所長，以狀取人，則爲本品之所限，徒結白論，品狀相妨，七也。所下不彰其罪，所上不列其善，各任愛憎以植其私，天下之人焉得不懈德行而銳人事，八也。由此論之，職名中正，實爲姦府；事名九品，而有八損。宜罷中正，更立一代之制。」帝雖善其言，而終不能改。

綱 冬，慕容廆寇遼西。廆音灰，上聲。慕容廆，涉歸之子。

綱 丙子，七年，(二八六)春正月朔，日食。

魏舒先行後言

綱 司徒魏舒罷。

目 舒稱疾，遜位。舒所爲，必先行而後言，遜位之際，莫有知者。衞瓘與書曰：「每與足下共論此事，日日未果，可謂『瞻之在前，忽焉在後』矣。」(論語子罕篇顏淵語。)

綱 丁未，八年，(二八七)春正月朔，日食。

綱 戊申，九年，(二八八)春正月朔，日食。

綱 秋八月，星隕如雨。

慕容廆爲鮮卑都督

綱 己酉，十年，(二八九)夏四月，慕容廆降，以爲鮮卑都督。

荀勖卒

綱 冬十一月，尚書令荀勖卒。

目 勖有才思，善伺人主意，以是能固其寵。久在中書，專管機事。及遷尚書，甚罔悵。罔同惘。人有賀之者，勖曰：「奪我鳳凰池，俗謂中書省也。諸君何賀邪！」

綱 遣諸王假節之國，督諸州軍事。封子孫六人爲王。

目 帝極意聲色，遂至成疾。楊駿忌汝南王亮，（汝南國都懸瓠城，即今河南汝南縣。）以爲大司馬、都督豫州諸軍事，鎮許昌；（此時豫州治許昌，即今河南許昌市。）又徙皇子南陽王柬爲秦王，都督關中；（謂今陝西省。）瑋爲楚王，都督荆州；（治江陵，即今湖北江陵縣。）允爲淮南王，（淮南，即今江蘇揚州市。）都督揚、江二州諸軍事；（揚州治秣陵，在今江蘇南京市南。江州治武昌，即今湖北武漢市武昌城。）並假節之國。立皇子乂爲長沙王，（長沙國都臨湘，即今湖南長沙市。）穎成都王，（晉成都國，在今湖北監利縣西北。）晏吳王，（吳國都吳縣，即今江蘇蘇州市。）熾豫章王，（豫章國都南昌，即今江西南昌市。）演代王；（代國都代縣，在今河北蔚縣西。）孫遹廣陵王。（廣陵國都廣陵，在今江蘇揚州市東北。）

初，帝以才人謝玖賜太子，生遹。宮中嘗夜失火，帝登樓望之，遹年五歲，牽帝裾入闇中，衣後曰裾。闇同暗。曰：「暮夜倉猝，宜備非常，不可令照見人主。」帝奇之。嘗稱遹似宣帝，司馬懿。故天下咸歸仰之。帝知太子不才，然恃遹明慧，故無廢立之心。帝爲遹高選僚佐，以散騎常侍劉寔志行清素，寔音殖。命爲之傅。寔以時俗喜進趣，少廉讓，嘗著崇讓論，以爲：「人情爭則欲毀己所不如，而優劣難分；讓則競推於勝己，而賢智顯出。當此時也，能退身脩己，則讓之者多矣；馳騖進趣，而欲人見讓，猶却行而求前也。」

綱 以劉淵爲匈奴北部都尉。

楊駿爲大都督

劉淵爲五部大都督

賈后廢楊太后

目 淵輕財好施，傾心接物，五部豪傑，（五部，曹操分南匈奴爲五部，置之內地。）幽、冀名儒，（冀州治房子縣，在今河北元氏縣東南。）多往歸之。

孝惠皇帝

名衷，武帝太子，在位十七年，中毒而崩，壽四十八歲。諡法：「安民好與曰惠。」

綱 庚戌，孝惠皇帝永熙元年，（二九〇）不踰年改元。夏四月，以楊駿爲太尉，輔政。

綱 帝崩，太子衷卽位。尊皇后曰皇太后，立皇后賈氏。

綱 五月，葬峻陽陵。（在今河南洛陽市東南。）詔羣臣增位賜爵有差。

綱 以楊駿爲太傅、大都督，假黃鉞，錄朝政，百官總已以聽。

綱 秋八月，立廣陵王遹爲太子。以劉淵爲匈奴五部大都督。

綱 琅邪王覲卒。

目 諡曰恭，子睿嗣。（睿卽元帝。）

綱 辛亥，元康元年，（二九一）春三月，皇后賈氏殺太傅楊駿，廢皇太后爲庶人。

目 賈后不以婦道事太后，又欲預政，而爲楊駿所抑。殿中中郎孟觀、李肇皆駿所不禮也，賈后使黃門董猛與觀、肇謀誅駿，廢太后。又使報楚王瑋，瑋許之，乃求入朝。至是，觀、肇啓帝，夜作詔，誣駿謀反，命東安公繇，（繇，琅邪武王之子。）（東安郡治蓋縣，在今山東沂水縣西北。）帥殿中四百人討之，瑋屯司馬門。（天子門有司馬主武事，故名。）皇太后題帛爲書，射城外，曰：「救太傅者有賞。」賈后因宣言太后同反。尋殿中兵出，燒駿府，駿逃于廐，就殺之。遂收珧、濟，

賈謐

賈謐二十四友

賈后殺太宰亮等

俱駿弟。夷三族。珧臨刑，告東安公繇曰：「表在石函。」宗廟中藏神主石室。（見卷二十九武帝咸寧二年「駿爲車騎將軍」曰。）繇不聽。賈后矯詔，送太后于永寧宮，有司奏請：「廢太后爲庶人，詔金墉城。」（金墉城，在今河南洛陽市內。）詔可。

綱 徵汝南王亮爲太宰，與太保衞瓘錄尚書事。

目 亮頗專權勢，御史中丞傅咸諫，亮不從。賈后族兄模、從舅郭彰、女弟之子賈謐，即韓謐。與楚王瑋、東安公繇，並預政。后暴戾日甚，繇密謀廢后，繇兄澹素惡繇，屢譖於亮，詔免繇官，廢徙帶方，（帶方郡治帶方縣，在今朝鮮民主主義人民共和國平壤西南。）於是謐、彰權勢愈盛。謐雖驕奢，而喜延士大夫，彰與石崇、陸機、機弟雲、潘岳、摯虞、左思、牽秀、劉輿、輿弟琨等皆附於謐，號「二十四友」。

綱 夏六月，皇后殺太宰亮、太保瓘及楚王瑋。

目 太宰亮、太保瓘以楚王瑋剛愎好殺，愎音闢，很也。謀遣瑋之國。瑋長史公孫宏、舍人岐盛，勸瑋自昵於賈后；昵，近也。后留瑋領太子少傅。盛素善於楊駿，瓘惡其反覆，將收之。盛乃因將軍李肇矯稱瑋命，譖亮、瓘於賈后，云將謀廢立。后素怨瓘，且患二公秉政，己不得專恣，六月，使帝作手詔賜瑋曰：「太宰、太保欲爲伊、霍之事，伊尹放太甲，霍光廢昌邑王。王宜宣詔，屯諸宮門，免亮、瓘官。」瑋亦欲因此復私怨，遂遣宏、肇以兵圍亮府，清河王遐收瓘。亮遂爲肇所執，與世子矩俱死。初，瓘爲司空，帳下督榮晦有罪，斥遣之。至是，晦從

張華說賈后殺楚王

遐收瓘，輒殺瓘及子孫共九人。張華使董猛說賈后曰：「楚王既誅二公，則威權盡歸之矣，人主何以自安！宜以專殺之罪誅之。」遂執瑋，斬之。宏、盛夷三族。

衛瓘女與國臣書曰：（國臣，瓘官屬，如主簿劉繇等。）「先公名謚未顯，一國無言，春秋之失，其咎安在？」太保主簿劉繇等執黃幡，撾登聞鼓，訟瓘冤。（登聞院懸鼓以達冤人。）乃詔族誅榮晦，追復亮、瓘爵位；謚亮曰文成，謚瓘曰成。

綱 以賈模、張華、裴頠爲侍中，（頠音危，上聲。）並管機要。

目 華盡忠帝室，彌縫遺闕，后雖凶險，猶知敬重，與模、頠同心輔政，故數年之閒，雖闇主在上，而朝野安靜。

賈后弑楊太后

綱 壬子，二年，（二九二）春二月，皇后賈氏弒故皇太后楊氏于金墉城。

目 時太后尚有侍御十餘人，賈后悉奪之，絕膳八日而卒。賈后覆而殯之。

綱 甲寅，四年，（二九四）司隸校尉傅咸卒。

目 咸性剛簡，風格峻整，初爲司隸，上言：「貨賂流行，所宜深絕。」奏免河南尹澹等官，（河南尹司馬澹。）京師肅然。

綱 慕容廆徙居大棘城。（在今遼寧義縣西北。）

張華爲司空

綱 丙辰，六年，（二九六）春，以張華爲司空。

綱 秋八月，秦、雍氐、羌齊萬年反，（秦州治上邽，在今甘肅天水市西南。又北秦州，治氐池，在今甘

遣周處討氐羌

肅徽成縣西北，即氐故居。雍州治長安，在今陝西西安市西北。）冬十一月，遣將軍周處等討之。

目 初，御史中丞周處，彈劾不避權威，梁王肜嘗違法，（梁國都漢中，今陝西漢中市。）肜音容。處按劾之。至是，秦、雍氐、羌悉反，其帥齊萬年僭帝號，圍涇陽。（在今甘肅平涼市西。）詔以處爲建威將軍，隸安西將軍夏侯駿以討之。萬年聞處來，曰：「周府君有文武才，若專斷而來，不可當也；或受制於人，此成禽耳！」

周處戰死

綱 丁巳，七年，（二九七）春正月，將軍周處及齊萬年戰，敗，死之。

目 齊萬年屯梁山，（在今陝西乾縣西北。）有衆七萬；梁王肜、夏侯駿使周處以五千兵擊之。處曰：「軍無後繼，必敗，不徒身亡，爲國取恥。」肜、駿逼遣之。處攻萬年，自旦戰至暮，斬獲甚衆，絃絕矢盡，救兵不至。左右勸處退，處按劍曰：「是吾效節致命之日也！」遂力戰而死。

王戎爲司徒

綱 秋九月，以王戎爲司徒。

賣李鑽核

目 戎爲三公，與時浮沉，無所匡救，委事僚寀，同官爲僚，同地爲寀。輕出遊放。性復貪吝，園田徧天下，每自執牙籌，晝夜會計，常若不足。家有好李，賣之恐人得種，常鑽其核。凡所賞拔，專事虛名。阮咸之子瞻嘗見戎，戎問曰：「聖人貴名教，老、莊明自然，其旨異同？」瞻曰：「將無同！」將無，猶言無乃、得無之類，其意蓋言同也。戎咨嗟良久，遂辟之。辟，舉也。時人謂之「三語掾」。官屬曰掾。

三語掾

寧馨兒

士大夫尚浮誕

裴頠崇有論

是時，王衍爲尚書令，樂廣爲河南尹，皆善清談，宅心事外，名重當世，朝野爭慕效之。衍與弟澄，好品題人物，舉世以爲儀準。衍神清明秀，少時山濤見之，曰：「何物老嫗，嫗，婦老稱。生寧馨兒！寧馨，猶言恁地。然誤天下蒼生者，未必非此人也！」廣性沖約清遠，與物無競。每談論，以約言析理，厭人之心，而其所不知，默如也。凡論人，必先稱其所長，則所短不言自見。澄及阮咸、咸從子脩、胡毋輔之、謝鯤、王尼、畢卓，皆以任放爲達。任，縱意也。放，放誕也。輔之嘗酣飲，其子謙之厲聲呼之曰：「彥國！輔之字彥國。年老，不得爲爾！」輔之歡笑，呼入共飲。卓比舍郎釀熟，醞酒爲釀。因夜至甕閒盜飲，爲掌酒者所縛，明旦視之，乃畢吏部也。廣聞而笑之曰：「名教內自有樂地，何必乃爾！」

初，何晏等祖述老、莊，立論以爲：「天地萬物，皆以無爲本。無也者，開物成務，無往不存者也。陰陽恃以化生，賢者恃以成德。故無之爲用，無爵而貴矣！」衍等愛重之。由是士大夫皆尚浮誕，廢職業。裴頠著崇有論以釋其蔽曰：「利欲可損而未可絕有也，事務可節而未可全無也。談者深列有形之累，盛稱空無之美。遂薄綜世之務，賤功利之用，高浮游之業，卑經實之賢。人情所徇，名利從之，於是立言藉於虛無，謂之玄妙；處官不親所職，謂之雅遠；奉身散其廉操，謂之曠達；故悖吉凶之禮，忽容止之表，瀆長幼之序，混貴賤之級，無所不至。夫萬物之生，以有爲分者也。分音問。故心非事也，而制事必由於心，不可謂心爲無也；匠非器也，而制器必須於匠，不可謂匠非有也。由此而觀，濟有者皆有也，虛無

擊獲齊萬年

江統徙戎論

帝戇騃

奚益於已有之羣生哉！」

綱 戊午，八年，（二九八）秋九月，遣將軍孟觀討齊萬年。

綱 己未，九年，（二九九）春正月，觀擊萬年，獲之。

目 太子洗馬江統，以爲戎、狄亂華，宜早絕其原，乃作徙戎論以警朝廷曰：「四夷之中，戎、狄爲甚，弱則畏服，彊則侵叛。是以有道之君，待之有備，禦之有常，雖稽顙執贄而邊城不弛固守，彊暴爲寇而兵甲不加遠征，期令境內獲安，疆埸不侵而已。夫關中帝王所居，未聞戎、狄宜在此土也。非我族類，其心必異。而士庶翫習，侮其輕弱，以貪悍之性，挾憤怒之情，候隙乘便，輒爲橫逆；此必然之勢也。夫爲邦者憂，不在寡而在不安，以四海之廣，士民之富，豈須夷虜在內，然後取足哉！此等皆可申諭發遣，還其本域，慰彼土思，土思，懷土之思。惠此中國，於計爲長也。」朝廷不能用。

綱 秋八月，侍中賈模卒，以裴頠爲尚書僕射。

目 賈后淫虐日甚，私於太醫令程據等。賈模數爲后言禍福，后反以模爲毀己而疏之；模憂憤而卒。裴頠雖后親屬，然雅望素隆，四海惟恐其不居權位。頠拜尚書僕射，又詔專任門下事，頠上表固辭。或謂曰：「君可以言，當盡言於中宮；言而不從，當遠引而去。儻二者不立，雖有十表，難以免矣。」頠不能從。

帝爲人戇騃，戇，愚也。騃，音涯，上聲，癡也。嘗在華林園聞蝦蟆，華林園，魏明帝建。謂左右曰：

何不食肉糜

魯褒錢神論

韋忠

賈后殺故太子

趙王倫殺賈后

「此鳴者，爲官乎，爲私乎？」時天下荒饉，百姓餓死，帝聞之曰：「何不食肉糜！」肉糜，煮肉使糜爛也。由是權在羣下，政出多門，賈、郭恣横，賈，賈后家。郭，賈后母郭槐家。貨賂公行。南陽魯褒作錢神論以譏之。（南陽，即今河南南陽市。）錢神論略曰：「錢之爲體，有乾坤之象，親之如兄，字曰孔方。無德而尊，無勢而熱，凡今之人，惟錢而已！」

頠薦平陽韋忠於張華，（平陽，在今山西臨汾縣西。）華辟之，忠辭疾不起。人問其故，忠曰：「張茂先華而不實，張華字茂先。裴逸民慾而無厭，裴頠字逸民。棄典禮而附賊后，此豈大丈夫之所爲！常恐其溺於深淵而餘波及我，況可褰裳而就之哉！」褰同搴。詩鄭風（褰裳）：「褰裳涉溱」。關內侯索靖，知天下將亂，指洛陽宮門銅駝歎曰：「會見汝在荆棘中耳！」

綱　冬十二月，廢太子遹爲庶人。賈后廢之。

綱　庚申，永康元年，（三〇〇）春正月，幽故太子遹於許昌。

綱　三月，尉氏雨血，（尉氏，即今河南尉氏縣。）妖星見南方，太白晝見，中台星拆。三台之中台星也。拆，裂也。

目　張華少子韙勸華遜位，韙音委。華曰：「天道幽遠，不如靜以待之。」

綱　皇后殺故太子遹。賈后使太醫令程據和毒藥，遣黃門孫慮至許昌，逼太子殺之。

綱　夏四月，趙王倫廢皇后賈氏爲庶人，趙王倫，宣帝子。殺之；遂殺司空張華、僕射裴頠，自爲相國，追復故太子位號。

趙王倫謀篡位

趙王倫殺潘岳石崇

目　趙王倫矯詔敕三部司馬曰：「中宮與賈謐等殺太子，今使車騎入廢中宮，不從者誅三族。」衆皆從之。遣齊王冏將百人排閤迎帝幸東堂，齊王冏，武帝弟齊王攸之子。召賈謐斬之，遂廢后爲庶人。倫陰與孫秀謀篡位，欲先除朝望，且報宿怨，元康六年趙王倫用孫秀計深交賈、郭，賈后大愛信之，因求錄尙書事；張華、裴頠固執不可，倫、秀由是怨之。乃執張華、裴頠等於殿前，皆斬之，夷三族。倫送賈庶人於金墉城，誅董猛、孫慮、程據等。於是，倫自爲都督中外諸軍事、相國、侍中，孫秀等並據兵權。

倫素庸愚，復受制於秀。秀爲中書令，威權振朝廷，天下皆事秀而無求於倫。詔追復故太子遹位號，立臧爲臨淮王。臧，遹子。（臨淮國都盱眙縣，即今江蘇盱眙縣。）有司奏：「尙書令王衍備位大臣，太子被誣，志在苟免，請禁錮終身。」從之。倫遂矯詔遣使齎金屑酒賜賈后，死於金墉城。

綱　五月，立臨淮王臧爲皇太孫。

綱　秋八月，淮南王允討趙王倫，不克而死。

綱　趙王倫殺黃門郎潘岳、衞尉石崇等。

目　初，孫秀嘗爲小吏，岳屢撻之。崇之甥歐陽建素與倫有隙，崇有愛妾綠珠，秀求之，不與。及淮南王允敗，秀因稱崇、岳、建奉允爲亂，收之。崇歎曰：「奴輩利吾財耳！」收者曰：「知財爲禍，何不早散之！」崇不能答。

趙王倫稱帝

狗尾續貂

白版封

齊王冏等討趙王倫

齊王冏爲大司馬輔政

初，岳母常誚責岳曰：「汝當知足，而乾沒不已乎！」乾沒，謂無潤及之而取他人也。及敗，岳謝母曰：「負阿母！」遂皆族誅。

綱　冬十一月，立皇后羊氏。后，尚書郎玄之之女，秀之黨也。

綱　辛酉，永寧元年，(三〇一)春正月，趙王倫自稱皇帝，遷帝於金墉城，殺太孫臧。

目　趙王倫逼奪璽、綬，備法駕入宮，卽位。帝出居金墉城，尊爲太上皇。廢皇太孫爲濮陽王，(濮陽，在今河南濮陽縣南。)殺之。以孫秀爲侍中、中書監，其餘黨與皆爲卿、將，奴卒亦加爵位。每朝會，貂蟬盈坐，貂蟬，侍中、中常侍冠也，以貂尾爲飾，附蟬爲文。貂取其內勁悍而外溫潤，蟬居高清潔飲露而不食，故以爲冠飾。時人爲之諺曰：「貂不足，狗尾續。」府庫之儲，不足以供賜與。應侯者多，鑄印不給，或以白版封之。

綱　三月，齊王冏及成都王穎、河間王顒等，顒，安平獻王孚之孫。舉兵討倫，倫遣兵拒之。

綱　閏月朔，日食。

綱　自正月至於是月，五星互經天，縱橫無常。

綱　夏四月，成都王穎擊敗倫兵，帥師濟河，左衞將軍王輿等迎帝復位，倫伏誅。

綱　六月，以齊王冏爲大司馬，輔政；成都王穎爲大將軍，河間王顒爲太尉，各還鎭。

目　齊、成都、河間三府，各置掾屬四十人，武號森列，文官備員而已，識者知兵之未戢也。戢，止也。新野王歆說冏奪穎兵權，(新野，在今河南新野縣南。)長沙王乂亦勸穎圖冏，聞者憂

河間長沙王殺齊王冏

懼。盧志謂穎曰：「大王逕前濟河，功無與二。然兩雄不俱立，宜因太妃微疾，太妃，穎母。求還定省，委重齊王，以收四海之心。」穎從之。表稱冏功德，宜委以萬機，即時歸鄴。（在今河北磁縣東。）由是士民之譽，皆歸穎。

綱 壬戌，太安元年，（三〇二）夏，立清河王覃爲皇太子。

目 齊王冏欲久專政，以帝子孫俱盡，大將軍穎有次立之勢；清河王覃，（清河國治清河縣，在今山東高唐縣西南。）武帝孫也，方八歲，上表請立爲皇太子。

綱 冬十二月，河間王顒使長沙王乂殺齊王冏。

目 齊王冏驕奢擅權，起府第與西宮等。侍中嵇紹上疏曰：「存不忘亡，易之善戒也。易繫辭下傳：「君子安而不忘危，存而不忘亡，治而不忘亂。」臣願陛下無忘金墉，（永寧元年趙王倫稱帝，遷帝於金墉城。）大司馬無忘潁上，去年齊王冏討趙王倫於潁上，屢爲倫將張泓所破。（潁上謂今河南許昌市西南潁水之上。）大將軍無忘黃橋，去年成都王穎討趙王倫，至黃橋，爲倫將孫會等所敗。（黃橋，在今河南汲縣東北朝歌鎮西。）則禍亂之萌無由而兆矣。」冏耽於宴樂，不入朝見；坐拜百官，符敕三臺；三臺，尚書爲中臺，御史爲憲臺，謁者爲外臺。選舉不均，嬖寵用事。

張翰、顧榮皆慮及禍，去年齊王冏辟張翰爲掾，顧榮爲主簿。翰因秋風起，思菰菜、蓴羹、鱸魚鱠，菰，彫胡也，江南人呼爲茭草。蓴音純，水葵也，以五味和煮爲羹。鱸魚，巨口細鱗，松江之鱸也，聶而切之爲鱠。歎曰：「人生貴適志耳，富貴何爲！」即引去。榮故酣飲，不省府事，以廢職徙爲中書侍郎。穎川處士庾袞，（潁川郡治許昌，即今河南許昌市。）聞冏朞年不朝，歎曰：「晉室卑矣，禍亂將興！」帥妻子逃於林慮山中。（林慮山，在今河南林縣西。）

冏以河間王顒本附趙王倫，恨之。顒長史李含因說顒曰：「成都王，至親，有大功，推讓還藩，甚得衆心。齊王越親而專政，朝廷側目。今檄長沙王使討齊，檄，徵兵之書。齊王必誅長沙，吾因以爲齊罪而討之，去齊立成都，除逼建親，以安社稷，大勳也。」顒從之。檄乂使討冏；冏衆大敗，執冏斬之，同黨皆夷三族。

成都河間王反

綱　癸亥，二年，（三〇三）秋七月，河間王顒、成都王穎舉兵反。九月，帝自將討穎，顒將張方入城大掠。

首鼠兩端

目　成都王穎恃功驕奢，嫌長沙王乂在內，不得逞其欲，與河間王顒共表：「乂論功不平，專擅朝政，請遣乂還國。」顒以張方爲都督，將精兵七萬，東趨洛陽。穎以陸機爲前鋒都督，督王粹、牽秀、石超等軍二十餘萬向洛陽。機以羇旅事穎，羇，音雞，寄也。旅，客也。一旦頓居諸將之右，粹等心皆不服。孫惠勸機讓都督於粹，機曰：「彼將謂吾首鼠兩端，漢書灌夫傳：「首鼠兩端。」陸佃云：「鼠性疑，出穴多不果，故持兩端者謂之首鼠。」適所以速禍也。」帝如十三里橋。乂使皇甫商將萬餘人拒張方於宜陽，（在今河南宜陽縣西。）方襲敗之。帝幸緱氏，（在今河南偃師縣南。）擊牽秀，走之。張方入京城大掠，死者萬計。

綱　冬十月，長沙王乂奉帝及穎兵戰于建春門，大破之。

華亭鶴唳

東海王殺長沙王

潁爲丞相

目 帝自緱氏還宮。乂奉帝與陸機戰于建春門，機軍大敗。初，宦者孟玖有寵於潁，與機有隙。至是，玖譖於潁曰：「機有二心於長沙。」牽秀等素諂事玖，相與證之。潁大怒，使秀將兵收機。機聞秀至，釋戎衣，著白帢，帢，巾帽，士服也，狀如弁，缺四隅。與秀相見，爲牋辭潁，既而歎曰：「華亭鶴唳，唳音例。唳，鶴鳴也。（華亭，在今上海市松江縣西。）可復聞乎！」秀遂殺之。潁又收陸雲及機司馬孫拯下獄，陸雲，機弟。玖催令殺雲，夷三族。獄吏掠拯數百，兩踝骨見，腿兩旁曰內外踝。終言機冤。吏知拯義烈，謂曰：「二陸之枉，誰不知之！君何不愛身乎？」拯仰天歎曰：「陸君兄弟，世之奇才，吾蒙知愛。今既不能救其死，忍復從而誣之乎！」玖等令獄吏詐爲拯辭，亦夷三族。拯門人費慈、宰意詣獄明拯冤，拯譬遣之曰：「吾義不負二陸，死自吾分；卿何爲爾邪！」曰：「君既不負二陸，僕又安可負君！」固言拯冤，玖又殺之。

綱 十一月，長沙王乂奉帝討張方，不克。潁進兵逼京師，詔雍州刺史劉沉討顒。

綱 甲子，永興元年，（三〇四）漢高祖劉淵元熙元年，成太宗李雄建興元年，是歲僭國二，大一，小一。春正月，東海王越使張方殺長沙王乂。（東海國即東海郡，都郯，在今山東郯城縣西。）越，晉宗室之疏屬。潁入京師，自爲丞相；尋還鎮鄴。

綱 雍州刺史劉沉及顒戰，敗，死之。

目 顒聞沉兵起，退入長安。沉渡渭而軍，與顒戰，顒黨張輔橫擊之，沉兵敗，沉南走，獲之。沉謂顒曰：「知己之惠輕，去年祖逖言於長沙王乂曰：「劉沉忠義果毅，雍州兵力足制河間。」乂啓帝，詔

顒爲太宰　東海王討穎　嵇侍中血　幽并兵討穎

沉發兵討顒。君臣之義重，沉不可違天子之詔，量彊弱以苟全。投袂之日，投袂，拂袖而起也。期之必死，菹醢之戮，醢音海。其甘如薺。」詩邶風（谷風）：「誰謂荼苦？其甘如薺。」荼，苦菜；薺，甘菜。顒怒，斬之。

綱　二月，穎廢皇后羊氏及太子覃。

綱　顒表穎爲皇太弟，自爲太宰、雍州牧。

綱　秋七月，東海王越奉帝征穎，復皇后、太子。穎遣兵拒戰蕩陰，（在今河南湯陰縣西南。）蕩音湯。侍中嵇紹死之，帝遂入鄴。越走歸國。

目　穎僭侈日甚，東海王越與右衛將軍陳聄勒兵入雲龍門，以詔召三公百僚，戒嚴討穎。復皇后羊氏及太子覃。越奉帝北征，徵前侍中嵇紹詣行在。天子以四海爲家，故行曰乘輿，止曰行在。侍中秦準謂紹曰：「今往，安危難測，卿有佳馬乎？」紹正色曰：「臣子扈衞乘輿，死生以之，佳馬何爲！」越檄召四方兵，比至安陽，（在今河南安陽市西。）衆十餘萬。穎遣石超率衆拒戰。陳聄弟自鄴赴行在，云鄴中皆已離散，由是不甚設備。超軍奄至，奄，忽也。乘輿敗績於蕩陰，帝頰中三矢，百官侍御皆散。嵇紹朝服，登輦以身衞帝，被殺，血濺帝衣。濺，激灑也。穎迎帝入鄴。左右欲浣帝衣，帝曰：「嵇侍中血，勿浣也！」陳聄、上官已奉太子覃守洛陽。越還東海。

綱　幽州都督王浚、并州刺史東嬴公騰起兵討穎。騰，東海王越之弟。

穎殺東安王繇

劉淵稱大單于

綱 八月，穎殺東安王繇，琅邪王睿走歸國。

目 穎怨東安王繇前議，（初，帝北征，繇勸穎釋甲縞素出迎請罪，穎不從。）殺之。繇兄子琅邪王睿，沉敏有度量，爲左將軍，與東海參軍王導善。導，識量清遠，以朝廷多故，每勸睿之國。及繇死，睿從帝在鄴，恐及禍，將逃歸。穎先敕關津，無得出貴人，睿至河陽，（河陽城，在今河南孟縣西。）爲津吏所止。從者宋典自後來，以鞭拂睿而笑曰：「舍長，（舍中之長，相稱常人之辭。）官禁貴人，汝亦被拘邪？」吏乃聽過。至洛陽，迎太妃夏侯氏俱歸國。

綱 張方復入京城，廢皇后、太子。

綱 劉淵自稱大單于。

目 初，穎表匈奴左賢王劉淵監五部軍事，使將兵在鄴。淵子聰，驍勇絕人，博涉經史，善屬文，彎弓三百斤；弱冠遊京師，（曲禮：「二十曰弱冠。」）名士莫不與交。淵從祖宣謂其族人曰：「漢亡以來，我單于徒有虛號，無復尺土；自餘王侯，降同編戶。（列次民籍也。）今吾衆雖衰，猶不減二萬，奈何斂手受役，奄過百年！左賢王英武超世，天苟不欲興匈奴，必不虛生此人也。今司馬氏骨肉相殘，四海鼎沸，復呼韓邪之業，此其時矣！」乃相與謀，推淵爲大單于，使其黨呼延攸詣鄴告之。

淵白穎，請歸會葬，穎勿許。淵令攸先歸，告宣等使招集五部，聲言助穎，實欲叛之。及幽、并起兵，淵說穎曰：「今二鎮跋扈，（二鎮謂幽、并。）恐非宿衛及近郡士衆所能禦也，請還

劉淵說司馬穎

說五部赴國難。」穎曰：「吾欲奉乘輿還洛陽，傳檄天下，以逆順制之，何如？」淵曰：「殿下武皇帝之子，有大勳於王室，威恩遠著。王浚豎子，東嬴疏屬，豈能與殿下爭衡邪！但殿下一發鄴宮，示弱於人，洛陽不可得至；雖至洛陽，威權不復在殿下也。願撫勉士衆，靖以鎮之，淵爲殿下以二部摧東嬴，三部梟王浚，二豎之首，可指日而懸也。」穎悅，拜淵爲北單于、參丞相軍事。

淵至左國城，（在今山西離石縣東北。）劉宣等上大單于之號，二旬之閒，有衆五萬，都於離石。（即今山西離石縣。）

劉淵欲爲漢高魏武

綱　幽、并兵至鄴，穎奉帝還洛陽。浚大掠鄴中而還。

目　劉淵聞穎去鄴，歎曰：「不用吾言，遂自奔潰，眞奴才也！然吾與之有言矣，不可以不救。」將發兵擊鮮卑、烏桓，（俱東胡之在遼西者，與浚、騰同起兵討穎。）劉宣等諫曰：「晉人奴隸御我，今其骨肉相殘，是天棄彼而使我復呼韓邪之業也。鮮卑、烏桓，我之氣類，可以爲援，奈何擊之！」淵曰：「善！大丈夫當爲漢高、魏武，呼韓邪何足效哉！」宣等稽首曰：「非所及也。」

李雄稱成都王

綱　冬十月，李雄自稱成都王。李雄，巴氐李特子。初，巴氐李特據廣漢，進攻成都，爲刺史羅尚所殺，弟流代領其衆，流死，雄代之，攻走羅尚，遂入成都，至是稱王。

劉淵稱漢王

綱　劉淵自稱漢王。

目　劉淵還都左國城。胡、晉歸之者愈衆。淵謂羣臣曰：「昔漢有天下久長，恩結於民。吾漢氏之甥，約爲兄弟；兄亡弟紹，不亦可乎！」乃建國號曰漢。依高祖稱王。尊安樂公禪爲孝懷皇帝，以右賢王宣爲丞相，崔游爲御史大夫，後部人陳元達爲黃門郎，族子曜爲建武將軍。游固辭不就。元達事淵，屢進忠言，退而削草，雖子弟莫得知也。

劉曜

曜生而眉白，目有赤光，幼聰慧，有膽量，早孤，養於淵。及長，儀觀魁偉，（儀觀，儀形、神觀。）性拓落高亮，（拓落，豁達之貌。高亮，高明之貌。）與衆不羣，好讀書，善屬文，鐵厚一寸，射而洞之。劉聰重之，以爲漢世祖、魏武帝之流。

張方遷帝長安

綱 十一月，張方遷帝於長安，僕射荀藩立留臺於洛陽，復皇后羊氏。

綱 十二月，太宰顒廢太弟穎，更立豫章王熾爲皇太弟。

目 詔穎還第，而以顒都督中外；又以東海王越爲太傅，與顒夾輔帝室，王戎參錄朝政，王衍爲左僕射，張方爲中領軍、錄尚書事。越辭太傅不受。

劉淵寇太原

綱 漢寇太原、西河郡。

目 漢王淵遣劉曜寇太原，取泫氏，（在今山西晉城縣東北。）喬晞寇西河，（西河國，治離石，即今山西離石縣。）取介休。（在今山西介休縣東南。）介休令賈渾不降，晞殺之；將納其妻宗氏，宗氏罵晞而哭，晞又殺之。淵聞之，大怒曰：「使天道有知，喬晞望有種乎！」追還，降秩四等，收葬渾屍。

綱 乙丑，二年，（三〇五）漢元熙二年，夏四月，張方復廢羊后。

石勒

劉弘遺書上表

陳敏據江東

綱 秋七月，成都故將公師藩寇掠趙、魏。

目 成都王穎既廢，其故將公師藩等自稱將軍，起兵趙、魏，衆至數萬。初，上黨武鄉羯人石勒，石勒，字世龍，初名閭。（上黨郡有武鄉縣，即在今山西武鄉縣北。石勒，匈奴部羌渠之後。）有膽力，善騎射。并州大饑，東嬴公騰執諸胡於山東，賣充軍實。勒亦被掠，賣爲茌平人師懽奴，（茌平，在今山東茌平縣西。）懽奇其狀貌而免之。勒乃與牧帥汲桑結壯士爲羣盜。牧帥，牧馬之主帥。及藩起，桑與勒帥數百騎赴之。桑始命勒以石爲姓，勒爲名。藩攻陷郡縣，轉前攻鄴。范陽王虓遣其將苟晞擊走之。虓音孝，平聲。

綱 八月，東海王越、范陽王虓發兵西，豫州刺史劉喬拒之。太宰顒遣張方助喬，冬十月，襲虓破之。

目 鎮南將軍劉弘遺喬及越書，使解怨釋兵，同獎王室，皆不聽。弘又上表曰：「自頃兵戈紛亂，構於羣王，載籍以來，骨肉之禍，未有如今者也，萬一四夷乘虛爲變，此亦猛虎交鬬自效於卞莊者也。」史記（張儀傳）陳軫謂秦惠王曰：「卞莊子欲刺虎，兩虎方食牛，食甘而鬥，大者傷，小者死；從傷而刺之，一舉而有雙虎之名。」謂：「宜速詔越等，令兩釋猜疑，各保分局。自今有擅興兵馬者，天下共伐之。」時顒方拒關東，倚喬爲助，不納。

綱 十二月，陳敏據江東，陳敏，廣陵相。劉弘遣江夏太守陶侃將兵討破之。劉弘爲荆州都督。

目 初，陳敏既克石冰，（義陽蠻張昌將石冰據臨海，陳敏擊斬之。）自謂勇略無敵，遂據歷陽以叛。（歷陽，即今安徽和縣。）又使錢瑞等南略江州，其弟斌東略諸郡。遂據江東，以顧榮爲右將軍，賀循爲丹陽內史，（晉丹陽郡治建業，在今江蘇南京市南。）周玘爲安豐太守；（安豐郡治安豐縣，在今安徽霍丘縣西南。）循佯狂得免，玘亦稱疾。劉弘遣江夏太守陶侃將兵討敏。（江夏郡治安陸縣，即今湖北安陸縣。）

劉弘信任陶侃

侃與敏同郡，又同歲舉吏。或謂弘曰：「侃脫有異志，則荊州無東門矣！」弘曰：「侃之忠能，吾得之已久，必無是也。」侃聞之，遣子洪詣弘以自固，弘引爲參軍，資而遣之，曰：「匹夫之交，尚不負心，況大丈夫乎！」

敏遣陳恢寇武昌，侃禦之。以運船爲戰艦。或以爲不可，侃曰：「用官船擊官賊，何爲不可！」侃與恢戰，屢破之。

綱 丙寅，光熙元年，（三〇六）漢元熙三年，成晏平元年。春正月朔，日食。

綱 太宰顒殺張方，成都王穎奔長安。

帝東還

綱 夏四月，東海王越進屯溫，（在今河南溫縣西南。）遣祁弘入長安，奉帝東還。

綱 六月，至洛陽，復羊后。

李雄稱帝

綱 成都王雄稱成皇帝。李雄即帝位，國號大成，追尊父特曰景皇帝。

綱 秋八月，以東海王越爲太傅、錄尚書事，范陽王虓爲司空，鎮鄴。

范陽王卒
成都王誅

綱　荆州都督新城公劉弘卒。（新城，即今湖北房縣。）

目　時天下大亂，弘專督江、漢，威行南服。事成，則曰「某人之功」，如敗，則曰「老子之罪」。每有興發，手書守、相，（郡守、國相。）丁寧款密，人皆感悅，爭赴之，咸曰：「得劉公一紙書，賢於十部從事。」（部從事，都督屬官。先是每有興發，必敕部從事分行所屬催督，唯劉弘則以手書徵集之，故云。）至是卒，謚曰元。

綱　九月，頓丘太守馮嵩執成都王穎，（頓丘，在今河北清豐縣西南。）送鄴。兗州刺史苟晞擊斬公師藩。冬十月，范陽王虓卒。長史劉輿誅穎。

綱　十一月，帝中毒，崩。太弟熾即位，尊皇后曰惠皇后，立妃梁氏爲皇后。

目　帝食餅中毒而崩，或曰太傅越之鴆也。（鴆，毒也，言越置毒於餅中。）羊后自以於太弟熾爲嫂，恐不得爲太后，將立清河王覃。侍中華混露版馳告太傅越，召太弟入宮，即帝位。尊后曰惠皇后，居弘訓宮。懷帝始遵舊制，於東堂聽政，每至宴會，輒與羣臣論衆務，考經籍。黄門侍郎傅宣歎曰：「今日復見武帝之世矣！」

綱　十二月，南陽王模誅河閒王顒。

目　太傅越以詔徵顒爲司徒，顒就徵，模自許昌遣將邀殺之。

綱　葬太陽陵。（在今河南洛陽市東南。）

綱　以劉琨爲并州刺史。

琅邪王鎭建鄴

綱鑑易知錄卷二二

晉紀

孝懷皇帝 名熾，武帝第二十五子。惠帝無嗣，立爲皇太弟，至是卽位。在位六年，爲漢將執歸弒之，壽三十歲。謚法：「慈仁短折曰懷。」

【綱】丁卯，孝懷皇帝永嘉元年，（三〇七）漢元熙四年。春三月，陳敏將顧榮、周玘，殺敏以降。

【綱】立淸河王覃弟詮爲皇太子。

【綱】太傅越出鎭許昌。

【目】帝親覽大政，留心庶事；越不悅，固求出藩。

【綱】夏五月，羣盜汲桑、石勒入鄴，（在今河北磁縣西。）殺都督新蔡王騰，（新蔡國卽新蔡郡，卽今河南新蔡縣。）復攻兗州；太傅越遣苟晞討之。

【綱】秋七月，以琅邪王睿爲安東將軍、都督揚州諸軍事，鎭建業。

【目】睿至建業，（在今南京市南。）以王導爲謀主，推心親信，每事咨焉。睿名論素輕，名論，名譽、議論。吳人不附，居久之，士大夫莫有至者。會睿出觀禊，禊，音係，祓也。導使睿乘肩輿，

石勒降漢

王衍爲司徒

慕容廆稱鮮卑大單于

張軌遣將入衛

輿，轎也。具威儀，導與諸名勝皆騎從，紀瞻、顧榮等見之驚異，相帥拜於道左。導因說睿曰：「顧榮、賀循，此土之望，宜引之以結人心；二子既至，則無不來矣。」睿乃使導躬造之，循、榮皆應命。以循爲吳國內史，榮爲軍司，加散騎常侍，凡軍府政事，皆與之謀。又以紀瞻爲軍祭酒，卞壼爲從事中郎，（壼音悃。）周玘、劉超、張闓、孔衍皆爲掾屬。導說睿「謙以接士，儉以足用，以清靜爲政，撫綏新舊」；故江東歸心焉。

綱 苟晞擊汲桑、石勒，大破之；桑走死，勒降漢。

綱 冬十一月，以王衍爲司徒。

目 衍說太傅越曰：「朝廷危亂，當賴方伯，宜得文武兼資以任之。」乃以弟澄爲荆州都督，（荆州治江陵，即今湖北江陵縣。）族弟敦爲青州刺史，（青州治臨淄，即今山東益都縣西北。）語之曰：「荆州有江、漢之固，青州有負海之險，卿二人在外，而吾居中，足以爲三窟矣。」窟，穴也。國策馮煖謂孟嘗君曰：「狡兔有三窟，僅得免其死耳。今有一窟，未得高枕而臥也，請爲君復鑿二窟；三窟已就，君姑高枕爲樂矣。」

綱 慕容廆自稱鮮卑大單于。

綱 戊辰，二年，（三〇八）漢永鳳元年。春正月朔，日食。

綱 二月，太傅越殺清河王覃。

綱 夏五月，漢王彌寇洛陽；張軌遣督護北宮純入衛，張軌，涼州刺史。北宮，複姓。（涼州治武威縣，即今甘肅武威縣。）擊破走之。

目 詔封張軌西平郡公，軌辭不受。時州郡之使，莫有至者，軌獨貢獻不絕。

綱 秋七月，漢徙都蒲子。（在今山西呂梁縣東北。）

綱 冬十月，漢王淵稱皇帝。

綱 己巳，三年，（三〇九）漢河瑞元年。春正月朔，熒惑犯紫微。紫微，中宮天極星，其一明者太乙常居也。

綱 漢徙都平陽。（在今山西臨汾縣西南。）

綱 三月，太傅越入京師，殺中書令繆播、帝舅王延等十餘人。

目 帝之爲太弟也，與繆播善，及卽位，委以心膂；帝舅散騎常侍王延、尚書何綏、太史令高堂沖，高堂，複姓。並參機密。越乃誣播等欲爲亂，執播等十餘人於帝側，付廷尉，殺之。帝歎息流涕而已。

綏，曾之孫也。初，何曾侍武帝宴，退，謂諸子曰：「主上開創大業，吾每宴見，未嘗聞經國遠圖，惟說平生常事，非貽厥孫謀之道也；及身而已，後嗣其殆乎！汝輩猶可以免。」指諸孫曰：「此屬必死於難。」及綏死，兄嵩哭之曰：「我祖其殆聖乎！」曾日食萬錢，猶云無下箸處。子劭，日食二萬。綏及弟機、羨，汰侈尤甚；與人書疏，詞禮簡傲。王尼見綏書，謂人曰：「伯蔚居亂世而矜豪乃爾，何綏字伯蔚。其能免乎！」人曰：「伯蔚聞卿言，必相危害。」尼曰：「伯蔚比聞我言，自已死矣！」及永嘉之末，何氏無遺種。

漢寇鉅鹿常山

劉聰立

秦氏蒲洪稱公

綱　以王衍爲太尉。

綱　夏，大旱。

目　江、漢、河、洛可涉。

綱　漢石勒寇鉅鹿、常山。（晉鉅鹿國都癭陶縣，在今河北寧晉縣西南。常山郡治眞定縣，即今河北正定縣。）

目　勒衆至十餘萬，集衣冠人物，別爲君子營。以張賓爲謀主。初，賓好讀書，闊達有大志，常自比張子房。子房，張良。及勒徇山東，賓謂所親曰：「吾歷觀諸將，無如此胡將軍者，可與共成大業！」乃提劍詣軍門，大呼請見，勒亦未之奇也。賓數以策干勒，已而皆如所言，由是奇之。

綱　庚午，四年，（三一〇）漢烈宗劉聰光興元年。秋七月，漢主淵卒，太子和立；其弟聰弑而代之。

綱　氐酋蒲洪自稱略陽公。

目　洪，略陽臨渭氐酋也，（晉略陽郡治略陽縣，在今甘肅秦安縣東南。臨渭縣屬略陽郡，在今秦安縣東北接涇源縣界。）驍勇多權略，羣氐畏服之。漢拜洪平遠將軍，不受，自稱秦州刺史、略陽公。（秦州治冀城縣，在今甘肅天水市西北。）

綱　流民王如寇南陽，（即今河南南陽市。）以附漢。

綱　冬十月，漢石勒擊幷王如兵，遂寇襄陽。（卽今湖北襄樊市。）十一月，太傅越率兵討之，次于項。（在今河南項城縣東北。）

苟晞爲大將軍

綱　辛未，五年，（三一一）漢嘉平元年，成玉衡元年。春三月，太傅越卒于項。以苟晞爲大將軍，督六州。青、徐、兗、豫、荆、揚。

目　越以後事付王衍而卒，衍奉越喪還葬東海。（東海郡治郯，在今山東郯城縣西。）

石勒殺王衍

綱　夏四月，漢石勒追敗越軍於苦縣，（在今河南鹿邑縣東。）執王衍等，殺之。

目　勒帥輕騎追太傅越之喪，及於苦縣，大敗晉兵，縱騎圍而射之，將士十餘萬人無一免者。執太尉衍等，問以晉故。衍具陳禍敗之由，云計不在己；且自言少無宦情，不豫世事；因勸勒稱尊號，冀以自免。勒曰：「君少壯登朝，名蓋四海，身居重任，何得言無宦情邪！破壞天下，非君而誰！」衆人畏死，多自陳述。獨襄陽王範神色儼然，顧呵之曰：「今日之事，何復紛紜！」勒謂孔萇曰：「吾行天下多矣，未嘗見此輩人，當可存乎？」萇曰：「彼皆晉之王公，終不爲吾用。」勒曰：「雖然，要不可加以鋒刃。」夜使人排牆殺之。剖越柩，焚其尸，曰：「亂天下者此人也，吾爲天下報之！」

漢陷洛陽遷帝於平陽

綱　五月，漢人入寇。六月，陷洛陽，殺太子詮，遷帝于平陽，封平阿公。

目　漢主聰使呼延晏將兵二萬七千寇洛陽，比及河南，晉兵前後十二敗，劉曜、王彌、石勒皆引兵會之。彌、晏克宣陽門，入宮大掠。帝欲奔長安，漢兵追執之。曜自西明門入，

琅邪王據江東
百六掾

殺太子詮等，還帝於平陽。漢以帝爲左光祿大夫，封平阿公，以侍中庾珉、王儁爲光祿大夫。

綱　琅邪王睿遣兵擊江州刺史華軼，（江州刺史治豫章，即今江西南昌市。）斬之。

目　時，海內大亂，獨江東差安，中國士民避亂者多南渡江。王導說睿收其賢俊，辟掾屬刁協、王承、卞壼、諸葛恢、陳頵、庾亮等百餘人，時人謂之「百六掾」。及承荀藩檄，（荀藩建行臺於密，傳檄四方，推琅邪王睿爲盟主。）承制署置；江州刺史華軼及豫州刺史裴憲，（豫州刺史本治項，在今河南項城縣東北，此時治未詳。）皆不從命。睿遣王敦、甘卓、周訪合兵擊軼，斬之。憲奔幽州。（幽州治薊，在今北京市境內。）

綱　冬十月，馮翊太守索綝等擊敗漢兵於長安。（馮翊郡治臨晉縣，即今陝西大荔縣。）綝音琛。十二月，迎秦王業入雍城。秦王業，吳孝王晏之子。（雍城，在今陝西渭南縣境。）

目　初，索綝爲馮翊太守，與安夷護軍麴允、麴音曲。安定太守賈疋謀復晉室，（安夷，在今青海西寧市東。安定郡治臨涇，在今甘肅鎮原縣南。）疋卽雅字。帥衆五萬向長安。大敗劉曜於黃丘，（在今陝西三原縣西北黃嶔山下。）兵勢大振。閻鼎欲奉秦王業入關，據長安以號令四方，荀藩、周顗等皆山東人，不欲西行，中途逃散；顗奔江東，鼎與業至藍田，（今陝西藍田縣。）遣人告疋，疋遣兵迎之；入于雍城。

綱　琅邪王睿以周顗爲軍諮祭酒。

漢封帝會稽郡公

張軌遣兵詣長安

目 前騎都尉桓彝避亂過江，見睿微弱，謂顗曰：「我以中州多故，來此求全，而單弱如此，將何以濟！」既而見王導，共論世事，退謂顗曰：「向見管夷吾，管仲字夷吾。無復憂矣！」諸名士遊宴新亭，（在今江蘇南京市南。）顗中坐歎曰：「風景不殊，舉目有山河之異！」因相視流涕。導愀然變色曰：愀音悄。「當共戮力王室，戮力，并力也。克復神州，中國曰赤縣神州。何至作楚囚對泣邪！」衆皆收淚謝之。

綱 壬申，六年。（三一二）漢嘉平二年。

綱 春二月，漢封帝爲會稽郡公。

目 漢主聰謂帝曰：「卿昔爲豫章王，朕與王武子造卿，王濟字武子。卿贈朕柘弓、銀研，周禮考工記：「弓人取材，柘爲上。」研同硯。卿頗記否？」帝曰：「臣安敢忘之！但恨爾日不早識龍顏！」聰曰：「卿家骨肉何相殘如此？」帝曰：「大漢將應天受命，故爲陛下自相驅除，此殆天意，非人事也。」

綱 張軌遣兵詣長安。馳檄關中，共尊輔秦王。

綱 夏，雍州刺史賈疋等進圍長安，漢劉曜敗走；秦王業入長安。

綱 漢太保劉殷卒。

目 殷不爲犯顏忤旨，然因事進規，補益甚多。嘗戒子孫曰：「事君當務幾諫。凡人尙不可面斥其過，況萬乘乎！夫幾諫之功，無異犯顏，但不彰君之過，所以爲優耳。」

綱　秋九月，賈疋等奉秦王業爲皇太子，建行臺。

綱　冬十二月，盜殺賈疋，麴允領雍州刺史。初，賈疋入關，殺漢梁州刺史彭仲蕩，至是其子天護帥羣胡攻疋，殺之；衆推麴允領雍州。

綱　前太子洗馬衞玠卒。

目　玠，瓘之孫也，美風神，善清談，常以爲「人有不及，可以情恕，非意相干，可以理遣」，故終身不見喜慍之色。

西羌姚弋仲稱公

綱　羌酋姚弋仲，自稱扶風公。

目　弋仲，南安赤亭羌也。（南安，在今甘肅隴西縣東北。）東徙榆眉，（卽渝麋，在今陝西隴縣東南接鳳翔縣界。）戎、夏襁負隨之者數萬。

孝愍皇帝

名業，吳王晏之子，武帝之孫也。懷帝遇害，卽位於長安，在位四年，爲漢將執而弒之，壽四十八歲。

諡法：「在國遭憂曰愍。」

劉聰弒懷帝

綱　癸酉，孝愍皇帝建興元年，（三一三）漢嘉平三年。春二月，漢主劉聰弒帝於平陽，庾珉、王儁死之。

目　正月朔，漢主聰宴羣臣於光極殿，使帝著青衣行酒。庾珉、王儁等不勝悲憤，因號哭；聰惡之。二月，有告珉等謀以平陽應劉琨者，聰遂殺珉、儁等，帝亦遇害，謚曰孝懷。

秦王業卽帝位

綱　夏四月，太子業卽位於長安，索綝領太尉。

目 帝凶問至長安，皇太子舉哀，因加元服，卽帝位。以梁芬爲司徒，麴允、索綝爲僕射，尋以綝爲衛將軍、領太尉，軍國之事，悉以委之。

綱 琅邪王睿以華譚爲軍諮祭酒，陳頵爲譙郡太守。（譙郡治譙縣，卽今安徽亳縣。）

綱 五月，以琅邪王睿爲左丞相，南陽王保爲右丞相，（保，模之子。）分督陝東、西諸軍事。（陝，今河南陝縣。）

祖逖

綱 左丞相睿以祖逖爲豫州刺史。（豫州已陷，此豫州爲僑置，治所未詳。）

祖逖聞雞起舞

目 逖，范陽人，（范陽國都涿縣，在今河北涿縣北。）少有大志，與劉琨俱爲司州主簿，（司州治洛陽，卽今河南洛陽市。）同寢，中夜聞雞鳴，蹴琨覺曰：「此非惡聲也！」因起舞。及渡江，左丞相睿以爲軍諮祭酒。逖居京口，（卽今江蘇鎭江市。）糾合驍健，言於睿曰：「晉室之亂，非上無道而下怨叛也，由宗室爭權，自相魚肉，遂使戎狄乘隙，毒流中土。今遺民思奮，大王誠能命將出師，使如逖者統之以復中原，郡國豪傑必有望風響應者矣！」睿素無北伐之志，以逖爲豫州刺史，給千人廩，布三千匹，不給鎧仗，（鎧，甲也。仗，兵器也。）使自召募。逖將其部曲百餘家

中流擊楫

渡江，中流，擊楫而誓曰：「祖逖不能淸中原而復濟者，有如大江！」遂屯淮陰，（在今江蘇淮陰市東南。）起冶鑄兵，募得二千餘人而後進。

陶侃爲荊州刺史

綱 陶侃破走杜弢，（陶侃爲武昌太守。永嘉五年，湘州流民作亂，推杜弢爲刺史。）王敦表侃爲荊州刺史。（此時荊州刺史治巴陵，卽今湖南岳陽縣。）

張軌爲太尉劉琨爲大將軍
石勒陷薊殺王浚

綱 冬十二月，石勒遣使奉表於王浚。王浚爲幽州都督。

目 浚謀稱尊號，矜豪日甚。石勒欲襲之，遣舍人王子春奉表於浚曰：「勒本小胡，遭世饑亂，流離屯厄，竄命冀州，（治房子縣，在今河北元氏縣東南。）竊相保聚，以救性命。今晉祚淪夷，中原無主，爲帝王者，非公復誰！願殿下應天順人，早登皇祚。勒奉戴殿下如天地父母，殿下察勒微心，亦當視之如子也。」浚甚喜，謂子春曰：「石公可信乎？」子春曰：「殿下中州貴望，威行夷、夏，石將軍非惡帝王不爲而讓於殿下，顧以帝王自有歷數，非智力之所取故也，又何怪乎！」浚大悅。

綱 左丞相睿遣世子紹鎭廣陵。紹即明帝。（廣陵，在今江蘇揚州市東北。）

綱 甲戌，二年，（三一四）漢嘉平四年。春正月，有如日隕于地；又有三日相承東行。

綱 有流星隕于平陽北，化爲肉。長三十步，廣二十七步。

綱 二月，以張軌爲太尉，涼州牧，劉琨爲大將軍。

綱 三月，漢石勒襲薊，陷之，殺王浚，師還；薊降於段匹磾。磾音低。

目 勒將襲王浚而未發，張賓曰：「豈非畏劉琨及鮮卑、烏桓爲吾後患乎？」勒曰：「然。」賓曰：「劉琨、王浚雖同名晉臣，實爲仇敵。若脩牋於琨，送質請和，琨必喜我之服而快浚之亡，終不救浚而襲我也。用兵貴神速，勿後時也。」勒遂以火宵行，遣使奉牋於琨，自陳罪惡，請討浚自效。琨大喜。三日，勒軍達易水，（謂北易水，在今河北涿縣西南。）浚將佐皆曰：

「胡貪而無信，必有詭計，請擊之。」浚怒曰：「石公來，正欲奉戴我耳；敢言擊者斬！」設饗以待之。勒晨至薊，叱門者開門，浚始懼。勒升其聽事，聽事，中庭也。執浚於前。浚罵曰：「胡奴調乃公，調，戲弄也。乃公，猶言汝翁也。何凶逆如此！」勒曰：「公位冠元台，手握彊兵，坐觀本朝傾覆，曾不救援，乃欲自尊爲天子，非凶逆乎！」即斬之。

浚將佐等詣軍門謝罪，前尚書裴憲、從事中郎荀綽獨不至；勒召而讓之。讓，責也。憲等請就死，不拜而出。勒謝之，待以客禮。勒籍浚將佐、親戚家貲皆巨萬，惟憲、綽止有書百餘袟，袟同帙，音姪，書衣也。鹽米各十餘斛而已。勒曰：「吾不喜得幽州，喜得二子。」以憲爲從事中郎，綽爲參軍。以故尚書劉翰行幽州刺史，戍薊，置守宰而還。劉翰不欲從勒，乃歸段匹磾，鮮卑段氏。匹磾遂據薊城。

張軌卒

綱 夏五月，太尉、涼州牧、西平公張軌卒，子寔嗣。

綱 乙亥，三年，(三一五)漢建元元年。春二月，以左丞相睿爲丞相、都督中外諸軍事，南陽王保爲相國，劉琨爲司空。

封拓跋猗盧爲代王

綱 進代公猗盧爵爲代王。拓跋氏，名猗盧，鮮卑索頭部也。懷帝永嘉四年，拓跋猗盧助劉琨破匈奴劉虎與白部鮮卑，琨表猗盧爲大單于，封代公，至是進爵爲王，後爲元魏。(代郡，治代縣，在今河北蔚縣西。)

綱 夏六月，陶侃擊杜弢，破之。弢走死，湘州平。(湘州治臨湘縣，即今湖南長沙市，後并入荊州。)丞相睿加王敦都督江、揚等州軍事。

陶侃爲廣州刺史

陶侃運甓

綱　王敦徙陶侃爲廣州刺史。（廣州治番禺，在今廣東廣州市內。）

目　時，王機盜據廣州。侃至，遣督護討機，走之，廣州遂平。侃在州無事，輒朝運百甓於齋外，甓音平，入聲，瓴甋也，卽甎甎。暮運於齋內。人問其故，答曰：「吾方致力中原，過爾優逸，恐不堪事，故習勞耳。」

拓跋鬱律

綱　丙子，四年，（三一六）漢麟嘉元年。春二月，代六脩弑其君猗盧，普根討之而立；六脩，猗盧長子。普根，猗㐌子。尋卒，鬱律立。鬱律，倚盧弟弗之子。

張寔入援

綱　張寔遣兵入援。

目　寔遣將軍王該帥步騎五千入援長安，且送諸郡貢計。貢，獻；計，簿。詔拜寔都督陝西諸軍事。

綱　秋七月，漢劉曜陷北地，進至涇陽。

目　曜取北地，（北地郡治泥陽縣，在今陝西銅川市東南。）進至涇陽，（在今甘肅平涼市西。）渭北諸城悉潰。曜獲將軍魯充、梁緯，飲之酒曰：「吾得子，天下不足定也！」充曰：「身爲晉將，國家喪敗，不敢求生。若蒙公恩，速死爲幸。」曜曰：「義士也。」與之劍，令自殺。緯妻辛氏，美色，曜將妻之，辛氏大哭曰：「妾夫已死，義不獨生，且一婦人而事二夫，明公又安用之！」曜曰：「貞女也。」亦聽自殺，皆以禮葬之。

愍帝降漢

封懷安侯

綱　冬十一月，漢劉曜陷長安，帝出降，御史中丞吉朗死之。漢封帝爲懷安侯。

劉琨奔薊

目　曜攻陷長安外城，麴允、索綝退守小城，內外斷絕，城中飢甚。帝泣謂允曰：「今窮厄如此，外無救援，當忍恥出降，以活士民。」因歎曰：「誤我事者，麴、索二公也！」使侍中宗敞送降牋於曜。綝潛留敞，使其子說曜曰：「若許綝以車騎、儀同、萬戶郡公者，請以城降。」曜斬而送之，曰：「帝王之師，以義行也。孤將兵十五年，未嘗以詭計敗人，必窮兵極勢，然後取之。今綝所言如此，天下之惡一也，輒相爲戮之。」帝乘羊車，肉袒出降。羣臣號泣攀車，帝亦悲不自勝。御史中丞吉朗歎曰：「吾智不能謀，勇不能死，何忍君臣相隨，北面事賊虜乎！」乃自殺。曜送帝於平陽，漢主聰臨光極殿，帝稽首於前。允伏地慟哭，聰怒，囚之，允自殺。聰以帝爲光祿大夫，封懷安侯。斬綝於市。

綱　十二月，劉琨長史以并州叛降石勒，長史李弘。琨奔薊。歸薊段匹磾。

綱　丞相睿出師露次，移檄北征。

右西晉四帝，共五十二年。

東晉紀　都江東建康，故曰東晉。

中宗元皇帝　名睿，宣帝曾孫，琅邪王覲之子。愍帝遇害，即位於建康，在位六年，壽四十六歲而崩。諡法：「始建國都曰元。」

綱　丁丑，中宗元皇帝建武元年，（三一七）漢麟嘉二年，涼元公張寔稱建興五年。舊大國一，并成小國一，新小國一，凡三僭國。春三月，丞相睿即晉王位。

劉琨慕容廆勸進

目 弘農太守宋哲爲漢所攻，（弘農，在今河南靈寶縣南。）棄郡奔建康，即建業。稱受愍帝詔，令丞相睿統攝萬機。睿素服出次，次，喪次。舉哀三日。官屬上尊號，不許。請依魏、晉故事，稱晉王，乃許之。遂即位，改元，置百官，立宗廟，建社稷。立世子紹爲王太子；封次子裒爲琅邪王，奉恭王後，恭王即琅邪王覲。鎮廣陵。以王敦爲大將軍，王導爲揚州刺史、領中書監、錄尚書事，刁協爲僕射，周顗爲吏部尚書，顗音以。賀循爲太常。時承喪亂之後，江東草刱，協久宦中朝，諳練舊事，循爲世儒宗，明習禮樂，凡有疑議，皆取決焉。

綱 劉琨、慕容廆，皆遣使勸進。勸勉進上尊號也。

目 劉琨、段匹磾相與歃血同盟，翼戴晉室。琨檄告華、夷，遣右司馬溫嶠，奉表詣建康勸進。琨謂嶠曰：「晉祚雖衰，天命未改，吾當立功河朔，河朔，河北也。使卿延譽江南。延譽，傳名也。行矣，勉之！」

嶠至建康，王導、周顗、庾亮等皆愛其才，爭與之交。

王以慕容廆爲龍驤將軍、大單于、昌黎公；廆不受。處士高詡曰：「霸王之資，非義不濟。今晉室雖微，人心猶附之，宜遣使江東，示有所尊，然後仗大義以征諸部，不患無辭矣。」廆從之，遣長史王濟浮海詣建康勸進。

綱 秋七月，漢立子粲爲太子。

綱 冬十一月，以劉琨爲太尉。

綱　立太學。從征南軍司戴邈之請也。

綱　十二月，漢主劉聰弒帝於平陽，辛賓死之。

目　漢主聰出畋，以帝行車騎將軍，戎服執戟前導，見者指之曰：「此故長安天子也。」故老有泣者。十二月，聰饗羣臣，使帝行酒洗爵，已而又使執蓋。晉臣涕泣有失聲者，尚書郎辛賓起，抱帝大哭，聰斬之。帝遂遇害，謚曰孝愍。

綱　戊寅，大興元年，（三一八）漢主劉曜光初元年。春三月，王即皇帝位。

目　愍帝凶問至建康，王斬縗居廬。喪大記：「父母之喪居倚廬。」廬在中門外東壁，倚木爲之，故云倚廬。百官請上尊號，不許。紀瞻曰：「晉氏統絕，於今二年，兩都燔蕩，宗廟無主，劉聰竊號於西北，而陛下高讓於東南，此所謂揖讓而救火也。」上猶不許，使殿中將軍韓績撤去御座。瞻叱績曰：「帝座上應列星，敢動者斬！」王爲之改容。奉朝請周嵩上疏曰：「古之王者，義全而後取，讓成而後得，是以享世長久。今梓宮未返，舊京未清，宜開延嘉謀，訓卒厲兵，先雪大恥，副四海之心，則神器將安適哉！」由是忤旨，出爲新安太守。（新安郡治始新縣，在今浙江淳安縣西。）嵩，顗之弟也。王遂即皇帝位，百官皆陪列。命王導升御牀共坐，導固辭曰：「若太陽下同萬物，蒼生何由仰照！」乃止。大赦，文武增位一等。

綱　立王太子紹爲皇太子。

目　紹仁孝，喜文辭，善武藝，好賢禮士，容受規諫，與庾亮、溫嶠等爲布衣之交。亮風格峻整，善談老、莊，老子、莊子。帝器重之，聘其妹爲貂妃，使亮侍講東宫。帝好刑名家，以韓非書賜太子。亮諫曰：「申、韓刻薄傷化，不足留聖心。」太子納之。

綱　漢螽斯則百堂災。螽音終。螽斯，詩周南篇名。螽斯，蝗屬，一生九十九子。則百，詩大雅思齊篇云：「太姒嗣徽音，則百斯男。」

目　燒殺漢主聰子二十一人。

張寔遣使上表

綱　張寔遣使上表。比至帝已即位，然寔竟不用江東年號，猶稱建興。

王導爲驃騎大將軍

綱　夏四月，加王導驃騎大將軍、開府儀同三司。

目　導遣從事行揚州郡國，從事，將軍屬官。還見，各言二千石官長得失，獨顧和無言。導問之，和曰：「明公作輔，寧使網漏吞舟，何緣採聽風聞，以察察爲政邪！」察察，過明也。導咨嗟稱善。

段匹磾殺劉琨

綱　五月，段匹磾殺太尉廣武侯劉琨。

目　初，琨世子羣，爲段末杯所得。段末杯，匹磾弟。末杯厚禮之，許以琨爲幽州刺史，欲與之襲匹磾。密遣使齎羣書，請琨爲內應，爲匹磾邏騎所得。邏，巡也。匹磾以書示琨，琨曰：「與公同盟，庶雪國家之恥，若兒書密達，亦終不以一子之故負公而忘義也。」匹磾雅重琨，初無害琨意，會代郡太守辟閭嵩潛謀襲匹磾；辟閭，複姓。事泄，匹磾收琨，縊殺之。溫嶠表琨「盡忠帝室，家破身亡，宜在褒恤」；後數歲，乃加贈太尉，謚曰愍。

溫嶠絕裾

嶠之詣建康也，其母崔氏固止之，嶠絕裾而去。裾，衣後裾。既至，屢求返命，朝廷不許。會琨死，除散騎侍郎。嶠聞母亡，阻亂不得奔喪，固讓不拜，苦請北歸。詔曰：「今桀逆未梟，諸軍奉迎梓宮猶未得進，嶠可以私難而不從王命邪！」嶠不得已受拜。

劉聰卒

劉曜自立封石勒爲趙公

綱 秋七月，漢主聰卒，太子粲立，八月，靳準弒而代之；靳音僅。石勒引兵討準。冬十月，劉曜自立於赤壁，（即赤石川，在今山西稷山縣東北。）封勒爲趙公。

目 漢主聰寢疾，徵劉曜、石勒受遺詔輔政。靳準爲大司空。聰卒，粲即位；聰后四人，皆年未二十，粲多行無禮。八月，準遂勒兵升殿，執粲殺之，劉氏男女，無少長皆斬東市。發淵、聰二陵，斬聰尸，焚其廟。自號大將軍、漢天王。曜聞亂，自長安赴之，勒帥精騎五萬以討準。十月，曜至赤壁，即皇帝位，以勒爲大司馬，加九錫，進爵爲趙公。

綱 十一月，日夜出，高三丈。

綱 以王敦爲荊州刺史。

綱 詔州郡秀、孝復試經策。秀，秀才。孝，孝廉。

綱 十二月，漢將軍喬泰討靳準，斬之。

劉曜斬石勒使

綱 己卯，二年，（三一九）漢改號趙光初二年，後趙高祖石勒元年。舊大國一，成、涼小國二，新大國一，凡四僭國。 春二月，石勒獻捷於漢，漢斬其使。

目 勒遣左長史王脩獻捷於漢，漢主曜遣使授勒太宰，進爵趙王，加殊禮，稱警蹕。脩

漢徙都長安

漢改號趙

石勒稱王爲後趙

慕容氏取遼東

舍人曹平樂留仕漢，言於曜曰：「勒遣脩來，實窺彊弱，俟其復命，將襲乘輿。」時漢兵疲弊，曜乃追所遣使，斬脩於市。勒大怒曰：「孤事劉氏，於人臣之職有加矣。彼之基業，皆孤所爲，今既得志，還欲相圖。『趙王』、『趙帝』，孤自爲之，何待於彼耶！」

【綱】三月，詔琅邪恭王爲皇考，既而罷之。

【目】詔：「琅邪恭王宜稱皇考。」賀循曰：「禮，子不敢以己爵加於父。」乃止。

【綱】夏四月，漢徙都長安，立妃羊氏爲后，（羊氏即惠帝后。）子熙爲太子。

【綱】漢改號趙。

【目】漢主曜立宗廟、社稷、南北郊於長安，改國號爲趙，以冒頓配天。（冒頓，漢高帝時匈奴單于，見卷十高帝七年。）

【綱】冬十一月，石勒稱趙王。

【目】勒即趙王位，稱元年，是爲後趙。加張賓大執法，專總朝政；以石虎爲驃騎將軍，督諸軍。呼賓曰「右侯」，而不敢名。

【綱】十二月，宇文氏攻慕容廆，（宇文氏，鮮卑別部，漢南單于之遠屬，在遼東塞外。）廆大敗之，遂取遼東。遣長史裴嶷來獻捷。嶷音夷。

【綱】蒲洪降趙。

【綱】庚辰，三年，（三二〇）趙光初三年，後趙二年。春三月，以慕容廆爲平州刺史。（晉分幽州置平州，治昌黎，在今遼寧朝陽市東。）

目　裴嶷至建康，盛稱廆之威德，賢儁皆爲之用；儁同俊。朝廷始重之。帝欲留嶷，嶷曰：「臣少蒙國恩，出入省闥，若得復奉輦轂，臣之至榮。但以舊京淪沒，山陵穿毁，名臣宿將莫能雪恥，獨龍驤竭忠王室，（龍驤謂慕容廆，元帝建武元年以廆爲龍驤將軍。）故使臣萬里歸誠。今臣不返，必謂朝廷以其僻陋而棄之，孤其嚮義之心，孤，負也。使懈於討賊，此臣之所甚惜也。」帝然之。遣使隨嶷拜廆爲安北將軍、平州刺史。

綱　夏五月，涼州殺其刺史張寔，弟茂立。

張茂爲涼州刺史

綱　趙以喬豫、和苞爲諫議大夫。

目　趙主曜作酆明觀及西宮、陵霄臺，又營壽陵。侍中喬豫、和苞力諫，曜下詔曰：「二侍中懇懇有古人之風，可謂社稷之臣矣；其悉罷諸役。以豫、苞領諫議大夫。」

劉曜納諫

綱　冬十二月，以譙王承爲湘州刺史。承，宣帝孫，元帝叔父。承音整。

譙王承爲湘州刺史

目　帝之始鎮江東也，王敦與從弟導同心翼戴，敦時爲荆州刺史。帝亦推心任之，敦總征討，導專機政，羣從子弟布列顯要，時人爲之語曰：「王與馬，共天下。」後敦恃功驕恣，帝畏而惡之，乃引劉隗、刁協等以爲腹心，稍抑損王氏權，導亦漸見疏外。導能任眞推分，任其眞性，推之分限，不介於懷。澹如也，而敦益懷不平。隗爲帝謀，出心腹以鎮方面，詔以左將軍譙王承爲湘州刺史。行至武昌，敦與之宴，謂承曰：「大王雅素佳士，恐非將帥才也。」承曰：「公

王與馬共天下

鉛刀豈無一割之用

未見知耳，鉛刀豈無一割之用！」鉛音延。敦謂錢鳳曰：「彼不知懼而學壯語，無能爲也。」乃聽之鎮。時湘土困弊，丞躬自儉約，傾心綏撫，甚有能名。

後趙陷幽冀并州

綱　辛巳，四年，（三二一）趙光初四年，後趙三年。春三月，日中有黑子。

綱　後趙陷幽、冀、并州，撫軍將軍、幽州刺史段匹磾死之。

綱　秋七月，以戴淵都督司、豫，劉隗都督青、徐諸軍事；王導爲司空，錄尚書事。

劉隗答王敦

目　以淵爲征西將軍，督六州，（司、兗、豫、并、雍、冀六州。）鎮合肥；（即今安徽合肥市。）隗爲鎮北將軍，督四州，（青、徐、幽、平四州。與上六州多僑置。）鎮淮陰；皆假節領兵，名爲討胡，實備王敦也。

隗雖在外，而朝廷機事，進退士大夫，帝皆與之密謀。敦遺隗書言：「欲與之戮力王室，共靜海內。」隗答曰：「『魚相忘於江湖，人相忘於道術。』（莊子大宗師文。）『竭股肱之力，效之以忠貞』，（晉大夫荀息語。）吾之志也。」敦怒。帝以敦故，以導爲司空、錄尚書事，而實疎忌之。

祖逖卒

綱　九月，豫州刺史祖逖卒，以其弟約代之。

戴淵

目　逖以戴淵吳士，雖有才望，無弘致遠識；且已剪荆棘，收河南地，而淵雍容，一旦來統之，意甚怏怏；又聞王敦與劉、刁構隙，謂劉隗、刁協。將有內難，知大功不遂，感激發病；卒於雍丘。（即今河南杞縣。）豫州士女，若喪父母。敦由是益無所憚。約無綏御之才，不爲士卒所附。

以慕容廆爲遼東公

拓跋賀傉立爲代王

王敦舉兵反

城狐社鼠

綱 以慕容廆爲車騎將軍、平州牧、遼東公。

目 廆立子皝爲世子。即燕太祖。皝音黃，上聲。皝雄毅多權略，喜經術，國人稱之。

綱 代弒其君鬱律，子賀傉立。傉音農，入聲。

目 拓跋猗㐌妻惟氏，忌代王鬱律之彊，恐不利其子，乃殺鬱律而立子賀傉。鬱律之子什翼犍，即魏高祖。幼在襁褓，其母王氏匿於袴中，祝之曰：「天苟存汝，則勿啼。」久之，不啼，乃得免。

綱 壬午，永昌元年，（三二二）趙光初五年，後趙四年。春正月，王敦舉兵反，譙王丞、甘卓移檄討之。敦分兵寇長沙。

目 初，敦將作亂，謂長史謝鯤曰：「劉隗姦邪，將危社稷，吾欲除君側之惡，何如？」鯤曰：「隗誠始禍，然城狐社鼠。」喻近君也。劉向說苑：「狐，人之所攻；鼠，人之所熏；未見城狐見攻，社鼠見熏，何則？所託者然也。」敦怒曰：「君庸才，豈達大體！」至是，舉兵武昌，上疏稱：「劉隗佞邪讒賊，臣輒進軍致討，昔太甲顛覆厥度，幸納伊尹之忠，殷道復昌。願陛下深垂三思。」沈充亦起兵於吳興（吳興郡治烏程縣，即今浙江吳興縣。）以應敦。敦至蕪湖，（在今安徽蕪湖市東。）又上表罪狀刁協。帝大怒，詔曰：「王敦憑恃寵靈，敢肆狂逆，方朕太甲，欲見幽囚。是可忍也，孰不可忍！今親帥六軍以誅大逆，有殺敦者，封五千戶侯。」

敦初起兵，遣使告梁州刺史甘卓，（時梁州刺史治襄陽，即今湖北襄樊市。）約與俱下，卓許之。後

譙王志死忠義

王敦據石頭

更狐疑，不赴。敦遣參軍桓羆說譙王承，請爲己軍司。承囚羆，移檄遠近，列敦罪惡，州內皆應之。州謂湘州。敦恐卓於後爲變，又遣參軍樂道融往邀之。道融忿其悖逆，反說卓曰：「王敦背恩肆逆，舉兵向闕。君受國厚恩，而與之同，生爲逆臣，死爲愚鬼，不亦惜乎！爲君之計，莫若僞許應命，而馳襲武昌，必不戰而自潰矣。」卓意始決。遂露檄數敦逆狀，帥所統致討；遣參軍至廣州，約陶侃。侃遣參軍高寶帥兵北下。武昌城中傳卓軍至，人皆奔散。敦遣魏乂帥兵攻長沙。即湘州。城池不完，資儲又闕，人情震恐。或說承南投陶侃，或退據零、桂。零陵、桂陽。（零陵郡治泉陵，在今湖南零陵縣西北。桂陽郡治郴，即今湖南郴縣。）承曰：「吾之志欲死忠義，豈可貪生苟免，爲奔敗之將乎！事之不濟，令百姓知吾心耳。」乃嬰城固守。嬰，繞也。甘卓亦遣承書勸之，且云：「當以兵出沔口，（漢水入江處名沔口，即今湖北漢口。）斷敦歸路，則湘圍自解矣。」承復書曰：「足下能卷甲電赴，猶有所及；若其狐疑，則求我於枯魚之肆矣。」莊子外物篇，莊周貸粟於監河侯，侯曰：「以金貸汝。」周曰：「昔見轍中涸鮒曰：『無升斗之水以活我乎？』周曰：『待我決西江水以活汝。』鮒曰：『如君言，不如早索我於枯魚之肆也。』」卓不能從。

綱　封子昱爲琅邪王。昱音欲，即簡文帝。

綱　三月，敦據石頭；（石頭城，在今江蘇南京市西南石頭山後。）殺驃騎將軍戴淵、尚書僕射周顗。甘卓還襄陽。夏四月，敦還武昌。

目　帝徵戴淵、劉隗入衞，隗與刁協勸帝盡誅王氏，帝不許。王導帥宗族，導，王敦從弟。

每旦詣臺待罪。周顗將入，導呼之曰：「伯仁，周顗字伯仁。以百口累卿！」顗直入不顧。既見帝，言導忠誠，申救甚至；帝納其言。顗喜飲酒，至醉而出，導又呼之。顗不與言，顧左右曰：「今年殺諸賊奴，取金印如斗大，繫肘後。」既出，又上表明導無罪，言甚切。導不知，恨之。帝命還導朝服，召見之。導稽首曰：「逆臣賊子，何代無之，不意今者近出臣族！」帝跣而執其手，跣，徒足履地。曰：「茂弘，王導字茂弘。方寄卿以百里之命，是何言耶！」以爲前鋒大都督，詔曰：「導以大義滅親，可以吾爲安東時節假之。」（帝初鎭揚州，領安東將軍。）

敦至石頭，守將周札開門納之。敦據石頭，歎曰：「吾不復得爲盛德事矣！」

帝命協、隗、淵、導、顗等分道出戰，皆大敗。協、隗敗還，帝流涕執其手，勸令避禍；給人馬，使自爲計。協爲人所殺，隗奔後趙。石勒。

帝令百官詣石頭見敦，敦謂淵曰：「吾今此舉，天下以爲何如？」淵曰：「見形者謂之逆，體誠者謂之忠。」敦笑曰：「卿可謂能言。」又謂周顗曰：「伯仁，卿負我！」顗曰：「公戎車犯順，下官親帥六軍，不能其事，使王旅奔敗，以此負公！」敦參軍呂猗素以奸諂爲淵所惡，說敦曰：「周、戴皆有高名，足以惑衆，近者之言，曾無怍色，公不除之，恐必有再舉之憂。」敦然之，以問導，導不答。敦遂收顗幷淵，殺之。

帝使敦弟彬勞敦，彬素與顗善，先往哭之，然後見敦。敦怪其容慘，問之。彬曰：「向哭伯仁，情不能已。」敦怒曰：「伯仁自致刑戮；且凡人遇汝，汝何哀而哭之？」彬勃然數之曰：

「兄抗旌犯順，殺戮忠良，圖爲不軌，禍及門戶矣！」辭氣慷慨，聲淚俱下。敦大怒曰：「爾以吾爲不能殺汝耶！」導勸彬起謝。彬曰：「脚痛不能拜；且此，復何謝！」敦曰：「脚痛孰若頸痛？」彬殊無懼色。導後料檢中書故事，乃見顗表，執之流涕曰：「吾雖不殺伯仁，伯仁由我而死，幽冥之中，負此良友！」

初，敦聞甘卓起兵，大懼。卓兄子卬爲敦參軍，卬音窮。敦遣卬歸，說卓使旋軍。卓性多疑少決，徑還襄陽。時卓鎭襄陽。四月，敦還武昌。

敦陷長沙譙王承死

綱 敦兵陷長沙，湘州刺史譙王承死之。

綱 五月，敦殺甘卓。襄陽太守周慮承敦意襲殺之。

後趙寇譙

綱 冬十月，後趙寇譙，祖約退屯壽春。（即今安徽壽縣。）

目 祖逖既卒，後趙屢寇河南，拔襄城、城父，（襄城，即今河南襄城縣。城父，即今河南寶豐縣東南城父堡。）圍譙。祖約不能禦，退屯壽春。後趙遂取陳留，（即今河南開封市東陳留鎭。）梁、鄭之間，（梁卽大梁，今河南開封市。鄭，今河南鄭州市。）復騷然矣。

綱 閏十一月，帝崩。司空導受遺詔輔政。太子紹卽位。

目 帝恭儉有餘，而明斷不足，故大業未復，而禍亂內興，竟以憂憤成疾而崩。太子卽位，尊所生母荀氏爲建安君。

綱 後趙右長史張賓卒。

王敦自領揚州牧

趙封姚弋仲平襄公

王敦郗鑒論西朝人士

目 賓卒，後趙王勒哭之慟，曰：「天不欲成吾事邪，何奪吾右侯之早也！」程遐代爲右長史。勒每與遐議，有不合，輒歎曰：「右侯捨我去，豈非酷乎！」流涕彌日。

肅宗明皇帝 名紹，元帝長子。幼聰慧，嘗有使者從長安來，元帝問紹曰：「長安近，日近？」紹曰：「長安近。但聞人從長安來，不聞人從日邊來。」元帝奇其對。一日，與羣臣語及之，復以問紹，紹曰：「日近。」帝愕然曰：「何異聞者之言耶？」紹曰：「擧頭見日，不見長安。」元帝益奇之。在位三年，壽二十七歲而崩。諡法：「譖愬不行曰明。」

綱 癸未，肅宗明皇帝太寧元年，（三二三）趙光初六年，後趙五年。春二月，葬建平陵。（在今江蘇南京市境。）

綱 夏四月，敦移屯姑孰，自領揚州牧，以王導爲司徒。

目 敦謀簒位，諷朝廷徵己；帝手詔徵之。敦移鎭姑孰，（即今安徽當塗縣。）屯于湖，（于湖縣，在今安徽當塗縣南。）以導爲司徒，自領揚州牧。敦欲爲逆，王彬諫之甚苦。敦變色，目左右，將收之。彬正色曰：「君昔歲殺兄，（懷帝永嘉六年，王敦殺兄王澄。）今又殺弟邪！」敦乃止。

綱 六月，立皇后庾氏，以庾亮爲中書監。亮，后兄。

綱 秋七月，趙封姚弋仲爲平襄公。（平襄，在今甘肅通渭縣南。）

綱 八月，敦表江西都督郗鑒爲尙書令。

目 帝畏王敦之逼，以鑒爲外援，使鎭合肥。敦忌之，表鑒爲尙書令。鑒還，過敦，敦與論西朝人士，西朝謂西晉。曰：「樂彥輔，樂廣字彥輔。短才耳，考其實，豈勝滿武秋邪！」滿奮字武秋。鑒曰：「彥輔道韻平淡，愍懷之廢，愍懷，惠帝太子遹。柔而能正；武秋失節之士，安能擬之！」惠帝永康元年，幽愍懷太子於許昌，詔宮臣不得辭送。江統等五人送至伊水，拜辭涕泣；司隸收縛送獄，河南尹樂廣皆解遣之。永寧元年，趙王倫篡位逼奪璽綬，滿奮奉上之，故云。敦曰：「當是時，危機交急。」鑒曰：「丈夫當死生以之。」敦惡其言。鑒還臺，遂與帝謀討敦。

涼州降趙

綱　趙擊涼州，張茂降，趙封茂爲涼王。

綱　甲申，二年，(三二四)趙光初七年，後趙六年。夏五月，趙涼王張茂卒，世子駿嗣。茂疾病，執駿手泣曰：「吾家世以孝友恭順著稱。晉室雖微，汝奉承之，不可失也！」

王敦死

綱　六月，加司徒導大都督、揚州刺史，督諸軍討敦。敦復反。秋七月，至江寧，帝親征，破之。敦死，衆潰，其黨錢鳳、沈充伏誅。

目　敦無子，養兄含子應爲嗣。至是，疾甚，矯詔拜爲武衞將軍以自副。錢鳳曰：「脫有不諱，便當以後事付應邪？」敦曰：「非常之事，非常人所能爲。且應年少，豈堪大事！我死之後，釋兵歸朝，保全門戶，上計也；退還武昌，收兵自守，貢獻不廢，中計也；及吾尚存，悉衆而下，萬一僥倖，下計也。」鳳謂其黨曰：「公之下計，乃上策也。」遂與沈充定謀。

溫嶠

初，帝親任中書令溫嶠，敦惡之，請爲左司馬。嶠乃繆爲勤敬，綜其府事，時進密謀以附其欲。深結錢鳳，爲之聲譽，每曰：「錢世儀精神滿腹。」錢鳳字世儀。鳳甚悅。會丹陽尹缺，

（丹陽郡治建業，避愍帝諱改建康，在今江蘇南京市南。）嶠言於敦曰：「京尹，咽喉之地，公宜自選。」敦然之，問「誰可者？」嶠薦錢鳳，鳳亦推嶠，嶠僞辭；敦不聽，遂表用之，使覘伺朝廷。覘，窺也。伺，候也。嶠恐既去而鳳於後閒之，因敦餞別，起行酒，至鳳，鳳未及飲；嶠僞醉，以手版擊鳳幘墜，手版，笏也。髮有巾曰幘。嶠作色曰：「錢鳳何人，溫太眞行酒而敢不飲！」溫嶠字太眞。敦以爲醉，兩釋之。嶠與敦別，涕泗橫流，出閤復入者再三。行後，鳳謂敦曰：「嶠於朝廷甚密，而與庾亮深交，未可信也。」敦曰：「太眞昨醉，小加聲色，何便爾相讒！」

嶠至建康，盡以敦逆謀告帝，與亮畫計討之。帝加導大都督、領揚州刺史，使嶠與將軍卞敦、應詹、郗鑒分督諸軍。鑒請詔臨淮太守蘇峻、兗州刺史劉遐等入衛。帝屯于中堂。導聞敦疾篤，帥子弟爲之發哀，衆以爲敦信死，咸有奮志。於是尚書騰詔下敦府，曰：「敦輒立兄息以自承代，息，子也。不由王命，頑凶相奬，志窺神器。天不長姦，敦以隕斃，鳳復煽逆；今遣司徒導等討之。諸爲敦所授用者，一無所問。」敦見詔，甚怒；而病轉篤。將起兵，使郭璞筮之，璞曰：「無成。」敦素疑璞助嶠，又問：「吾壽幾何？」璞曰：「明公起事，禍必不久；若住武昌，壽不可測。」敦大怒曰：「卿壽幾何？」曰：「命盡今日。」日中，敦收璞，斬之。使王含、錢鳳、周撫等帥衆向京師。七月，含水陸五萬奄至江寧南岸。導遺含書曰：「導門戶大小，受國厚恩，今日之事，明目張膽，爲六軍之首，寧爲忠臣而死，不爲無賴而生矣！」含不答。帝帥諸軍出屯南皇堂。夜募壯士，遣將軍段秀等帥千人渡水，段秀，匹磾弟。

陶侃都督荆湘

陶侃惜分陰

掩其未備。平旦，戰於越城，（在今江蘇南京市南秦淮河南岸。）大破之。敦聞含敗，大怒，尋卒。應祕不發喪，裹尸以席，埋於廳事中。

帝使人說沈充，許以爲司空。充不奉詔，遂舉兵與含合。劉遐、蘇峻等帥精卒萬人至，擊充、鳳，大破之。潯陽太守周光帥千餘人赴敦，（潯陽郡治潯陽，即今江西九江市。）求見。應辭以疾。光退，見其兄撫曰：「王公已死，兄何爲與錢鳳作賊！」衆皆愕然。含等遂燒營夜遁。明日，帝還宮。含奔荆州，王舒遣軍迎之，王舒爲荆州刺史。沉其父子於江。父子，王含、王應。周光斬鳳，詣闕自贖。充爲故將吳儒所殺，傳首建康。傳，驛遞。敦黨悉平。有司發敦瘞，瘞音意，埋也。焚其衣冠，跽而斬之。跽，長跪也。

綱　乙酉，三年，（三二五）趙光初八年，後趙七年。春二月，立子衍爲皇太子。

綱　夏五月，以陶侃都督荆、湘等州軍事。

目　侃復鎮荆州，士女相慶。侃性聰敏恭勤，終日斂膝危坐，軍府衆事，檢攝無遺，未嘗少閑。常語人曰：「大禹聖人，乃惜寸陰，至於衆人，當惜分陰。豈可逸遊荒醉，生無益於時，死無聞於後，是自棄也！」諸參佐以談戲廢事者，命取其酒器、蒱博之具，蒱音蒲，摴蒱戲也，老子入胡作，今人擲之爲戲。博，今之雙陸，亦摴蒱戲。悉投之於江，將吏則加鞭扑，曰：「摴蒱者，摴音樞。牧豬奴戲耳！老、莊浮華，非先王之法言，不益實用。君子當正其威儀，何有蓬頭、跣足，自謂宏達邪！」有奉饋者，必問其所由，若力作所致，雖微必喜，慰賜參倍；若非理得之，則切

王導庾亮卞壼輔政

代王紇那立

厲訶辱，還其所饋。嘗造船，其木屑竹頭，侃皆令籍而掌之，人咸不解。後正會，積雪始晴，聽事前猶溼，乃以木屑布地。及桓溫伐蜀，又以所貯竹頭作丁裝船。其綜理微密，皆此類也。

綱 秋閏七月，帝崩。司徒導、中書令庾亮、尚書令卞壼，壼音悃。受遺詔輔政。太子衍即位，尊皇后爲皇太后。太后臨朝稱制。葬武平陵。

綱 冬十二月，代王賀傉卒，弟紇那立。

綱鑑易知錄卷三二

東晉紀

顯宗成皇帝

名衍，明帝長子，在位十七年，壽二十二歲而崩。謚法：「安民立政曰成。」

綱　丙戌，顯宗成皇帝咸和元年，（三二六）趙光初九年，後趙八年。夏六月，以郗鑒爲徐州刺史。（徐州，此時治廣陵，在今江蘇揚州市東北。）

目　司徒導稱疾不朝，導，王導。而私送鑒。卞壼奏「導虧法從私，無大臣之節，請免官。」雖事寢不行，舉朝憚之。壼儉素廉潔，裁斷切直，當官幹實，性不弘裕，不肯苟同時好，故爲諸名士所少。阮孚謂曰：「卿常無閑泰，如含瓦石，不亦勞乎！」壼曰：「諸君子以道德恢弘，風流相尚，執鄙吝者，非壼而誰！」時貴遊子弟多慕王澄、謝鯤爲放達，壼厲色於朝曰：「悖禮傷教，罪莫大焉；中朝傾覆，實由於此。」欲奏推之，導及庾亮不聽，乃止。

綱　秋八月，以溫嶠爲都督江州軍事，王舒爲會稽內史。（會稽郡治山陰縣，即今浙江紹興市。）

目　初，王導以寬和得衆，及庾亮用事，任法裁物，頗失人心。祖約自以名輩不後郗、卞，而不預顧命；顧命者，臨死回顧而發命也。遺詔褒進大臣，又不及約與陶侃，二人皆疑亮刪之。歷陽內史蘇峻，（歷陽，即今安徽和縣。）有功於國，威望漸著，卒鋭器精，有輕朝廷之志。亮

阮孚知亂將作

蘇峻祖約舉兵反

既疑峻、約，又畏侃之得衆，乃以嶠鎮武昌，舒守會稽，以廣聲援；又脩石頭以備之。（石頭城，在今江蘇南京市西南。）丹陽尹阮孚謂所親曰：（丹陽郡治建康，在今江蘇南京市南。）「江東創業尚淺，主幼時艱，（幼主，成帝方六歲。）庾亮年少，德信未孚，以吾觀之，亂將作矣。」遂求出爲廣州刺史。（廣州治番禺，在今廣東廣州市內。）

綱 冬十月，殺南頓王宗，降封西陽王羕爲弋陽縣王。

目 宗自以失職怨望，又素與蘇峻善；庾亮欲誅之，中丞鍾雅劾宗謀反，亮收殺之。降封其兄太宰西陽王羕爲弋陽縣王。宗，宗室近屬；羕，先帝保傅；亮一旦剪黜，由是愈失遠近之心。宗之死也，帝不之知，久之，帝問亮曰：「常日白頭公何在？」亮對以謀反伏誅。帝泣曰：「舅言人作賊，便殺之；人言舅作賊，當如何？」亮懼，變色。

綱 丁亥，二年，（三二七）趙光初十年，後趙九年。冬，徵蘇峻爲大司農。峻與祖約舉兵反。

目 庾亮以蘇峻在歷陽，終爲禍亂，欲下詔徵之。司徒導曰：「峻必不奉詔，不如且包容之。」卞壼曰：「峻擁強兵，逼近京邑，路不終朝，一旦有變，易爲蹉跌，宜深思之！」溫嶠亦累書止亮。舉朝以爲不可，亮皆不聽。徵峻爲大司農，峻上表辭，不許；峻遂不應命。

溫嶠卽欲帥衆下衞建康，亮報嶠書曰：「吾憂西陲，過於歷陽，足下無過雷池一步也。」（雷池卽大雷水，出今安徽宿松縣西北。）亮復遣使諭峻，峻曰：「臺下云我欲反，豈得活耶！我寧山頭望廷尉，不能廷尉望山頭。」峻知祖約亦怨朝廷，乃請共討亮。約大喜，遣兄子沛、渙、瑨許柳，以兵會峻。

【綱】十二月，峻襲陷姑孰；（卽今安徽當塗縣。）詔庾亮督諸軍討之，宣城內史桓彝起兵赴難。（宣城郡治宛陵，卽今安徽宣城縣。）

蘇峻兵犯闕

【綱】戊子，三年，（三二八）趙光初十一年，後趙太和元年。春正月，溫嶠以兵赴難，至潯陽。二月，尚書令成湯公卞壼督軍討峻，戰敗，死之。庾亮奔潯陽，峻兵犯闕。

【目】溫嶠欲救建康，軍於潯陽。（卽今江西九江市。）峻濟自橫江，（橫江浦，在今安徽和縣東南。）陶回謂庾亮曰：「峻知石頭有重戍，必向小丹陽，（在今安徽馬鞍山市東，接江蘇江寧縣界。）南道步來；宜伏兵邀之，可一戰擒也。」亮不從。峻果如回言，而夜迷失道，無復部分。亮始悔之。詔以卞壼都督大桁東諸軍，桁音杭。（大桁在今南京市東南。）及峻戰於西陵，（西陵或作「陵西」，地名，未詳。）大敗。峻攻青溪柵，（青溪卽三國吳所鑿東渠，在今南京市東，與秦淮通，青溪上爲柵也。）壼又拒擊之，壼背癰新愈，瘡猶未合，力疾苦戰而死；二子眕、盱隨之，亦赴敵死。其母撫尸哭曰：「父爲忠臣，子爲孝子，夫何恨乎！」亮奔潯陽。

卞壼戰死

峻兵入臺城，卽晉建康宮城。（建康宮在今南京市內。）司徒導謂侍中褚翜曰：翜音殺。「至尊當御正殿。」翜卽入抱帝登太極前殿；峻兵既入，叱翜令下。翜呵之曰：「蘇冠軍來覲至尊，軍人豈得侵逼！」峻兵不敢上殿。峻以王導有德望，猶使以本官居己之右。以祖約爲太尉，峻

陶侃戎服登舟

自錄尚書事。

綱 三月，皇太后庾氏以憂崩。峻南屯于湖。（于湖縣，即今安徽當塗縣。）

綱 葬明穆皇后。

綱 夏五月，溫嶠以陶侃入討峻，峻遷帝于石頭。郗鑒、王舒來赴難。

目 溫嶠將討峻，遣督護王愆期詣荊州邀陶侃同赴難。侃猶以不豫顧命爲恨，答曰：「吾疆埸外將，不敢越局。」嶠更遣使邀之，侃乃遣督護龔登帥兵詣嶠。嶠有衆七千，於是灑泣登舟。

侃復追登還。嶠遺書曰：「峻、約無道，人皆切齒。今之進討，如石投卵；若復召兵還，是爲敗於幾成，而或者遂謂仁公緩於討賊。此聲難追，願深察之！」愆期亦謂侃曰：「峻，豺狼也，如得遂志，公寧有容足之地乎！」侃深感悟，即戎服登舟，兼道而進。郗鑒在廣陵，得詔書，即流涕誓衆，入赴國難。峻聞之，自姑孰還，遷帝於石頭。司徒導密令張闓以太后詔諭三吳，（吳興、吳郡、會稽爲三吳，一說會稽、吳興、丹陽爲三吳。）使起義兵。會稽內史王舒使庾冰將兵一萬，西渡浙江；（即今浙江富陽縣東南之富春江。）於是吳興太守虞潭、吳國內史蔡謨、義興太守顧衆等皆應之。（吳興郡治烏程縣，即今浙江吳興縣。吳國都吳縣，即今江蘇蘇州市。義興郡治義興縣，在今江蘇宜興縣南。）潭母孫氏謂潭曰：「汝當舍生取義，勿以吾老爲累！」盡遣家僮從軍，鬻環珮以給軍費。鑒帥衆渡江，與侃等會，舟師直指石頭。峻望之有懼色。

蘇峻陷宣城

【綱】峻分兵陷宣城，內史桓彝死之。

【目】桓彝聞京城不守，進屯涇縣。（在今安徽涇縣西。）長史裨惠勸彝與峻通使，以紓交至之禍。彝曰：「吾受國厚恩，義在致死，焉能忍恥與逆臣通問！如其不濟，此則命也。」彝遣將軍俞縱守蘭石，（在今安徽旌德縣東北，接涇縣界。）韓晃攻之。（韓晃，峻將。）將敗，左右勸退軍。縱曰：「吾受桓侯恩厚，當以死報。吾之不可負桓侯，猶桓侯之不負國也。」遂力戰而死。晃遂進軍，至是，城陷，執彝，殺之。

後趙攻壽春

【綱】秋七月，後趙攻壽春，約衆潰，奔歷陽。

陶侃溫嶠斬蘇峻

【綱】九月，陶侃、溫嶠討峻於石頭，斬之。峻弟逸代領其衆。

騎虎安可中下

毛寶燒蘇峻積聚

【目】西軍與峻久相持不決，溫嶠軍食盡，貸於陶侃。侃怒，欲西歸。嶠曰：「天子幽逼，社稷危殆，乃臣子肝腦塗地之日。嶠等與公並受國恩，事若克濟，則臣主同祚；如其不捷，當灰身以謝先帝耳。今之事勢，義無旋踵，譬如騎虎，安可中下哉！公若違衆獨返，人心必沮；沮衆敗事，義旗將迴指於公矣。」廬江太守毛寶說侃曰：（廬江郡治陽泉縣，在今安徽霍丘縣西。）「軍政有進無退，可試與寶兵，斷賊資糧；若不立效，然後公去，人心不恨矣。」侃然而遣之。竟陵太守李陽說侃曰：（竟陵郡治竟陵縣，即今湖北鍾祥縣。）「大事不濟，公雖有粟，安得而食諸？」侃乃分米五萬石以餉嶠軍。寶燒峻句容、湖孰積聚，（句容即今江蘇句容縣。湖孰，縣名，即今江蘇江寧縣東南湖孰鎮，接句容界。）峻軍乏食，侃遂不去，督水軍向石頭。庾亮、溫嶠帥步兵萬人從白石

石勒破趙殺劉曜

石勒取趙長安

王導諫還都

南上(白石即白石壘,在石頭東北。),峻將八千人逆戰,逆,迎也。馬躓,躓音至,顚仆也。侃部將斬之。三軍皆稱萬歲。餘衆大潰。峻司馬任讓等共立峻弟逸爲主,閉城自守。

綱 冬十二月,後趙主勒大破趙兵於洛陽,獲趙主曜以歸,殺之。

綱 己丑,四年,(三二九)趙光初十二年,後趙太和二年。是歲趙亡,大一,小二,凡三僭國。春正月,逸殺右衞將軍劉超、侍中鍾雅。

目 鍾雅謀奉帝出赴西軍;事泄,蘇逸使任讓將兵入宮收超、雅。帝抱持悲泣曰:「還我侍中、右衞!」讓奪而殺之。

綱 冠軍將軍趙胤攻拔歷陽,約奔後趙。

綱 趙太子熙奔上邽,(在今甘肅天水市西南。)後趙取長安。

綱 二月,諸軍討逸,斬之,及西陽王羕。

目 諸軍攻石頭。建威長史滕含大破其兵,獲蘇逸、韓晃,斬之。含部將曹據抱帝奔溫嶠船,羣臣見帝,頓首號泣請罪。殺西陽王羕。陶侃與任讓有舊,爲請其死。帝曰:「是殺吾侍中、右衞者,不可赦也。」乃殺之。司徒導入石頭,令取故節,侃笑曰:「蘇武節似不如是。」導有慚色。

綱 以褚翜爲丹陽尹。

目 時宮闕灰燼,嶠欲遷都豫章,(即今江西南昌市。)三吳之豪請都會稽,導曰:「孫仲謀、劉玄德俱言：孫權字仲謀，劉備字玄德。『建康，王者之宅。』古之帝王，不必以豐儉移都；苟務本節用，何憂凋弊！若農事不脩，則樂土爲墟矣。且北寇遊魂，易繫辭：「遊魂爲變。」伺我之隙，一旦示弱，竄於蠻、越，求之望實，望實，名望、事實。懼非良計。皆不可也。今特宜鎮之以靜，羣情自安。」由是不復徙都。而以翜爲丹陽尹。翜收集散亡，京邑遂安。

陶侃爲太尉

綱　三月，以陶侃爲太尉，郄鑒爲司空，溫嶠爲驃騎將軍、開府儀同三司，庾亮爲豫州刺史。出鎮蕪湖。

溫嶠卒

綱　夏四月，驃騎將軍始安公溫嶠卒，（始安，即今廣西桂林市。）以劉胤爲江州刺史。（江州治豫章，即今江西南昌市，明年陶侃移治武昌。）

目　溫嶠卒，時年四十二，謚曰忠武。胤，嶠軍司也。陶侃、郄鑒皆言胤非方伯才，王導不從。或謂導子悅曰：「自江陵至於建康，（江陵，即今湖北江陵縣。）三千餘里，流民萬計，國之南藩，要害之地，而胤以汰侈，臥而對之，不有外變，必有內患矣。」

石虎取秦隴

綱　秋八月，後趙石虎攻拔上邽，殺趙太子熙，遂取秦、隴。

趙亡

目　趙南陽王胤帥衆數萬自上邽趣長安。石虎救之，大破趙兵，乘勝追擊。上邽潰，虎執趙太子熙及胤以下三千餘人，皆殺之，趙亡。徙其臺省文武、關東流民、秦、雍大族于襄國；襄國，後趙都。（在今河北邢臺縣西南。）秦、隴悉平。蒲洪、姚弋仲俱降於虎。（蒲洪，見卷三十一懷帝永嘉四年「氐蒲洪自稱洛陽公」目。姚弋仲，見卷三十一懷帝永嘉六年「羌姚弋仲自稱扶風公」目。）

郭默殺劉胤

陶侃討郭默

石勒稱趙天王

綱 冬十二月，將軍郭默殺劉胤。

目 胤矜豪縱酒，不恤政事。郭默被徵爲右將軍，求貲於胤，不得；誣胤以大逆，襲斬之，傳首京師。

綱 代王紇那出奔宇文部，（宇文部，見卷三十一元帝大興三年「宇文氏攻慕容廆」注。）翳槐立。

目 翳槐，鬱律之子也。

綱 庚寅，五年，（三三〇）趙建平元年。春正月，太尉侃討郭默，斬之。

目 劉胤首至建康，司徒導以郭默驍勇難制，以默爲江州刺史。陶侃聞之，投袂起曰：「此必詐也。」即將兵討之。上表言狀，且與導書曰：「默殺方州即用爲方州，害宰相便爲宰相乎？」導答侃書曰：「默據上流之勢，加以船艦成資，故包含容忍，以俟足下，豈非遵養時晦以定大事者耶！」詩周頌酌之篇：「於鑠王師，遵養時晦。」於，歎辭。鑠，盛；遵，循也。此言武王初有於鑠之師而不用，退自循養，與時皆晦，然後一戎衣而天下大定。侃笑曰：「是乃遵養時賊也！」兵至，默將縛默以降，侃斬之。

綱 二月，趙王勒稱趙天王，以石虎爲太尉，封中山王。

綱 趙誅祖約，夷其族。

綱 夏五月，詔太尉侃兼督江州。

目 侃遂移鎮武昌。

石勒稱皇帝

綱　秋九月，趙王勒稱皇帝。

綱　壬辰，七年，（三三二）趙建平三年。春正月，趙大饗羣臣。

目　趙主勒謂徐光曰：「朕可方自古何等主？」對曰：「陛下神武謀略過於漢高。」勒笑曰：「人豈不自知！卿言太過。朕若遇高祖，當北面事之，與韓、彭比肩；韓、彭，韓信、彭越。若遇光武，當並驅中原，未知鹿死誰手。前漢蒯徹曰：「秦失其鹿，天下共逐之，高材疾足者先得。」故云。大丈夫行事，宜礌礌落落，礌同磊。如日月皎然，終不效曹孟德、司馬仲達欺人孤兒、寡婦，曹操字孟德，司馬懿字仲達。狐媚以取天下也。」

勒雖不學，好使諸生讀書而聽之，時以其意論古今得失，聞者悅服。嘗使人讀漢書，聞酈食其勸立六國後，驚曰：「此法當失，何以遂得天下？」及聞留侯諫，乃曰：「賴有此耳。」

慕容皝立

綱　癸巳，八年，（三三三）趙建平四年。夏五月，遼東公慕容廆卒，世子皝嗣。

石弘立石虎自爲丞相魏王

綱　秋七月，趙主勒卒，太子弘立。八月，趙石虎自爲丞相、魏王；九月，弒其太后劉氏。冬十月，趙河東王石生等舉兵討之，不克而死。

陶侃卒

綱　甲午，九年，（三三四）趙主石弘延熙元年。夏六月，太尉、長沙公陶侃卒。

目　侃晚年深以盈滿自懼，不預朝權，屢欲告老歸國，佐吏等苦留之。至是，疾篤，上表遜位。薨，謚曰桓。侃在軍四十一年，明毅善斷，識察纖密，人不能欺；自南陵迄於白帝，（南陵，在今安徽繁昌縣西北，白帝城，在今四川奉節縣東。）數千里中，路不拾遺。尚書梅陶嘗謂人曰：

「陶公機神明鑒似魏武，曹操。忠順勤勞似孔明，諸葛亮。陸抗諸人不能及也。」謝安每言：安，謝鯤之從子。「陶公雖用法，而恆得法外意。」

成主李班立

綱 成主雄卒，太子班立。

庾亮鎮武昌

綱 以庾亮都督江、荆等州軍事。（時江州鎮武昌，荆州鎮江陵。）

目 亮鎮武昌，辟殷浩爲記室參軍。浩與褚裒、杜乂皆以識度清遠，善談老、易，老子、周易。擅名江東，而浩尤爲風流所宗。桓彝嘗謂裒曰：「季野有皮裏春秋。」褚裒字季野。言其外無臧否而內有褒貶也。否音鄙。謝安曰：「裒雖不言，而四時之氣亦備矣。」

綱 冬十月，成李越弒其主班而立其弟期。越，李雄子。

綱 十一月，趙石虎弒其主弘，自立爲居攝天王。

綱 乙未，咸康元年，（三三五）趙太祖石虎建武元年，成主李期玉恆元年。春正月朔，帝冠。

綱 三月，幸司徒導府。

王濛王述

風流以惔濛爲首

目 司徒導羸疾，不堪朝會，帝幸其府。導辟王濛、王述爲掾屬。濛不脩小廉，而以清約見稱。與沛國劉惔友善，（沛國都蕭縣，在今安徽蕭縣西北。）惔常稱濛性至通，而自然有節。濛曰：「劉君知我，勝我自知。」當時稱風流者，以惔、濛爲首。述性沉靜，每坐客辯論蠭起，而述處之恬如也。年三十，尚未知名，人謂之癡。導以門地辟之，述，王承之子，承爲琅邪王睿掾屬。既見，唯問江東米價，述張目不答。導曰：「王掾不癡。」導每發言，一坐莫不贊美，述正色曰：「人非堯、舜，何得每事盡善！」導改容謝之。

趙徙都鄴

綱　秋九月，趙遷都鄴。（在今河北磁縣西。）

趙聽民事佛

綱　趙聽其民事佛。

目　初，趙主勒以天竺僧佛圖澄豫言成敗，（天竺，見卷二十一漢明帝永平八年「因遣使之天竺」目。）佛圖，複姓。數有驗，敬事之。及虎卽位，奉之尤謹。詔中書曰：「佛，國家所奉，里閭小人無爵秩者，應得事不？」著作郎王度等議曰：「王者祭祀，典禮具存。佛，外國之神，非天子所應祠也。今且禁公卿以下毋得詣寺燒香禮拜；其趙人爲沙門者，（沙門見同上。）皆返初服。」虎詔曰：「朕生自邊鄙，忝君諸夏，至於饗祀，應從本俗。其夷、趙百姓樂事佛者，特聽之。」

綱　冬十月，代王紇那復入，翳槐奔趙。

張駿請北伐

綱　張駿遣使上疏，請北伐。張駿，趙涼州牧。

目　初，張軌及寔、茂保據河右，軍旅之事無歲無之。及駿嗣位，境內漸平。駿勤脩庶政，總御文武，咸得其用，民富兵強，遠近稱爲賢君。駿遣使上疏，以爲：「勒、雄既死，石勒、李雄。虎、期繼逆，石虎、李期。元老消落，後生不識，慕戀之心，日遠日忘。乞敕司空鑒、征西亮等汎舟江、沔，鑒，郄鑒。亮，庾亮。（江、沔，猶言江、漢。）首尾齊舉。」

綱　丙申，二年，（三三六）趙建武二年。春正月，彗星見奎、婁。

綱　二月，立皇后杜氏。杜預孫女。

石虎稱趙天王

慕容皝稱燕王

成李壽自立改號漢

王導爲丞相

王導舉扇蔽塵

顏含

代什翼犍立

綱　丁酉，三年，（三三七）趙建武三年。春正月，趙王虎稱趙天王。

綱　秋七月，慕容皝自稱燕王。

綱　趙納代王翳槐于代，紇那奔燕。

綱　戊戌，四年，（三三八）趙建武四年，成改號漢，中宗李壽漢興元年，代高祖什翼犍建國元年，舊大國一，漢、涼小國二，新小國一，凡四僭國。夏四月，成李壽弒其主期而自立，改國號漢。

綱　五月，以司徒導爲太傅，都督中外諸軍事，郗鑒爲太尉，庾亮爲司空。六月，更以導爲丞相，罷司徒官。

目　是時，亮雖居外鎮，時亮鎮武昌。而遙執朝權，旣據上流，擁彊兵，趣勢者多歸之。趣同趨。導內不能平，嘗遇西風塵起，舉扇自蔽，徐曰：「元規塵汚人！」庾亮字元規。

綱　冬十月，光祿勳顏含致仕。

目　顏含以老遜位。時論者以「王導帝之師傅，百僚宜爲降禮」；太常馮懷以問含。含曰：「王公雖貴重，禮無偏敬。降禮之言，或是諸君事宜；鄙人老矣，不識時務。」旣而告人曰：「吾聞伐國不問仁人，（見卷十三漢武帝建元元年董仲舒策。）向馮祖思問佞於我，馮懷字祖思。我豈有邪德乎！」郭璞嘗欲爲之筮，含曰：「年在天，位在人，脩己而天不與者，命也；守道而人不知者，性也；自有性命，無勞蓍龜。」致仕二十餘年，年九十三而卒。

綱　代王翳槐卒，弟什翼犍立。

目　代自倚盧卒，國多內難，部落離散。什翼犍雄勇有智略，能脩祖業，百姓安之，有衆數十萬人。

王導卒

綱　己亥，五年，（三三九）趙建武五年。秋七月，丞相始興公王導卒，（始興，在今廣東始興縣西北。）以何充爲護軍將軍，庾冰爲中書監、揚州刺史、參錄尚書事。

目　導簡素寡欲，輔相三世，倉無儲穀，衣不重帛。

初，導與庾亮共薦丹陽尹何充於帝。及導薨，徵庾亮爲左相，亮固辭，遂以充及亮弟冰參錄尚書事。冰經綸時務，不舍晝夜，賓禮朝賢，升擢後進，由是朝野翕然，稱爲賢相。

綱　八月，改丞相爲司徒。

蔡謨都督徐兗

綱　太尉南昌公郗鑒卒，（南昌，即今江西南昌市。）以蔡謨都督徐、兗軍事。

目　鑒疾篤，上疏薦太常蔡謨，平簡貞正，素望所歸，可爲徐州。鑒薨，即以謨代之。

綱　九月，趙以李巨爲御史中丞。

目　趙王虎患貴戚豪恣，乃擢巨爲中丞，中外肅然。虎曰：「朕聞良臣如猛虎，高步曠野而豺狼避路，信哉！」

庾亮卒

綱　庚子，六年，（三四〇）趙建武六年。春正月，司空庾亮卒，以何充爲中書令，庾翼都督江、荆等軍州事。

綱　有星孛于太微。

代都雲中

何充諫立琅邪

綱 三月，代始都雲中。（卽今內蒙古托克托縣。）

綱 辛丑，七年，（三四一）趙建武七年。春正月，燕築龍城。

目 燕築城於柳城之北，龍山之西，（柳城，在今遼寧朝陽縣北。龍山，在今遼寧朝陽縣東北。）立宗廟、宮闕，命曰龍城。

綱 二月，封慕容皝爲燕王。三月，皇后杜氏崩。夏四月，葬恭皇后。

綱 壬寅，八年，（三四二）趙建武八年。春正月朔，日食。

綱 夏六月，帝崩，琅邪王岳卽位。

目 帝不豫；二子丕、奕皆在襁褓。庾冰恐易世之後，親屬愈疏，爲人所閒，請以母弟琅邪王岳爲嗣，（晉琅邪國都開陽縣，在今山東臨沂市北。）帝許之。中書令何充曰：「父子相傳，先王舊典，且今將如孺子何！」冰不聽。帝乃詔冰、充及武陵王晞、會稽王昱、尙書令諸葛恢並受顧命而崩。（武陵國都臨沅縣，在今湖南常德市西。）昱音欲。琅邪王卽位，亮陰不言，陰音庵。（亮陰，亦作諒陰，天子居喪之廬也。）委政於冰、充。

綱 封成帝子丕爲琅邪王，奕爲東海王。（東海國在今江蘇常熟縣境。）

綱 秋七月，葬興平陵。（在今江蘇南京市境。）以何充都督徐州軍事。

綱 冬十月，燕遷都龍城。

綱 十二月，立皇后褚氏。

詔議經略中原

庾翼薦桓溫

此輩宜束之高閣

目　時徵后父豫章太守褚裒爲侍中。裒以后父，不願居中任事，乃除江州刺史，鎮半洲。（在今江西九江市西。）

康皇帝

名岳，成帝同母弟。初封琅邪王，成帝臨崩立以爲嗣。在位二年，壽二十三歲而崩。謚法：「溫柔好樂曰康。」

綱　癸卯，康皇帝建元元年，（三四三）趙建武九年。秋七月，詔議經略中原。庾翼表遣梁州刺史桓宣伐趙。（西晉梁州治漢中，此時梁州寄治西城，在今陝西安康縣西北。）

目　翼爲人慷慨，喜功名，不尙浮華。琅邪內史桓溫，彝之子也，尙南康公主，成帝女。（南康，在今江西南康縣西。）豪爽有風概，翼與之友善，嘗薦於成帝曰：「溫有英雄之才，願勿以常壻畜之；宜委以方面之任，必有弘濟之勳。」時杜乂、殷浩並才名冠世，翼獨弗之重也，曰：「此輩宜束之高閣，俟天下太平，然後徐議其任耳。」浩累辭徵辟，朝廷召曰徵，郡國舉曰辟。屏居十年，時人擬之管、葛。管仲、諸葛亮。謝尙、王濛嘗伺其出處，以卜江左興亡。嘗相與省之，知浩有確然之志，旣退，相謂曰：「深源不起，殷浩字深源。當如蒼生何！」翼請浩爲司馬；詔除侍中、安西軍司，浩不應。翼遺之書曰：「王夷甫立名非眞，王衍字夷甫。雖云談道，實長華競。明德君子，遇會處際，寧可然乎！」翼意謂殷浩不可如王衍。浩猶不起。翼以滅趙取蜀爲己任，趙，石虎。蜀，李壽。遣使約燕、涼，燕，慕容皝。涼，張駿。刻期大擧，朝議多以爲難。至是，詔議經略中原，翼欲悉衆北伐，表桓宣督諸軍，趣丹水；（在今河南淅川縣西。）桓溫爲前鋒小督，帥衆入臨淮。（在今江蘇盱眙縣東北。）

漢李勢立

綱 漢主壽卒，太子勢立。

綱 庾翼移鎮襄陽，詔以翼都督征討軍事，庾冰都督荊、江等州軍事。徵何充爲揚州刺史、錄尚書事。

桓宣戰敗

綱 甲辰，二年，（三四四）趙建武十年，漢主李勢太和元年。春正月，桓宣及趙兵戰于丹水，敗績。宣慚憤而卒，庾翼遣子方之代領其衆。

綱 秋九月，帝崩。太子聃即位，尊皇后曰皇太后。太后臨朝稱制。冬十月，葬崇平陵。

綱 荊、江都督庾冰卒，翼還鎮夏口。（在今湖北武漢市武昌黃鵠山上。）

孝宗穆皇帝

名聃，康帝太子，即位方三歲；在位十七年，壽十九歲而崩。謚法：「布德執義曰穆。」

綱 乙巳，孝宗穆皇帝永和元年，（三四五）趙建武十一年，燕王慕容皝十二年。舊大國一，漢、涼、代小國三，新小國一，凡五僭國。春正月，以會稽王昱爲撫軍大將軍、錄尚書六條事。

燕叛晉自王

綱 二龍見于燕之龍山。

目 燕有黑白二龍見於龍山，交首遊戲，解角而去。燕王皝祀以太牢，牛曰太牢。命所居新宮曰和龍。是歲，始不用晉年號，自稱十二年。

桓溫都督荊梁

綱 冬十月，江州都督庾翼卒，以桓溫都督荊、梁等州軍事。

目 翼病，表子方之爲荊州刺史，委以後任。及卒，朝議以諸庾世在西藩，人情所安，欲從其請。何充曰：「荊楚，國之西門，戶口百萬，北帶彊胡，西鄰勁蜀，得人則中原可定，失

張駿稱涼王　殷浩爲揚州刺史　涼張重華立　桓溫伐漢

人則社稷可憂，陸抗所謂『存則吳存，亡則吳亡』者也，豈可以白面少年當之哉！桓溫英略過人，有文武器幹，西夏之任，無出溫者。」丹陽尹劉惔每奇溫才，然知其有不臣之志，謂會稽王昱曰：「溫不可使居形勝之地。」昱不聽，以溫代翼。

【綱】冬十二月，張駿自稱涼王。

【綱】趙以姚弋仲爲冠軍大將軍。

【綱】丙午，二年，（三四六）趙建武十二年，漢嘉寧元年。春正月，揚州刺史、都鄉侯何充卒。（此都鄉係僑置，所在未詳。）

【綱】二月，以光祿大夫蔡謨領司徒。

【綱】三月，以顧和爲尚書令，殷浩爲揚州刺史。

【目】褚裒薦顧和、殷浩，詔以和爲尚書令，浩爲揚州刺史。和有母喪，固辭不起，謂所親曰：「古人有釋衰絰從王事者，以其才足幹時故也，如和者，正足以虧孝道，傷風俗耳。」浩亦固辭。會稽王昱與浩書曰：「足下去就，即時之廢興也，家國不異，宜深思之！」浩乃就職。

【綱】夏五月，涼王張駿卒，世子重華立。

【綱】冬十一月，桓溫帥師伐漢。

【目】桓溫將伐漢，將佐皆以爲不可。江夏相袁喬曰：（晉江夏郡治安陸，即今湖北安陸縣。）「夫經略大事，固非常情所及，智者了於胸中，不必待衆言皆合也。李勢無道，臣民不附，且恃

桓溫克成都

李勢降漢亡

桓溫爲征西大將軍

會稽王引殷浩以抗桓溫

燕慕容儁立

其險遠，不脩戰備。宜以精兵萬人輕齎疾趨，比其覺之，我已出其險要，可一戰擒也。」溫拜表即行，委長史范汪以留事。朝廷以蜀道險遠，溫衆少而深入，皆以爲憂，惟劉惔以爲必克。或問其故，惔曰：「以博知之。（博，見卷六周赧王四十二年「博之所貴梟」注。）溫，善博者也，不必得則不爲。但恐克蜀之後，專制朝廷耳。」

綱 丁未，三年，（三四七）趙建武十三年。是歲漢亡，大一，小三，凡四僭國。春三月，桓溫敗漢兵于笮橋，（即今成都市西門外萬里橋。）進至成都，（即今四川成都市。）漢主勢降。詔以爲歸義侯。

目 溫自將步卒，直指成都，李勢悉衆出戰於笮橋，袁喬拔劍督士卒力戰，遂大破之。溫乘勝長驅至成都，縱火燒其城門。漢人惶懼，無復鬭志。勢輿櫬面縛詣軍門。（輿櫬面縛，見卷二十九漢後帝炎興元年「帝率羣臣面縛輿櫬詣軍門」注。）溫送勢於建康，振旅還江陵。振，止；旅，衆也。言戰罷而止其衆以入也。春秋傳曰：「出曰治兵，入曰振旅。」詔封勢歸侯義。漢亡。

綱 戊申，四年，（三四八）趙建武十四年。秋八月，加桓溫征西大將軍。

目 朝廷論平蜀之功，加溫征西大將軍，封臨賀郡公。（臨賀，即今廣西賀縣。）溫既滅蜀，威名大振，朝廷憚之。會稽王昱以殷浩有盛名，朝野推服，乃引爲心膂，與參綜朝權，欲以抗溫；由是與溫寖相疑貳。浩以王羲之爲護軍將軍。羲之，王導從子。羲之以爲內外協和，然後國家可安，勸浩不宜與溫構隙，浩不從。

綱 九月，燕王皝卒，世子儁立。

趙石虎稱皇帝

綱　趙立子世爲太子。世，石虎少子，劉昭儀所生。

綱　己酉，五年，（三四九）趙大寧元年。春正月，趙主虎稱皇帝。夏四月，趙主虎卒，太子世立。其兄遵弒之，及其太后劉氏而自立。

綱　蒲洪遣使來降。

目　石閔言於趙主遵曰：「蒲洪，人傑也；今鎮關中，恐秦、雍之地，非復國家之有。宜改圖之。」遵從之，罷洪都督。洪怒，歸枋頭，成帝咸和八年，趙石虎以蒲洪爲龍驤將軍、流民都督，居枋頭。（在今河南濬縣西南洪水東岸。）遣使來降。

綱　燕以慕容恪爲輔國將軍。

褚裒伐趙

綱　秋七月，征討都督褚裒率師伐趙，不克而還。

目　征北大將軍褚裒上表請伐趙，加裒征討大都督。裒帥衆三萬，徑赴彭城，（即今江蘇徐州市。）北方士民降附者日以千計。朝野皆以中原指期可復，蔡謨獨謂所親曰：「趙滅誠爲大慶，然恐更貽朝廷之憂。」其人曰：「何謂也？」謨曰：「夫能順天乘時濟羣生於艱難者，非上聖與英雄不能爲也，自餘則莫若度德量力。度音鐸。觀今日之事，殆非時賢所及，必將經營分表，分量之外。疲民以逞；既而材略疎短，不能副心，財殫力竭，智勇俱困，安得不憂及朝廷乎！」魯郡民五百餘家起兵附晉，（魯郡治魯縣，在今山東曲阜縣東北。晉魯郡，時屬趙。）求援於裒，裒遣部將王龕將卒迎之。與趙將李農戰於代陂，敗沒不還。裒退屯廣陵，還鎮京口，（在今江蘇

張重華稱涼王

秦雍流民西歸

趙石閔立改號魏

石氏滅

蒲洪稱王改姓苻

鎮江市東南。）解征討都督。

綱 九月，張重華自稱涼王。

綱 冬十一月，趙石鑒弑其主遵而自立。

綱 秦、雍流民立蒲洪爲主。

目 秦、雍流民，相帥西歸，路由枋頭，共推蒲洪爲主，衆至十餘萬。

綱 十二月，徐、兗都督褚裒卒，以荀羨監徐、兗軍事。

綱 庚戌，六年，（三五〇）趙主石祗永寧元年，魏主冉閔永興元年。舊大國一，涼、代、燕小國三，新大國一，凡五僭國。

綱 春閏正月，趙石閔殺鑒而自立，改國號魏。

目 石閔、李農廢鑒，閔本姓冉，石虎養以爲子。殺之，并殺趙主虎三十八孫，盡滅石氏。司徒申鍾等上尊號於閔，閔以讓農，農固辭。閔曰：「吾屬，故晉人也，請與諸君分割州郡，各稱牧、守、公、侯，奉迎天子還都洛陽，何如？」尚書胡睦曰：「陛下聖德應天，宜登大位，晉氏衰微，遠竄江表，豈能總馭英雄，混一四海乎！」閔曰：「尚書可謂識機知命矣。」乃即皇帝位，國號大魏。

綱 以殷浩督揚、豫等州。

綱 蒲洪自稱三秦王，即關中也。（楚項羽分關中爲三，以王章邯等，故稱關中爲三秦。）改姓苻。苻音扶。洪以讖文有「草付應王」，又以孫堅背有「草付」字，遂改姓苻。

燕王儁都薊
石閔復姓冉
石祗稱帝於襄國

綱　二月，燕王儁擊趙，拔薊城，（在今北京市境內。）徙都之。

綱　魏主閔復姓冉氏。

綱　故趙將麻秋殺苻洪，洪子健斬秋，遣使來請命。

綱　趙石祗稱帝於襄國。

綱　夏五月，杜洪據長安，苻健擊敗之。

綱　魏主閔徵故散騎常侍辛謐爲太常，謐音密。謐不食而卒。

目　故晉散騎常侍隴西辛謐，有高名，歷劉、石之世，劉，劉淵。石，石勒。徵辟皆不就；魏主閔備禮徵爲太常。謐遺閔書，以爲：「物極則反，致至則危。周赧王四十三年，楚黃歇上書秦王曰：「臣聞物至則反，冬夏是也；致至則危，累棊是也。」致，言取物置之物上也。君王功已成矣，宜因茲大捷，歸身晉朝，必有由、夷之廉，由，許由。夷，伯夷。享喬、松之壽矣。」喬，王喬。松，赤松子。因不食而卒。

綱　冬十一月，苻健入長安，遣使來獻捷。

綱　十二月，免蔡謨爲庶人。

目　謨除司徒，永和四年冬以蔡謨爲司徒，謨固讓不拜。三年不就職；詔書屢下，終不受。於是帝臨軒，遣侍中黃門徵之。謨陳疾篤，自旦至申，使者十餘返。公卿奏謨傲違上命，請送廷尉。謨懼，帥子弟素服詣闕稽顙待罪。詔免謨爲庶人。

綱　辛亥，七年，（三五一）趙永寧二年，魏永興二年，秦主苻健皇始元年。是歲趙亡，舊大國一，涼、代、燕小

劉顯自立爲趙王

桓溫移軍武昌

王彪之諫殷浩

國三，新大國一，凡五僭國。春正月，苻健自稱秦天王。

綱 夏四月，趙劉顯弑其主祗而自立。劉顯，趙將。

綱 秋八月，姚弋仲遣使來降。

綱 冬十二月，桓溫移軍武昌，尋復還鎮。

目 初，桓溫請經略中原，事久不報，知朝廷仗殷浩以抗己，甚忿之；然素知浩之爲人，亦不之憚。以國無他釁，遂得相持彌年，雖有君臣之跡，羈縻而已。屢求北伐，不聽。至是，拜表輒行，帥衆四五萬，順流而下，軍於武昌。朝廷大懼。

浩欲去位以避溫，吏部尚書王彪之謂浩曰：「彼若抗表問罪，卿爲之首。欲作匹夫，豈有全地邪！且當靜以待之。令相王手書，相王，謂會稽王昱。爲陳成敗，彼必旋師；若不從，乃當以正義相裁。奈何無故忽忽，先自猖獗乎！」浩曰：「決大事正自難。頃日來欲使人悶，聞卿此謀，意始得了。」撫軍司馬高崧爲昱草書曰：「寇難宜平，時會宜接。此實爲國遠圖，經略大算。然異常之舉，衆之所駭，苟或望風振擾，一時崩散，則望實並喪，望，名望。實，事實。社稷之事去矣。吾與足下，雖職有內外，安社稷，保家國，其致一也。當先思寧國而後圖其外。」溫卽上疏，惶恐致謝，回軍還鎮。

綱 壬子，八年，（三五二）魏永興三年，秦皇始二年，燕主慕容儁元璽元年。是歲魏亡，大二，小二，凡四僭國。春正月朔，日食。

秦苻健稱帝

【綱】秦王健稱皇帝。

【綱】魏克襄國，殺劉顯，遷其民於鄴。

【綱】三月，姚弋仲卒，子襄率衆來歸，詔屯譙城。（即今安徽亳縣。）

燕滅魏

【綱】夏四月。燕慕容恪等擊魏，大破之，執其主閔以歸，殺之。魏亡。

殷浩北伐

【綱】秋九月，殷浩進屯泗口。（在今江蘇徐州市境。）

王羲之遺殷浩書

【目】浩之北伐也，中軍將軍王羲之以書止之，不聽。既而無功，復謀再舉。是年正月，浩上疏請北出許、洛。六月，督統謝尚等敗績，浩自許昌退屯壽春。（許，今河南許昌市。洛，今河南洛陽市。壽春，今安徽壽縣。）羲之遺浩書曰：「今以區區江左，天下寒心，固已久矣。力爭武功，非所當作；莫若還保長江，督將各復舊鎮，引咎責歸，更爲善治，省其賦役，與民更始，庶可以救倒懸之急也！」又與會稽王昱牋曰：「功未可期，遺黎殲盡，以區區吳、越，經緯天下十分之九，不亡何待！而不度德量力，不弊不已，此封內所痛心歎悼者也。」浩不從，進屯泗口。

罷遣太學生徒

【綱】罷遣太學生徒。

【目】浩以軍興，罷遣太學生徒，學校由此遂廢。

燕慕容儁稱帝

【綱】冬十一月，燕王儁稱皇帝。

【綱】癸丑，九年，（三五三）秦皇始三年，燕元璽二年。秋七月，殷浩遣兵襲姚襄，不克。冬十月，浩遂率諸軍北伐，襄邀敗之，浩走譙城。

山桑之敗

涼立張祚爲涼公

涼張祚稱王

殷浩免

書空咄咄

目 姚襄屯歷陽，浩惡其彊盛，屢遣刺客刺之，客皆以情告襄。浩潛遣將軍魏憬帥衆五千襲之，襄斬憬，并其衆。浩愈惡之。冬，浩自壽春帥衆七萬北伐，欲進據洛陽，脩復園陵。以襄爲前驅。襄度浩將至，僞遁，而陰伏甲以邀之。浩追至山桑，（在今安徽蒙城縣西北。）襄縱兵擊之；浩大敗，走保譙城。

綱 十一月，西平公張重華卒，子曜靈立。方十歲。

綱 十二月，姚襄徙屯盱眙。

綱 涼州廢其主曜靈，立張祚爲涼公。

綱 甲寅，十年，（三五四）秦皇始四年，燕元璽三年，涼王張祚和平元年。春正月，張祚自稱涼王。

綱 殷浩以罪免爲庶人，徙信安。（在今浙江衢縣境。）以王述爲揚州刺史。

目 浩連年北伐，師徒屢敗，糧械都盡；桓溫因朝野之怨，上疏請廢之。朝廷不得已，免浩爲庶人，徙之信安。自此，內外大權一歸於溫矣。

浩少與溫齊名，而心競不相下，溫嘗輕之。浩旣廢黜，雖愁怨不形辭色，常書空作「咄咄怪事」字。咄音敦，入聲。咄咄，驚怪聲。久之，溫謂掾郗超曰：「浩有德有言，嚮爲令、僕，令，尚書令。僕，僕射。足以儀刑百揆，朝廷用違其才耳。」將以浩爲尙書令，以書告之。浩欣然許焉，將答書，慮有謬誤，開閉者十數，竟達空函。溫大怒，由是遂絕，卒於徙所。

綱 二月，桓溫帥師伐秦。

姚襄降燕

綱　姚襄叛降於燕。

桓溫敗秦兵

綱　夏四月，桓溫大敗秦兵于藍田，（在今陝西藍田縣南。）進軍灞上。（在今陝西西安市東。）三輔皆降。（三輔即關中，漢以京兆尹、左馮翊、右扶風爲三輔。）

藍田之捷

目　桓溫別將攻上洛，（即今陝西商縣。）進擊青泥，（青泥城一名嶢柳城，即今陝西藍田縣。）破之。秦主健遣太子萇等帥衆五萬拒溫，戰于藍田，秦兵大敗。溫轉戰而前，進至灞上。萇等退屯城南，三輔郡縣皆來降。溫撫諭居民，使安堵復業。安堵，言安然如堵，不驚動也。民爭持牛酒迎勞，男女夾路觀之，耆老有垂泣者，曰：「不圖今日復覩官軍。」

綱　五月，桓溫及秦兵戰，不利；六月，師還。

王猛捫蝨談當世之務

目　北海王猛，少好學，倜儻有大志，倜音惕。不屑細務，人皆輕之。猛悠然自得，隱居華陰。（在今陝西渭南縣東。）聞溫入關，披褐詣之，捫蝨而談當世之務，捫音門，蝨音瑟。（捫蝨，狀其從容不迫無畏懼也。）旁若無人。溫異之，問曰：「吾奉天子之命，將銳兵十萬爲百姓除殘賊，而三秦豪傑未有至者，何也？」猛曰：「公不遠數千里，深入敵境，今長安咫尺而不度灞水，百姓未知公心，所以不至。」溫默然無以應，徐曰：「江東無卿比也！」乃署猛軍諮祭酒。

白鹿之戰

溫與秦丞相雄等戰于白鹿原，（白鹿原即灞上，在今西安市東，接藍田縣界。）溫兵不利，死者萬餘人。初，溫指秦麥以爲糧，既而秦人悉芟麥，芟，音衫，刈也。溫軍乏食，徙關中三千餘戶而歸。欲與猛俱還，猛辭不就。

秦苻生立

張玄靚立爲涼王

桓溫敗姚襄

綱 秦東海王苻雄卒。

目 秦主健弟東海王雄卒，健哭之嘔血，曰：「天不欲吾平四海耶？何奪吾元才之速也！」苻雄字元才。子堅襲爵。堅性至孝，幼有志度，博學多能，交結英豪。

綱 乙卯，十一年，（三五五）秦主苻生壽光元年，燕元璽四年，涼去年號。夏，秦立子生爲太子。秦太子萇拒桓溫，中流矢死，乃立生。

綱 姚襄據許昌。襄所部多勸北還，乃進據許昌。

綱 六月，秦王健卒，太子生立。

綱 秋九月，涼州弒其君祚，立張玄靚爲涼王。

綱 丙辰，十二年，（三五六）秦壽光二年，燕元璽五年。春正月，以桓溫爲征討大都督，督諸軍討姚襄。

綱 秋八月，桓溫敗姚襄于伊水，（伊水出今河南盧氏縣熊耳山，東北經偃師縣南入洛水。）遂入洛陽，脩謁諸陵，置戍而還。

綱 襄北走，據襄陵。（在今山西臨汾縣南汾水東岸。）

綱 丁巳，升平元年，（三五七）秦主苻堅永興元年，燕光壽元年。春二月，太白入東井。

目 秦有司奏：「太白，罰星；東井，秦分。必有暴兵起京師。」秦主生曰：「太白入井，自爲渴耳，何足怪乎！」

秦斬姚襄
苻堅自立爲天王
苻堅得王猛
燕徙都鄴
王猛治秦
謝萬監司豫等州軍事

【綱】夏四月，姚襄據黃落，秦遣兵擊斬之。弟萇以衆降秦。

【綱】六月，秦苻堅弒其君生自立爲天王。

【目】生飲酒無晝夜，乘醉多所殺戮，羣臣得保一日如度十年。東海王堅，素有時譽，與故姚襄參軍薛讚、權翼善。讚、翼密說堅：「宜早爲計，勿使他姓得之！」堅以問尚書呂婆樓，婆樓曰：「僕里舍有王猛者，其人謀略不世出，宜請而咨之。」堅因婆樓以招猛，一見如舊友；語及時事，堅大悅，自謂如玄德之遇孔明也。

堅與呂婆樓帥麾下三百人鼓譟而進，宿衛將士皆舍仗歸堅。生猶醉寐，堅兵殺之。堅去帝號，稱大秦天王。左僕射李威知王猛之賢，常勸堅以國事任之。堅謂猛曰：「李公知君，猶鮑叔牙之知管仲也。」猛以兄事之。

【綱】秋八月，立皇后何氏。故散騎侍郎何準之女。

【綱】冬十一月，燕徙都鄴。

【綱】秦以王猛爲尚書左丞。

【目】秦王堅行至尚書，以文案不治，免左丞程卓官，以王猛代之。舉異才，脩廢職，課農桑，恤困窮，禮百神，立學校，旌節義，繼絕世；秦民大悅。

【綱】戊午，二年，（三五八）秦永興二年，燕光壽二年。秋八月，以謝萬監司、豫等州軍事。（司州此時還治洛陽，即今河南洛陽市。時豫州僑治壽春，即今安徽壽縣。）

王彪之諫任桓雲

苻堅殺樊世

慕容垂守遼東

燕慕容暐立

燕慕容恪爲太宰

目　會稽王昱欲以桓溫弟雲爲豫州刺史，僕射王彪之曰：「溫居上流，溫鎭江陵。已割天下之半，其弟復處西藩；兵權萃於一門，非深根固蒂之宜也。」昱乃以謝萬代之。萬，謝安之弟。王羲之與溫牋曰：「謝萬才流經通，使主廊廟，固是後來之秀；今以之俯順荒餘，則違才易務矣。」又遺萬書曰：「以君邁往不屑之韻，而俯同羣辟，羣寮、百辟。誠難爲意也。然所謂通識，正當隨事行藏耳。願君每與士卒之下者同甘共苦，則盡善矣。」萬不能用。

綱　秦大旱。

目　秦王堅減膳徹樂，命后妃以下悉去羅紈。開山澤之利，息兵養民。旱不爲災。

綱　秦殺其特進樊世。

目　王猛日親幸用事，勳舊多疾之。樊世本氐豪，佐秦主健定關中，謂猛曰：「吾輩耕之，君食之邪？」猛曰：「非徒使君耕之，又將使君炊之！」世大怒曰：「要當懸汝頭於長安城門；不然，吾不處世！」猛以白堅，堅曰：「必殺此老氐，然後百寮可肅。」會世入言事，與猛爭論於堅前，欲起擊猛；堅怒，斬之。於是羣臣見猛皆屏息。

綱　冬，燕使慕容垂守遼東。

綱　庚申，四年，（三六〇）秦甘露二年，燕幽帝慕容暐建熙元年。春正月，燕主儁卒，太子暐立。

綱　二月，燕以慕容恪爲太宰，專錄朝政。

目　朝廷初聞儁卒，皆以爲中原可圖。桓溫曰：「慕容恪尚在，憂方大耳。」

綱 三月，燕遣慕容垂守螽臺。（在今河南商丘市内。）

綱 秋八月朔，日食既。

綱 桓溫以謝安爲征西司馬。

目 安，少有重名，前後徵辟皆不就。寓居會稽，以山水、文籍自娛。雖爲布衣，時人皆以公輔期之。士大夫至相謂曰：「安石不出，謝安字安石。當如蒼生何！」安每遊東山，（在今浙江上虞縣南。）常以妓女自隨。會稽王昱聞之，曰：「安石既與人同樂，必不得不與人同憂，召之必至。」安妻，劉惔之妹也，見家門貴盛而安獨靜退，謂：「丈夫不如此也！」安掩鼻曰：「恐不免耳。」年四十餘，桓溫請爲司馬，安乃赴召，溫深禮重之。

綱 辛酉，五年，（三六一）秦甘露三年，燕建熙二年。是歲涼奉升平之號。夏五月，帝崩，琅邪王丕即位。

綱 秋七月，葬永平陵。

綱 九月立皇后王氏。王濛之女。

綱 尊何皇后爲穆皇后。

綱 冬十月，秦舉四科。

目 秦王堅命牧、伯、守、宰各舉孝悌、廉直、文學、政事，察其所舉得人者賞之，非其人者罪之。由是人莫敢妄舉，而請託不行，士皆自勵。

慕容垂守螽臺

謝安

秦舉四科

綱鑑易知錄卷二三

東晉紀

哀皇帝

名丕，成帝長子，初封琅邪王，穆帝崩，無嗣，大臣迎立之，在位四年，壽二十五歲而崩。謚法：「早孤短折曰哀。」

綱 壬戌，哀皇帝隆和元年，(三六二)秦甘露四年，燕建熙三年。春二月，燕呂護攻洛陽，桓溫遣兵救之。秋七月，燕師引還。

目 呂護攻洛陽，守將陳祐告急。桓溫遣庾希、竟陵太守鄧遐，庾希，徐、兗刺史。(竟陵，即今湖北鍾祥縣。)帥舟師三千人助祐守之。因上疏請遷都洛陽，自永嘉之亂播流江表者，永嘉，懷帝年號。一切北徙，以實河南。朝廷畏溫，不敢爲異。著作郎孫綽上疏曰：「昔中宗龍飛，中宗，元帝。龍飛，謂即位於建康。非惟信順協於天人，實賴萬里長江畫而守之耳。喪亂已來，六十餘年，河、洛丘墟，黃河、洛水，俱指洛陽。函夏蕭條。函夏，猶言中夏。士民播流江表，已經數世，存者老子長孫，亡者丘隴成行，雖北風之思，北風，詩邶風篇名，其二章曰：「北風其喈，雨雪其霏，惠而好我，攜手同歸。」感其素心，目前之哀，實爲交切。溫今此舉，誠爲遠圖，而百姓震駭，豈不以反舊之樂賒，賒音奢，謂遲緩也。而趨死之憂促哉！臣愚以爲宜遣將帥有威名、資實者，資實，資財、軍實。先鎮洛陽，掃平涼、許，（梁謂梁國，許謂許昌，皆當江南入洛之要路。）清壹河南。運漕之路既通，開墾之積已豐，積音恣。豺狼遠竄，中夏小康，然後可徐議遷徙耳。奈何捨百勝之長理，舉天下而一擲哉！」綽，少慕高尚，嘗著遂初賦以見志。溫見綽表，不悅，曰：「致意興公，孫綽字興公。何不尋君遂初賦，尋，仍也。而知人家國事邪！」

時朝廷憂懼，將遣侍中止溫，王述曰：「溫欲以虛聲威朝廷耳，非實事也；但從之，自無所至。」詔從其計，溫果不行。溫又議移洛陽鐘簴，（鐘簴，秦始皇鑄，魏景初元年自長安徙洛陽。）述曰：「永嘉不競，永嘉五年，懷帝爲劉聰所獲，故云。暫都江左，方當蕩平區宇，旋軫舊京。旋軫，猶言回轅。若不爾，宜改遷園陵，不應先事鐘簴！」溫乃止。

加桓溫大司馬

綱　癸亥，興寧元年，（三六三）秦甘露五年，燕建熙四年。夏五月，加桓溫大司馬、都督中外諸軍、錄尚書事。

目　溫以王坦之爲長史，坦之，王述之子。又以郗超爲參軍，王珣爲主簿，珣，王導孫。每事必與二人謀之。府中爲之語曰：「髯參軍，短主簿，能令公喜，能令公怒。」珣與謝玄皆爲溫掾，玄，謝安兄奕之子。溫俱重之。曰：「謝掾年四十必擁旄杖節，王掾當作黑頭公，皆未易才也。」

涼張天錫立

綱　涼張天錫弒其君玄靚而自立。

王述爲尚書令

綱　甲子，二年，（三六四）秦甘露八年，燕建熙五年，涼西平悼公張天錫元年。夏五月，以王述爲尚書令。

目　述每受職，不爲虛讓，其所辭必於所不受。及爲尙書令，子坦之白述：「故事當讓。」述曰：「汝謂我不堪邪？」曰：「非也，但克讓自美事耳。」述曰：「旣謂堪之，何爲復讓！人言汝勝我，定不及也。」

桓溫移鎮姑孰

綱　乙丑，三年，（三六五）秦建元元年，燕建熙六年。春正月，皇后王氏崩。

綱　大司馬溫移鎮姑孰。（即今安徽當塗縣。）以弟豁監荆、揚等州軍事。

綱　三月，帝崩，琅邪王奕即位。奕，哀帝弟。

目　帝崩，無嗣，皇太后詔以奕承大統。

燕陷洛陽沈勁死節

綱　燕陷洛陽，將軍沈勁死之。

目　燕太宰恪及吳王垂共攻洛陽，克之。執沈勁。勁神氣自若，恪將宥之，將軍慕輿虔曰：「勁雖奇士，觀其志度，終不爲人用。」遂殺之。

綱　葬安平陵。（在今江蘇江寧縣境。）

綱　秋七月，立皇后庾氏。庾冰之女。

帝奕　名奕，哀帝同母弟。初封琅邪王，哀帝崩，無嗣，太后立之，在位六年，桓溫廢爲海西公，以太元十一年薨於吳。

綱　丙寅，帝奕太和元年，（三六六）秦建元二年，燕建熙七年。夏五月，皇后庾氏崩。

綱 秋七月。葬孝皇后。

綱 冬十月，以會稽王昱爲丞相，錄尙書事，加殊禮。

目 入朝不趨，贊拜不名，劍履上殿。

綱 丁卯，二年，(三六七)秦建元三年，燕建熙八年。春二月，燕太宰慕容恪卒。

目 恪疾病，燕王暐親視之，問以後事。恪曰：「吳王垂文武兼資，管、蕭之亞，(齊之管仲，漢之蕭何。)若任以政，國家可安；不然，秦、晉必有窺窬之計。」言終而卒。

綱 己巳，四年，(三六九)秦建元五年，燕建熙十年。夏四月，大司馬溫帥師伐燕，秦人救之。秋九月，溫及燕人戰于枋頭，(在今河南濬縣西南。)不利而還。袁眞以壽春叛，(壽春，即今安徽壽縣。)降于燕。

目 桓溫請與徐、兗刺史郄愔，(徐州時鎭京口，在今江蘇鎭江市南。兗州時鎭山陽，即今江蘇淮安縣。)郄愔，鑒之子，超之父。江州刺史桓沖，(江州時鎭武昌，即今湖北武漢市武昌城。)桓沖，溫之弟。豫州刺史袁眞等伐燕。(豫州時鎭蕪湖，即今安徽蕪湖市。)夏，帥步騎五萬發姑孰。七月，溫至枋頭。燕主暐遣樂嵩請救於秦，許賂虎牢以西之地。(虎牢，在今河南滎陽縣西。)秦主堅遣苟池、鄧羌帥步騎二萬以救燕。九月，燕范陽王德使慕容宙帥騎一千爲前鋒，與晉兵遇，宙使二百騎挑戰，(挑戰，猶古之致師，將戰，先使勇力之士犯敵。)分餘騎爲三伏。挑戰者兵未交而走，晉兵追之，宙帥伏擊之，晉兵死者甚衆。溫戰數不利，糧儲復竭，又聞秦兵將至，奔還。燕吳王垂帥八千騎追之，及

襄邑之敗

於襄邑。（在今河南睢縣西。）德先帥勁騎伏於東澗中，（東澗，卽襄邑之東澗。）與垂夾擊溫，大破之，

譙之敗

斬首三萬級。秦苟池邀擊溫於譙，（卽今安徽亳縣。）又破之。

袁眞以壽春叛

溫收散卒，屯於山陽。（卽今江蘇淮安縣。）深恥喪敗，乃歸罪袁眞，奏免爲庶人。眞不伏，表溫罪狀，朝廷不報，遂據壽春叛降燕。

燕秦結好

綱　燕遣郝晷、梁琛如秦。晷音軌。

梁琛

目　秦、燕既結好，燕使郝晷、梁琛相繼如秦。晷與王猛有舊，猛接以平生，問晷東方之事。晷知燕將亡，陰欲自託，頗泄其實。琛至長安，時爲秦都。秦王堅方畋於萬年，（在今陝西臨潼縣東北。）欲引見琛，琛曰：「秦使至燕，燕之君臣朝服備禮，灑掃宮庭，然後敢見。今秦王欲野見之，使臣不敢聞命！」尙書郎辛勁謂琛曰：「天子稱乘輿，所至曰行在所，何常居之有！又春秋亦有遇禮，遇者，不期而會。春秋隱公四年：「夏，公及宋公遇于淸。」何爲不可乎！」琛曰：「天子以四海爲家，故行曰乘輿，止曰行在。今海縣𠂢裂，海，四海之內。縣，赤縣，中國曰赤縣神州。𠂢音派。天光分曜，安得以是爲言哉！禮『不期而見曰遇』，曲禮：「諸侯未及期相見曰遇。」蓋因事權行，其禮簡略，豈平居容與之所爲哉！與音豫。容豫，容暇而安豫也。客使單行，誠勢屈於主人；然苟不以禮，亦不敢從也。」堅乃爲設行宮，百僚陪位，然後延之。

琛從兄奕爲秦尙書郎，堅使典客，館琛於奕舍。琛曰：「昔諸葛瑾爲吳聘蜀，與諸葛亮惟公朝相見，退無私面，（見卷二十七漢獻帝建安二十年「劉備、孫權分荆州」目。）今使之卽安私室，卽，就

也。所不敢也。」奕數問琛東事。琛曰:「兄弟本心,各有所在。欲言其美,恐非所欲聞;欲言其惡,又非使臣之所得論也。」

堅使太子延琛相見。秦人欲使琛拜,先諷之曰:「鄰國之君,猶其君也;鄰國之儲君,亦何以異乎!」琛曰:「天子之子,尚不敢臣其父之臣,況他國之臣乎!禮有往來,情豈忘恭,但恐降屈爲煩耳。」乃不果拜。王猛勸堅留琛,堅不許。

慕容垂奔秦

綱　冬十一月,燕慕容垂出奔秦,秦以爲冠軍將軍。

目　吳王垂自襄邑還鄴,(在今河北磁縣西。)威名益振,太傅評忌之。評,慕容評。垂奏將士功賞,皆抑而不行。太后可足渾氏素惡垂,可音榼。可足渾,燕三字姓。與評謀誅之。太宰恪之子楷及垂舅蘭建知之,以告垂,垂乃與段夫人及令、寶、農、隆、楷、建及郎中令高弼俱奔秦。令、寶、農、隆,垂四子。楷、建,垂姪。

王猛請除慕容垂

初,秦王堅聞恪卒,陰有圖燕之志,憚垂不敢發。及聞垂至,大喜,郊迎,執手曰:「天生賢傑,必相與共成大功,此自然之數也。要當與卿共定天下,然後還卿本邦,世封幽州,不亦美乎!」堅復愛令及楷之才,皆厚禮之,王猛曰:「垂父子,譬如龍虎,非可馴之物,馴,順習也。若借以風雲,易乾卦:「雲從龍,風從虎。」將不可復制,不如早除之。」堅曰:「吾方收攬英雄以淸四海,奈何殺之!且其始來,吾已推誠納之矣;匹夫猶不棄言,況萬乘乎!」乃以垂爲冠軍將軍。

秦取洛陽
桓溫徙鎭廣陵
孫盛作晉春秋
慕容令奔燕
王猛計去慕容垂

綱 秦遣王猛等伐燕，十二月，取洛陽。

目 初，燕人許割虎牢以西賂秦。晉兵既退，燕人謂曰：「行人失辭。有國有家者，分災救患，理之常也。」秦王堅大怒，遣猛及將軍梁成、鄧羌帥步騎三萬伐之。攻洛陽，洛陽降。

綱 大司馬溫徙鎭廣陵。（卽今江蘇揚州市，桓溫新築城，初在市東北。）

目 溫發徐、兗州民，築廣陵城，徙鎭之。時征役既頻，加之疫癘，死者十四五，百姓嗟怨。祕書監孫盛作晉春秋，直書時事。溫見之，怒，謂盛子曰：「枋頭誠爲失利，何至乃如尊君所言！若此史遂行，自是關君門戶事！」其子遽拜謝，請改之。時盛年老家居，性方嚴，有軌度，子孫雖班白，待之愈峻。至是諸子號泣稽顙，請爲百口計。盛大怒，不許；諸子遂私改之。

綱 庚午，五年，（三七〇）秦建元六年，燕建熙十一年。是歲燕亡，大一，小二，凡三僭國。春正月，慕容令自秦奔燕。令，慕容垂長子。

目 王猛之發長安也，伐燕。請慕容令參其軍事，以爲鄉導。將行，造慕容垂飲酒，從容謂曰：「今當遠別，卿何以贈我？使我覩物思人。」垂脫佩刀贈之。猛至洛陽，賂垂所親，使詐爲垂使者。謂令曰：「吾父子來此，以逃死也。今王猛疾人如讎，秦主心亦難知。聞東朝比來悔寤，吾今還東，汝可速發。」令疑之，躊躇終日，又不可審覆。乃奔燕軍。猛表令反

王猛復伐燕　申胤料燕興亡　王猛曲宥徐成

狀，垂懼而出走，及藍田，（即今陝西藍田縣。）爲追騎所獲。秦王堅勞之曰：「卿家國失和，委身投朕。賢子心不忘本，亦各其志，然燕之將亡，非令所能存，惜其徒入虎口耳。且父子兄弟，罪不相及，卿何爲過懼而狼狽如是乎！」狽無前足，附狼而行，故人猝遽無措者謂之狼狽。待之如舊。燕人以令叛而復還，疑爲反間，徙之沙城。（在今河北張北縣北。）

綱　夏六月，秦王猛督諸軍復伐燕。

綱　秋八月，秦克壺關。（在今山西長治市東南。）

目　王猛攻壺關。燕主暐命太傅評將中外精兵三十萬以拒之，畏猛不敢進。猛克壺關，所過郡縣皆望風降附，燕人大震。申胤歎曰：申胤，燕司徒長史。「鄴必亡矣。然越得歲而吳伐之，歲，歲星。卒受其禍。左傳昭公三十二年：「夏，吳伐越，史墨曰：『不及四十年，越其有吳乎？越得歲而吳伐之，必受其凶。』」哀公二十二年，越果滅吳。今福德在燕，德星即歲星，歲星所在，其國有福，故曰福德。秦雖得志，而燕之復建不過一紀耳。」一紀十二年。

綱　九月，秦王猛入晉陽。（即今山西太原市。）冬十月，及燕慕容評戰于潞川，（在今山西長治市潞城鎮北。）敗之，遂圍鄴。

目　猛入晉陽。評屯潞川，猛進兵與相持。遣將軍徐成覘燕軍，覘，闚視也。期以日中；及昏而返，猛將斬之。鄧羌固請曰：「成，羌部將也，願與效戰以贖罪。」猛弗許。羌怒，還營，嚴鼓勒兵，將攻猛。猛赦之，羌詣猛謝。猛執其手曰：「吾試將軍耳，將軍於部將尚爾，況國家乎！」

王猛渭源誓師

燕主暐趣評使戰。猛陳於渭源而誓之曰：「王景略受國厚恩，（景略，王猛字。）任兼內外，今與諸君深入賊地，當竭力致死，有進無退，共立大功，以報國家；受爵明君之朝，稱觴父母之室，不亦美乎！」衆皆踴躍，破釜棄糧，大呼競進。猛望燕兵之衆，謂鄧羌曰：「今日非將軍不能破勍敵，將軍勉之！」羌曰：「若能以司隸見與者，公勿以爲憂。」猛曰：「此非吾所及也。必以安定太守、萬戶侯相處。」（秦雍州刺史治晉安定郡安定縣，在今甘肅涇川縣北。）羌不悅而退。俄而兵交，猛召羌，羌寢弗應。猛馳就許之，羌乃大飲帳中，與張蚝、徐成等跨馬運矛，（蚝音次。）馳赴燕陳，出入數四，旁若無人，所殺傷數百。及日中，燕兵大敗，俘斬五萬餘人，乘勝追擊，所殺及降又十餘萬。評單騎走還鄴。

秦圍鄴

秦兵長驅圍鄴。號令嚴明，軍無私犯，法簡政寬，燕民各安其業，更相謂曰：「不圖今日復見太原王！」（太原王，慕容恪也。言見猛猶再見恪。）猛聞之歎曰：「慕容玄恭可謂古之遺愛矣！」（慕容恪字玄恭。）設太牢以祭之。

秦王堅入鄴執燕王暐

【綱】十一月，秦王堅入鄴，執燕主暐。以王猛爲冀州牧，都督關東六州軍事。

【目】秦王堅留李威輔太子，自帥精銳十萬赴鄴。燕主暐與慕容評等奔龍城。（在今遼寧朝陽縣北。）堅入鄴宮，使將軍郭慶追暐，及於高陽，（在今河北高陽縣東。）執以詣堅。堅詰其不降之狀，對曰：「狐死首丘，（首，頭向也。檀弓：「狐死正丘首，仁也。」注：「丘者，狐所窟藏之地；及死而猶正其首以

秦遷慕容暐及鮮卑長安

桓溫拔壽春

向丘，不忘其本也，故以仁目之。」欲歸死於先人墳墓耳。」堅哀而釋之，令還宮，帥文武出降。燕亡。

評之敗也，暐疑梁琛知秦謀，收繫獄。至是，堅召釋之，謂曰：「卿不能見幾而作，反爲身禍，可謂智乎？」對曰：「臣聞『幾者，動之微，吉凶之先見者也。』易繫辭下傳：「知幾其神乎？幾者，動之微，吉凶之先見者也。君子見幾而作，不俟終日。」如臣愚暗，實所不及。然爲臣莫如忠，爲子莫如孝，是以烈士臨危不改，見死不避，以徇君親。彼知幾者，心達安危，身擇去就，不顧家國，臣雖知之，尚不忍爲，況非所及邪！」

堅以猛爲使持節、都督關東六州諸軍事、冀州牧，鎮鄴。

綱　十二月，秦遷故燕主暐及鮮卑四萬戶於長安。慕容氏，鮮卑也。

目　猛表留梁琛爲主簿。他日，與僚屬宴，語及燕吏，猛曰：「人心不同，昔梁君專美本朝，郝君微說國弊。」參軍馮誕曰：「敢問取臣之道何先？」猛曰：「郝君知幾爲先。」誕曰：「然則明公賞丁公而誅季布也。」（事見卷十漢高帝五年「以季布爲郎中，斬丁公以徇」目。）猛大笑。

秦封暐爲新興侯，以評爲給事中，皇甫眞爲奉車都尉。燕故太史黃泓歎曰：「燕必中興，其在吳王乎！吳王謂慕容垂。恨吾老不及見耳！」

太宗簡文皇帝

名昱，元帝少子。初封會稽王，桓溫廢帝奕迎立之。在位二年，壽五十三歲而崩。諡法：「平易不訾曰簡，慈惠愛民曰文。」

綱　辛未，太宗簡文皇帝咸安元年，（三七一）秦建元七年。春正月，大司馬溫拔壽春，獲袁

涼降秦
桓溫廢立
郄超說桓溫行伊霍之事
怒其室而作色於父

瑾，眞之子。斬之。

綱 秦徙關東豪傑及雜夷十五萬戶于關中。

綱 涼州張天錫稱藩于秦。

綱 冬十一月，大司馬溫入朝。廢帝爲東海王，（東海國即東海郡，在今江蘇常熟縣北。）迎會稽王昱入即位。

目 溫恃其材略位望，陰蓄不臣之志，嘗撫枕歎曰：「男子不能流芳百世，亦當遺臭萬年！」溫欲先立功河朔，河北也。以收時望，還受九錫。及枋頭之敗，威名頓挫。既克壽春，謂郄超曰：「足以雪枋頭之恥乎？」超曰：「未也。」久之，超就溫宿，中夜，謂曰：「明公不爲伊、霍之事，伊尹放太甲，霍光廢昌邑王。無以立大威權，鎮壓四海。」溫遂與定議。以帝素謹無過，而牀笫易誣，笫音子，牀板也。謂淫亂之事，易以誣枉人。乃揚言「帝早有痿疾，陰痿之疾，不能御婦人。嬖人朱靈寶等，參侍內寢，二美人生三男，將移皇基」，人莫能審其虛實。溫乃詣建康，諷褚太后，請廢帝而立會稽王昱，并作令草呈之太后。溫集百官於朝堂，於是宣太后令，廢帝爲東海王，溫帥百官迎昱即帝位。侍中謝安見溫遙拜。溫驚曰：「安石，卿何事乃爾？」安曰：「未有君拜於前，臣揖於後。」溫遂還姑孰。

秦王堅聞溫廢立，謂羣臣曰：「溫前敗灞上，後敗枋頭，不能思愆自貶以謝百姓，方更廢君以自說，自爲飾說。六十之叟，舉動如此，將何以容於四海乎！諺曰『怒其室而作色於父』，

王猛爲秦丞相

王彪之定儲

溫之謂矣。」

綱　十二月，降封東海王爲海西縣公。（海西縣，在今江蘇連雲市南。）

目　大司馬溫奏：「廢放之人，不可以臨黎元。東海王宜依昌邑故事。」（見卷十五漢昭帝元平元年「昌邑王有罪，大將軍率羣臣奏太后廢之」目。）太后詔封海西縣公。

溫威震內外，帝雖處尊位，拱默而已。帝美風儀，善容止，留心典籍，凝塵滿席，湛如也。湛音讒，去聲。雖神識恬暢，然無濟世大略，謝安以爲惠帝之流，但清談差勝耳。郗超以溫故，朝中皆畏事之。謝安嘗與左衞將軍王坦之共詣超，日旰未得前，日旰，日晚也。坦之欲去，安曰：「獨不能爲性命忍須臾邪？」

綱　壬申，二年，（三七二）秦建元八年。夏四月，遷海西公於吳縣。（即今江蘇蘇州市。）

綱　六月，秦以王猛爲丞相，苻融爲冀州牧。

綱　秋七月，帝崩，太子昌明卽位。

目　帝不豫，急召大司馬溫入輔，溫辭不至。詔立皇子昌明爲皇太子，生十年矣。遺詔：「溫依周公居攝故事。」又曰：「少子可輔者輔之，如不可，君自取之。」侍中王坦之持詔入，於帝前毀之。帝乃使改詔曰：「家國事一稟大司馬，如諸葛武侯、王丞相故事。」諸葛亮封武侯。王丞相，王導。是日，帝崩。羣臣曰：「當須大司馬處分。」王彪之正色曰：「天子崩，太子代立，大司馬何容得異！」朝議乃定。太子卽位。

桓溫望禪位

溫望簡文臨終禪位，不爾便當居攝。既不副所望，與弟沖書曰：「遺詔使吾依武侯、王公故事耳。」疑王坦之、謝安所爲，心銜之。銜，恨也。

王猛治秦

綱 八月，秦加王猛都督中外諸軍事。

目 猛至長安，復加都督中外諸軍事。辭章三四上，辭相也。秦王堅不許。猛爲相，剛明清肅，善惡著白，放黜尸素，尸位素餐。顯拔幽滯，勸課農桑，練習軍旅，官必當才，刑必當罪。由是國富兵彊，戰無不克，秦國大治。陽平公融，苻融時爲冀州牧。嘗坐擅起學舍，爲有司所糾，問申紹：「誰可使者？」紹曰：「燕尚書郎高泰，清辯有膽智，可使也。」使至長安，見猛曰：「昔魯僖公以泮宮發頌，諸侯之學，鄉射之宮，謂之泮宮。其東西南方有水，形如半璧，以其半於辟廱，故曰泮水，而宮亦以名也。魯僖公脩擧泮宮，國人作泮水之詩以美之，見魯頌。齊宣王以稷下垂聲，齊城有稷門，談說之士，期會於稷下。史記：「齊宣王喜文學遊說之士，自如騶衍、淳于髡、田駢、接予、愼到、環淵之徒，皆賜列第爲上大夫，不治而議論，是以稷下學士復盛，且數百千人。」今陽平公開建學宮，乃煩有司擧劾。明公懲勸如此，下吏何所逃罪乎！」猛曰：「是吾過也。」事遂釋。猛因歎曰：「高子伯豈陽平所宜吏乎！」高泰字子伯。言於秦王堅，以爲尚書郎；固請還州，許之。

綱 冬十月，葬高平陵。（在今江蘇江寧縣境。）

烈宗孝武皇帝

名昌明，簡文帝太子，在位二十四年，爲張貴妃所弒，壽三十五歲。諡法：「剛強直理曰武。」

綱 癸酉，烈宗孝武皇帝寧康元年，（三七三）秦建元九年。春二月，大司馬溫來朝。

目　桓溫來朝，詔吏部尚書謝安、侍中王坦之迎於新亭。（在今江蘇南京市南。）時都下恟恟，恟恟，驚恐也。云欲誅王、謝，因移晉祚。坦之甚懼，安神色不變，曰：「晉祚存亡，決於此行。」溫既至，百官拜於道側。溫大陳兵衛，延見朝士；坦之流汗沾衣，倒執手版。手版，笏也。安從容就席，謂溫曰：「安聞諸侯有道，守在四鄰，明公何須壁後置人邪！」溫笑曰：「正自不能不爾。」遂命撤之，與安笑語移日。郗超臥帳中聽其言，帳中，幕帳之中。風動帳開，安笑曰：「郗生可謂入幕之賓矣。」古者出征，以幕帳爲府署，故云。時天子幼弱，外有強臣，安與坦之盡忠輔衛，卒安晉室。三月，溫有疾，還姑孰。

桓溫卒

綱　秋七月，大司馬溫卒，以桓沖都督揚、豫、江州軍事。

桓沖盡忠王室

目　初，溫疾篤，諷朝廷求九錫，屢使人趣之。謝安、王坦之故緩其事。溫以世子熙才弱，使沖領其衆。溫卒，熙及弟濟謀殺沖，沖徙之長沙。稱溫遺命，以少子玄爲嗣，時方五歲，襲封南郡公。（南郡治江陵，即今湖北江陵縣。）沖既代溫居任，盡忠王室，或勸誅除時望，沖不從。

綱　皇太后臨朝攝政。太后，康帝褚后也。以王彪之爲尚書令、謝安爲僕射。

秦陷梁益

綱　冬，秦寇梁、益，（梁州時治西城，在今陝西安康縣西北。益州治成都，即今四川成都市。）陷之。

目　秦王堅使王統、朱肜出漢川，（漢川即漢中郡地，在今陝西漢中市。）毛當、徐成出劍門，（關名，在今四川劍閣縣東北。）以寇梁、益；梁州刺史楊亮拒之。戰敗，肜遂拔漢中。徐成亦克劍門。

周虓降秦

張孟言燕秦興滅

謝安總中書

楊安進攻梓潼，太守周虓固守涪城，虓音孝，平聲。（時梓潼郡治涪縣，即今四川綿陽縣。涪城即涪縣城。）遣步騎送母、妻趣江陵，趣同趨。彤邀而獲之，虓遂降。十一月，秦取二州。謂梁州、益州。堅欲以周虓爲尚書郎，虓曰：「蒙晉厚恩，但老母見獲，失節於此。母子獲全，秦之惠也。雖公侯之貴，不以爲榮。」遂不仕。

綱 以王坦之爲中書令，領丹陽尹。（丹陽郡治建業，在今江蘇南京市南。）

綱 彗星見。

目 彗星出于尾、箕，尾、箕，東方宿名。長十餘丈，經太微，太微，天帝南宮。掃東井；東井八星主水衡事。自四月見，及冬不滅。秦太史令張孟言：「尾、箕，燕分；東井，秦分也。今彗起尾、箕而掃東井，十年之後，燕當滅秦；二十年之後，代當滅燕。慕容氏布列朝廷，臣竊憂之，宜翦其魁傑以消天變。」堅不聽。

綱 甲戌，二年，（三七四）秦建元十年。春二月，以王坦之都督徐、兗等州軍事。詔謝安總中書。

目 安好聲律，朞功之慘，不廢絲竹，士大夫效之，遂以成俗。坦之屢書苦諫曰：「天下之寶，當爲天下惜之。」安不能從。又嘗與王羲之登冶城，（本吳冶鑄之地，在今江蘇南京市西。）悠然遐想，有高世之志。羲之謂曰：「夏禹勤王，手足胼胝；胝音支。胼胝，皮堅厚也。文王旰食，旰音幹，日晚也。日不暇給。今四郊多壘，壘，軍壁也。宜思自效，而虛談廢務，浮文妨要，恐非當世所宜。」安曰：「秦任商鞅，二世而亡，豈清言致患邪！」

綱　乙亥，三年，（三七五）秦建元十一年。夏五月，徐、兗都督藍田侯王坦之卒。

桓沖以揚州讓謝安

綱　以桓沖爲徐州刺史，謝安領揚州刺史。

目　沖以安素有重望，以揚州讓之，自求外出。桓氏族黨莫不苦諫，沖處之澹然。

王猛卒

綱　秋七月，秦丞相清河侯王猛卒。（清河郎晉清河郡清陽縣，在今河北南宮縣東南。）

王猛願勿圖晉

目　猛寢疾，上疏曰：「臣聞報德莫如盡言。夫善作者不必善成，善始者不必善終，古先哲王，知功業之不易，戰戰兢兢，如臨深谷。伏惟陛下，追蹤前聖，天下幸甚。」堅覽之悲慟。七月，堅親至猛第視疾，訪以後事。猛曰：「晉雖僻處江南，然正朔相承，上下安和，臣沒之後，願勿以晉爲圖。鮮卑、西羌，鮮卑，慕容氏。西羌，姚氏。我之仇敵，終爲人患，宜漸除之。」言終而卒。堅謂太子宏曰：「天不欲使吾平一六合邪，何奪吾景略之速也？」王猛字景略。

綱　八月，立皇后王氏。王濛之孫。

綱　九月，以徐邈爲中書舍人。

綱　丙子，太元元年，（三七六）秦建元十二年。是歲涼、代皆亡，僭國一。春正月朔，帝冠；太后歸政。以謝安爲中書監，錄尚書事。

涼亡於秦

綱　秋七月，秦遣兵擊涼州。八月，敗其兵，涼將掌據死之，張天錫降。涼亡。

代亡於秦

燕鳳說苻堅

分代爲二部劉庫仁奉事拓跋珪

綱 冬十一月，秦遣兵擊代，敗之。十二月，代寔君弒其君什翼犍；秦討殺之，遂分代爲二部。代亡。

目 匈奴劉衞辰爲代所逼，求救於秦。秦王堅遣行唐公洛、鄧羌、朱肜等將兵擊之，（行唐，縣名，在今河北新樂縣西北。）以衞辰爲鄉導。代王什翼犍使南部大人劉庫仁將兵拒戰，大敗。什翼犍奔陰山之北，（陰山，在今內蒙古包頭市北。）聞秦兵稍退，復還雲中。（即今內蒙古托克托縣。時爲代都。）

初，什翼犍世子寔早卒，寔子珪尚幼，後爲魏道武帝拓拔珪。慕容妃諸子皆長，繼嗣未定。庶長子寔君遂殺諸弟，并弒什翼犍。秦兵趨雲中，部衆逃潰，國中大亂。珪母賀氏，東部大人賀野干之女。以珪走依賀納。

秦王堅召代長史燕鳳，問代亂故，鳳具以對。堅曰：「天下之惡一也。」乃執寔君，至長安，車裂之。堅欲遷珪於長安，鳳固請曰：「代王遺孫冲幼，莫相統攝。庫仁勇而有智，衞辰狡猾多變，皆不可獨任。宜分諸部爲二，令此兩人統之；兩人素有深讎，而勢莫敢先發。俟其孫稍長，立之，是陛下有存亡繼絕之德於代，使其子孫永爲不侵不叛之臣，此安邊之良策也。」堅從之。分代爲二部，自河以東屬庫仁，自河以西屬衞辰，使統其衆。賀氏以珪依庫仁。庫仁招撫離散，恩信甚著，奉事拓跋珪恩勤周備，不以廢興易意，常謂諸子曰：「此兒有高天下之志，必能恢隆祖業，汝曹當謹遇之。」

桓沖都督江荆等州　謝玄　王彪之卒

綱　丁丑，二年，（三七七）秦建元十三年。冬十月，以桓沖都督江、荆等州軍事，謝玄監江北軍事。

目　時朝廷方以秦寇爲憂，詔求文武良將可鎭禦北方者，謝安以兄子玄應詔。郄超聞之，歎曰：「安之明，乃能違衆擧親；玄之才，足以不負所擧。」衆咸以爲不然。超曰：「吾嘗與玄共在桓公府，桓公謂桓溫。見其使才，雖履屐閒，謂周旋行步之閒。未嘗不得其任，是以知之。」玄鎭廣陵，募驍勇之士，得彭城劉牢之等數人。以牢之爲參軍，常領精鋭爲前鋒，戰無不捷。時號「北府兵」，敵人畏之。

綱　散騎常侍王彪之卒。

目　初，謝安欲增脩宮室，彪之曰：「今寇敵方強，豈可大興功役，勞擾百姓邪！」安曰：「宮室弊陋，後世謂人無能。」彪之曰：「凡任天下之重者，當保國寧家，緝熙政事，乃以脩室屋爲能邪！」安不能奪，故終彪之之世，無所營造。

綱　臨海太守郄超卒。（臨海郡治章安縣，在今浙江臨海縣東南。）

目　初，超黨於桓氏，桓溫。以父愔忠於王室，不令知之。及病甚，出一箱書授門生曰：「公年尊，我死之後，若以哀惋害寢食者，可呈此；不爾卽焚之。」超卒，愔果成疾，門生呈箱，皆與桓溫往反密計。愔大怒曰：「小子死已晚矣！」遂不復哭。

綱　戊寅，三年，（三七八）秦建元十四年。秋九月，秦王堅宴羣臣。

趙整酒歌

目　秦王堅與羣臣飲酒，以極醉爲限。趙整作酒歌曰：「地列酒泉，（在今甘肅酒泉市東，相傳泉水如酒。）天垂酒池，星名，軒轅右角二星曰酒池。杜康妙識，儀狄先知。杜康、儀狄，皆古之善作酒者。紂喪殷邦，桀傾夏國，由此言之，前危後則。」堅大悅，命整書之以爲酒戒，自是宴羣臣，禮飲而已。禮記玉藻：「君子之飲酒也，禮已三爵，而油油以退。」左傳宣二年：「臣侍君宴，過三爵，非禮也。」

秦陷襄陽

綱　己卯，四年，（三七九）秦建元十五年。春二月，秦陷襄陽，（即今湖北襄樊市。）執刺史朱序以歸。

綱　夏四月，秦陷魏興，（魏興郡治魏興縣，在今陝西安康縣西北。）太守吉挹死之。

目　秦韋鍾拔魏興，吉挹引刀欲自殺，左右奪其刀；會秦人至，執之，挹不言不食而死。秦王堅歎曰：「周孟威不屈於前，周虓字孟威。丁彥遠潔己於後，丁彥遠，順陽太守，名穆字彥遠。二月，秦將慕容越拔順陽，執丁穆；堅欲官之，穆固辭不受。吉祖沖閉口而死，吉挹字祖沖。何晉氏之多忠臣也！」

綱　庚辰，五年，（三八〇）秦建元十六年。秋九月，皇后王氏崩。冬十一月，葬定皇后。

立佛精舍於內殿

綱　辛巳，六年，（三八一）秦建元十七年。春正月，立佛精舍於內殿。精舍，佛寺也。

秦議伐晉

綱　壬午，七年，（三八二）秦建元十八年。冬十月，秦會羣臣于太極殿。

權翼諫伐晉

目　秦王堅會羣臣於太極殿，議曰：「今四方略定，唯東南一隅，未霑王化。計吾士卒，可得九十七萬，欲自將討之，何如？」左僕射權翼曰：「今晉雖微弱，未有大惡；謝安、桓沖，

石越諫伐晉

投鞭斷流

苻融諫伐晉

疾風掃秋葉

慕容垂勸伐晉

皆江表偉人，君臣輯睦，未可圖也！」太子左衛率石越曰：左衛率，太子官屬。「今福德在吳，福德即德星。晉都江南，吳地也。伐之必有天殃。且彼處長江之險，民爲之用，殆未可也！」堅曰：「天道幽遠，未易可知。以吾之衆，投鞭於江，足斷其流，又何險之足恃乎！」於是羣臣各言利害，久之，不決。堅曰：「此所謂築室道旁，無時可成，吾當內斷於心耳。」羣臣皆出，獨留陽平公融，問之。對曰：「今伐晉有三難：天道不順，一難。晉國無釁，二難。我數戰兵疲，民有畏敵之心。三難。羣臣言晉不可伐者，皆忠臣也。」堅作色曰：「汝亦如此，吾復何望！」融泣曰：「晉未可滅，昭然甚明。且臣之所憂，不止於此。陛下寵育鮮卑、羌、羯，羯謂石氏。布滿畿甸，太子獨與弱卒留守京師，臣懼變生肘腋，不可悔也。王景略一時英傑，陛下嘗比之諸葛武侯，獨不記其臨沒之言乎！」堅不聽。曰：「以吾擊晉，猶疾風之掃秋葉，而內外皆言不可，何也？」冠軍慕容垂獨言於堅曰：「陛下神武，威加海外，而蕞爾江南，蕞音萃。獨違王命，豈可復留之以遺子孫哉！詩云：『謀夫孔多，是用不集。』小雅小旻篇辭。陛下斷自聖心足矣。」堅大悅曰：「與吾共定天下者，獨卿而已。」堅鋭意欲取江東，寢不能旦。

綱　秦大熟。

綱　癸未，八年，(三八三)秦建元十九年。秋八月，秦王堅大舉入寇。詔征討都督謝石、冠軍將軍謝玄等帥師拒之。石，謝安弟。玄，謝安姪。

目　秦王堅下詔大舉，遣陽平公融督張蚝、慕容垂等步騎二十五萬爲前鋒；以姚萇爲

桓沖遣騎入援

龍驤將軍，督益、梁州諸軍。

慕容紹言於垂曰：「主上驕矜已甚，叔父建中興之業，在此行也！」堅遂發長安，戎卒六十餘萬，騎二十七萬。九月，融等兵三十萬，先至潁口。（在今安徽潁上縣東南正陽關，潁水入淮之口。）

詔以謝石爲征討大都督，謝玄爲前鋒都督，與將軍謝琰、桓伊、胡彬等督衆八萬拒之。惔，謝安之子。

時都下震恐。玄入問計於謝安，安夷然，猶怡然也。答曰：「已別有旨。」既而寂然。遂命駕出遊山墅，墅，別墅也。親朋畢集，與玄圍棊別墅。安棊常劣於玄，是日，玄懼，便爲敵手而又不勝。安遂遊陟，陟，登也，遊山登高也。至夜乃還。

桓沖深以根本爲憂，遣精騎三千入援；安固却之，曰：「朝廷處分已定，兵甲無闕，宜留以防西藩。」西藩，指江、荊等州以西。沖歎曰：「安石有廟堂之量，謝安字安石。不閑將略。今大敵垂至，方遊談不暇，遣諸不經事少年拒之，衆又寡弱，天下事已可知，吾其左衽矣！」

綱 以琅邪王道子錄尙書六條事。

綱 冬十一月，謝石、謝玄等大破秦兵于肥水，（卽東肥水，出今安徽合肥市西金橋鎭，西北流過瓦埠湖，至壽縣西北八公山西入淮。）殺其大將苻融，秦王堅走還長安。

目 秦陽平公融等攻壽陽，（卽壽春，避孝武帝諱改名，卽今安徽壽縣。）克之。梁成等屯於洛澗，

朱序計破秦兵

劉牢之擊斬梁成

草木皆兵

晉師肥水之捷

風鶴皆兵

（卽洛水，出今安徽合肥市北，北流至淮南市東北入淮。謂屯於洛水入淮處。）栅淮以遏東兵，栅音拆。謝石、謝玄等憚不敢進。堅引輕騎八千，兼道就融。遣朱序來說石等：四年春，秦陷襄陽，執刺史朱序以歸，拜度支尚書。「不如速降。」序私謂石等曰：「若秦衆盡至，誠難與爲敵。今乘諸軍未集，宜速擊之；若敗其前鋒，則彼已奪氣，可遂破也。」

十一月，玄遣劉牢之帥精兵五千趣洛澗，成阻澗爲陳以待之。牢之直前渡水，擊成，大破，斬之；分兵斷其歸津，秦步騎崩潰，赴淮死者萬五千人。於是石等水陸繼進。堅與融登壽陽城望之，見晉兵部陳嚴整，又望見八公山上草木，（八公山在今安徽壽縣東北，淝水之北，漢淮南王安與其賓客八公學仙於此，故名。）皆以爲晉兵，顧謂融曰：「此亦勍敵，何謂弱也！」憮然始有懼色。

秦兵逼肥水而陳。玄使謂融曰：「君懸軍深入，而置陳逼水，此乃持久之計，非欲速戰者也。若移陳小却，使我兵得渡，以決勝負，不亦善乎！」秦諸將皆曰：「我衆彼寡，不如遏之，使不得上，可以萬全。」堅曰：「但使半渡，我以鐵騎蹙而殺之，蔑不勝矣！」融亦以爲然，遂麾兵使却。秦兵遂退，不可復止；玄等引兵渡水擊之。融馳騎略陳，欲以帥退者，馬倒，爲晉兵所殺，秦兵遂潰。玄等乘勝追擊，至於青岡；（在今安徽壽縣西北。）秦兵大敗，自相蹈藉而死者，蔽野塞川。其走者聞風聲鶴唳，皆以爲晉兵且至，晝夜不敢息，草行露宿，重以飢凍，死者什七、八。初，秦兵小却，朱序在陳後呼曰：「秦兵敗矣！」衆遂大奔。序因與張天錫皆來奔。復取壽陽。

慕容垂不害苻堅

堅中流矢，單騎走至淮北。是時，惟慕容垂所將三萬人獨全，堅以千餘騎赴之。世子寶言於垂曰：（寶，慕容垂世子。）「此時不可失，願不以意氣微恩忘社稷之重！」垂曰：「彼以赤心投我，若之何害之！天苟棄之，何患不亡。不若保護其危以報德，徐俟其釁而圖之，既不負宿心，且可以義取天下。」慕容德曰：「此爲報仇，非負宿心也。」垂曰：「吾昔爲太傅所不容，（太傅謂慕容評。）置身無所，秦王以國士遇我，後復爲王猛所賣，秦王獨能明之，此恩何可忘也！若氐運必窮，（氐，苻氏也。）吾當懷集關東，以復先業耳。」悉以兵授堅。

謝安圍棊如故

謝安得驛書，知秦兵已敗，方與客圍棊，攝書置牀上，了無喜色，圍棊如故。客問之，徐答曰：「小兒輩遂已破賊。」既罷，還內，過戶限，不覺屐齒之折。（屐，木屐。謂其喜之甚也。）

慕容垂請鎭慰北鄙

堅收集離散，比至洛陽，衆十餘萬，慕容農謂垂曰：（農，慕容垂子。）「尊不迫人於險，其義聲足以感動天地。夫取果於未熟與自落，不過晚旬日之閒，然其難易美惡，相去遠矣！」垂善其言。行至澠池，（即今河南澠池縣。）言於堅曰：「北鄙聞王師不利，輕相煽動，臣請奉詔書以鎭慰之。」堅許之。權翼諫曰：「垂勇略過人，世豪東夏。譬如養鷹，飢則附人，每聞風飆之起，（飆音標。暴風從下而上曰飆。）常有淩霄之志，正宜謹其絛籠，（絛音叨，編絲繩也。）豈可解縱，任所欲哉！」堅曰：「卿言是也。然朕已許之，匹夫猶不食言，況萬乘乎！若天命有廢興，固非智力所能移也。」翼曰：「陛下重小信而輕社稷，臣見其往而不返，關東之亂，自此始

丁零叛秦

慕容垂稱燕王

矣。」堅不聽。

堅至長安，哭陽平公融而後入。

綱　以謝石爲尚書令。進謝玄號前將軍；固讓不受。

綱　丁零翟斌起兵攻洛陽，（丁零，北狄種名。）秦使慕容垂討之。垂叛秦，與斌合。

目　慕容垂至安陽，（在今河南安陽縣西北。）長樂公丕館垂於鄴西。（丕，苻堅子。）垂潛與燕故臣謀復燕祚，會丁零翟斌叛秦，謀攻洛陽，秦王堅驛書使垂討之。石越言於丕曰：「垂有恢復舊業之心，今復資之以兵，此爲虎傅翼也。」（傅，音附。）丕曰：「垂在此，常恐爲肘腋之變，今遠之於外，不猶愈乎！」乃以羸兵弊鎧給之，（鎧，音愷，甲也。）又遣苻飛龍帥氐騎一千爲之副。密戒飛龍曰：「垂爲三軍之帥，卿爲謀垂之將，行矣，勉之！」垂留慕容農及楷、紹於鄴，（楷、紹俱慕容垂之姪。）行至安陽，聞丕與飛龍謀，乃夜襲飛龍氐兵，盡殺之，以書遺秦王堅，言其故，而慕容鳳等亦各帥部曲歸翟斌。垂遣人告農等，使起兵。農等遂將數十騎，微服出鄴，奔列人。（在今河北曲周縣南。）

綱　甲申，九年，（三八四）秦建元二十年，燕世祖慕容垂元年，後秦太祖姚萇白雀元年。舊大國一，新大國二；凡三僭國。春正月，慕容垂自稱燕王。（是爲後燕。）大破秦兵，斬其將石越。

目　慕容鳳勸翟斌奉垂爲盟主，斌從之。垂至洛陽，斌勸垂稱尊號。垂曰：「新興侯，（秦封燕王暐爲新興侯。）吾主也，當迎歸反正耳。」垂以洛陽四面受敵，欲取鄴而據之，乃引兵東至滎陽。（在今河南滎陽縣西南。）羣下固請上尊號，垂乃稱燕王。封德爲范陽王，（范陽國都涿縣，在今河北涿縣北。）楷爲太原王，（太原國都晉陽縣，在今山西太原市西南。）翟斌爲河南王，（河南國都洛陽縣，即今河南洛陽市。以上三國皆緣晉舊郡國置。）帥衆二十餘萬，長驅向鄴。而農亦驅列人居民爲卒，使趙秋說東夷、烏桓，各帥部衆數千赴之，攻破館陶，（在今山東館陶縣西南。）於是步騎雲集，衆至數萬。

長樂公丕使石越討之。農大敗秦兵，斬越。秦人騷動，盜賊羣起。垂至鄴，改元。農引兵會垂。遂立世子寶爲太子。

桓沖卒

綱 二月，荆、江都督、豐城公桓沖卒。（豐城縣，在今江西豐城縣西南。）

目 沖聞謝玄等有功，自以失言，慙恨成疾而卒。

綱 燕王垂圍鄴。

謝安爲太保

綱 三月，以謝安爲太保。

綱 燕慕容泓起兵華陰，（在今陝西渭南縣東南，近潼關。）慕容沖起兵平陽。（在今山西臨汾縣西。）秦遣苻叡擊泓，敗死。夏四月，叡司馬姚萇起兵北地，（即晉北地郡，治泥陽縣，在今陝西銅川市東南。）自稱秦王。是爲後秦。

姚萇稱秦王

目 泓爲秦北地長史，聞燕王垂攻鄴，攻奔關東，收集鮮卑，還屯華陰，其衆遂盛，自稱雍州牧。

秦王堅謂權翼曰：「不用卿言，使鮮卑至此。關東之地，吾不復爭，將若泓何？」乃使廣平公熙鎭蒲坂。（廣平，在今河北曲周縣西北。蒲坂，在今山西芮城縣西北。）徵鉅鹿公叡都督中外諸軍事，（鉅鹿國都癭陶縣，在今河北寧晉縣西南。）配兵五萬；以竇衝爲長史，姚萇爲司馬，以討泓。平陽太守慕容沖亦起兵於平陽，進攻蒲坂；堅使竇衝討之。泓聞秦兵且至，懼，帥衆將奔關東。叡粗猛輕敵，欲馳兵邀之。姚萇諫曰：「鮮卑皆有思歸之志，（鮮卑舊都鄴，秦滅燕，俱遷於長安。）故起而爲亂，宜驅令出關，不可遏也。夫執鼷鼠之尾，（鼷音奚。鼷鼠，小鼠也。）猶能反噬於人。但可鳴鼓隨之，彼將奔敗不暇矣。」叡弗從，與戰，果敗，見殺。萇遣其長史詣堅謝罪；堅怒，殺之。萇懼，奔渭北馬牧，於是天水尹緯、尹詳、南安龐演等，（天水即晉天水郡，治上邽，在今甘肅天水市西南。南安即晉南安郡，治豲道，在今甘肅隴西縣東北。）糾煽羌豪五萬餘家，推萇爲盟主。萇自稱秦王。進屯北地，羌、胡降者十餘萬。

綱　秦遣兵擊慕容沖，破之；沖奔華陰。泓遂進逼長安。六月，崇德太后褚氏崩。

綱　燕諸將殺慕容泓，立沖爲皇太弟。

綱　燕將軍慕容麟拔常山、中山。（常山，在今河北正定縣西南。中山即今河北定縣。）慕容沖大破秦兵，遂據阿房城。（即阿房宮城，故址在今陝西西安市西北。）

綱　秋七月，葬康獻皇后。

綱　八月，燕王垂解鄴圍，趨新城。（新城近鄴，在今河北永年縣東南，舊肥鄉縣西。）

綱 慕容沖進逼長安。

綱 冬十月，燕慕輿文殺劉庫仁。（劉庫仁，見上太元元年「分代爲二部」目。庫仁死，弟頭眷代領其部衆。）

綱 十二月，秦殺其新興侯慕容暐。

綱 燕王垂復圍鄴。謝玄遣劉牢之救之，且饋之粟。

慕容沖稱帝

燕攻秦長安

苻堅出奔

慕容沖入長安

謝安卒

綱鑑易知錄卷三四

東晉紀

孝武皇帝

綱 乙酉，十年，(三八五)秦王苻丕大安元年，燕二年，後秦白雀二年，西燕主慕容沖更始元年，西秦王乞伏國仁建義元年。舊大國三，新大國一，小國一，凡五僭國。 春正月，燕慕容沖稱帝于阿房。(即上阿房城。是爲西燕。)

綱 夏四月，劉牢之進兵至鄴；燕王垂逆戰，敗，走中山。牢之追擊，大敗而還。

綱 五月，西燕攻長安，秦王堅出奔五將山。(在今陝西鳳翔縣東北，岐山北。)

目 西燕主沖攻長安，秦王堅身自督戰，飛矢滿體。沖縱兵暴掠，士民流散，道路斷絕。堅大懼，以讖書云「帝出五將久長得」，乃留太子宏守長安，帥騎數百奔五將山。

綱 六月，秦太子宏奔下辨，(在今甘肅徽成縣西。)西燕主沖入長安。

綱 秋七月，後秦圍五將山，(後秦卽姚萇。)執秦王堅以歸。

綱 八月，太保建昌公謝安卒。(建昌，縣名，在今江西奉新縣西。)

綱 以琅邪王道子領揚州刺史，錄尚書、都督中外諸軍事。

姚萇弒苻堅

秦苻丕稱帝

西秦

燕攻秦博陵

綱 後秦王萇弒秦王堅。萇幽秦王堅於別室，遣人縊殺之。

綱 秦苻丕稱帝于晉陽。（在今山西太原市西南。）

目 秦長樂公丕將赴長安，時幽州刺史王永自薊走壺關，（秦幽州刺史治薊，在今北京市境內。壺關，即今山西長治市東南壺關鎮。）遣使招之，丕乃帥鄴中男女六萬餘口西如潞川，（即潞水，今名濁漳水，在今山西長治市東北。循潞川上行即至晉陽。）將軍張蚝、并州刺史王騰迎入晉陽。并州刺史治晉陽。永以騎來會，丕始知堅死，乃發喪，即位。

綱 劉顯弒其君頭眷而自立。（上年十月慕容輿文殺劉庫仁，庫仁弟頭眷立。）

目 顯，庫仁之子也，既殺頭眷，又將殺拓跋珪，（初，珪依庫仁，見上卷晉孝武帝太元元年「代寔君弒什翼犍」目。）珪遂奔賀蘭部，依其舅賀訥。

綱 九月，乞伏國仁自稱單于。國仁本隴西鮮卑，爲秦前將軍，太元八年。叛據隴右，至是稱單于，是爲西秦。

綱 冬十一月，燕慕容麟攻秦博陵，（即晉博陵國，都安平縣，在今河北深縣北。）守將王兗死之。

目 麟攻秦博陵，城中糧竭矢盡，功曹張猗踰城出，聚衆以應麟。兗臨城數之曰：「卿是秦民，吾是卿君，卿起兵應賊，而號『義兵』，何名實之相違也？古人求忠臣必於孝子之門，卿母在城，棄而不顧，吾何有焉！今人取卿一時之功則可矣，寧能忘卿不忠不孝之罪

燕都中山

慕容垂稱帝

代徙都盛樂

西燕慕容忠稱帝

代改稱魏

後秦姚萇稱帝

乎？不意中州禮義之邦，乃有如卿者也！」麟拔博陵，執兗，殺之。

綱 燕定都中山。後燕慕容垂。

綱 丙戌，十一年，（三八六）秦主苻登太初元年，燕建興元年，後秦建初元年，西燕主慕容永中興元年，魏太祖道武帝拓跋珪登國元年，涼王呂光大安元年。舊大國四，西秦小國一，新大國一，小國一，凡七僭國。春正月，拓跋珪復立爲代王。

綱 燕王垂稱皇帝。

綱 二月，西燕弑其主沖，爲將軍韓延所殺。立段隨爲燕王。段隨，沖將。

綱 代徙都盛樂。

綱 三月，西燕人殺段隨而東，至聞喜，立慕容忠，復稱帝。忠，慕容泓之子。

綱 夏四月，代改稱魏。

綱 後秦王萇取長安，稱皇帝。

目 鮮卑既東，鮮卑謂西燕。長安空虛。萇取之，始稱皇帝。

綱 六月，西燕弑其主忠，立慕容永爲河東王。（永，慕容廆弟之孫。河東即晉河東郡，治蒲坂，在今山西芮城縣西北。）

綱 秋八月，秦以苻登爲南安王。（南安見上卷孝武帝太元九年「南安龐演等」注。）

綱 冬十月，西燕擊秦，敗之。秦王丕奔東垣，（在今河北正定縣西南。）將軍馮該擊殺之。

西燕慕容永稱帝

秦苻登稱帝

呂光稱酒泉公

朱序鎭淮陰

謝玄卒

綱　西燕慕容永稱帝於長子。（在今山西長治市西。）

綱　海西公奕薨於吳。（見上卷晉簡文帝咸安元年「降東海王爲海西公」目及注。吳，今江蘇蘇州市。）

綱　十一月，秦苻登稱帝於南安。

綱　十二月，呂光自稱酒泉公。是爲後涼。光，略陽氐也，苻堅之臣，太元九年破龜茲，入據其城。（酒泉即晉酒泉郡，今甘肅酒泉市。）

目　初，光得秦主堅凶聞，舉軍縞素。至是，自稱涼州牧、酒泉公。

綱　丁亥，十二年，（三八七）秦太初二年，燕建興二年，後秦建初二年，魏登國二年。春正月，以朱序爲青、兗刺史，鎭淮陰；（在今江蘇淮陰縣東南。）謝玄爲會稽内史。

綱　夏五月，徵處士戴逵，不至。

目　詔徵會稽處士戴逵，逵累辭不就；郡縣敦逼不已，逵逃匿於吳。内史謝玄上疏曰：「逵自求其志，今王命未回，將罹風霜之患。陛下既已愛而器之，宜使其身名並存，請絶召命。」帝許之。

綱　秋八月，立子德宗爲皇太子。

綱　戊子，十三年，（三八八）秦太初三年，燕建興三年，後秦建初三年，魏登國三年，西秦王乞伏乾歸太初元年。春正月，康樂公謝玄卒。（康樂縣，在今江西萬年縣東。）

綱　夏六月，西秦王乞伏國仁卒，弟乾歸立。遷都金城。（即晉金城郡，在今甘肅蘭州市西北。）

呂光稱三河王

綱　己丑，十四年，（三八九）秦太初四年，燕建興四年，後秦建初四年，魏登國四年，涼麟嘉元年。春二月，呂光自稱三河王。（三河，謂金城河、賜支河、湟河，後呂光置三河郡，治白土城，在今青海西寧市西。）

綱　秋八月，秦主登擊安定，（在今甘肅涇川縣北。）後秦主萇襲破其輜重，秦后毛氏死之。

登后毛氏

目　初，後秦主萇以秦戰屢勝，初，秦主登軍朝那，後秦主萇軍武都，歷久相持，秦戰屢勝。謂得秦王堅之助，亦於軍中立堅像而禱之。秦主登升樓遙謂之曰：「爲臣弒君，姚萇弒苻堅。而立像求福，庸有益乎！」久之，萇以軍未有利，斬像首以送秦。至是，登留輜重於大界，輜重，載衣物車。（大界，安定附近地名。）自將輕騎攻安定。萇留兵守安定，夜，帥騎三萬襲大界，克之，掠男女五萬口。登后毛氏，美而勇，善騎射，兵入其營猶彎弓跨馬，帥壯士力戰，殺七百餘人，衆寡不敵，爲後秦所執。萇將納之，毛氏罵且哭曰：「姚萇，汝已殺天子，又欲辱皇后，皇天后土，寧汝容乎！」萇殺之。

出范甯爲豫章守

綱　冬十一月，以范甯爲豫章太守。

陸納望闕興歎

目　時，帝溺於酒色，委政於琅邪王道子；道子亦嗜酒，日夕與帝以酣歌爲事。又崇尚浮屠，浮屠，謂佛也。窮奢極費，所親昵者皆姏姆、僧尼。昵音銀，入聲。姏，老女稱。姆，女師也。近習弄權，交通請託，賄賂公行，官爵濫雜，刑獄謬亂。尚書令陸納望宮闕歎曰：「好家居，纖兒欲撞壞之邪！」纖兒，猶言小兒。

道子勢傾中外，帝漸不平。侍中王國寶以讒佞有寵於道子，諷八座啓道子宜加殊禮。

八座，謂六部尚書，左、右僕射。殊禮，入朝不趨，贊拜不名，劍履上殿是也。護軍車胤曰：「此乃成王所以尊周公者；今主上當陽，豈得爲此！」乃稱疾不署。疏奏，帝大怒，而嘉胤有守。

中書侍郎范甯、徐邈數進忠言，指斥奸黨。國寶，甯之甥也，甯尤疾其阿諛，勸帝黜之。國寶遂與道子譖甯，出爲豫章太守。（豫章郡治南昌，即今江西南昌市。）甯好儒學，性質直。常謂：「王弼、何晏之罪，深於桀、紂。」或以爲貶之太過，甯曰：「王、何蔑棄典文，幽沉仁義，游辭浮說，波蕩後生；以至禮壞樂崩，中原傾覆，遺風餘俗，至今爲患。桀、紂縱暴一時，適足以喪身覆國，爲後世戒！故吾以爲一世之禍輕，歷代之患重；自喪之惡小，迷衆之罪大也。」

綱 以王恭都督青、兗等州軍事。（時青州、兗州俱寄治京口，王恭都督青、兗，即出鎮京口也。京口，在今江蘇鎮江市東南。）

綱 辛卯，十六年，（三九一）秦太初六年，燕建興六年，後秦建初六年，魏登國六年。冬十二月，秦主登攻安定，後秦主萇擊敗之。

目 萇置酒高會，諸將皆曰：「若值魏武王，（姚萇兄襄也，萇追謚爲魏武王。）不令此賊至今，陛下將牢太過耳。」（將牢，猶言持牢，謂持守牢固也。）萇笑曰：「吾不如亡兄有四：身長八尺五寸，臂垂過膝，人望而畏之，一也；將十萬之衆，望麾而進，前無橫陣，二也；溫古知今，講論道藝，收羅英儁，三也；董帥大衆，人盡死力，四也。所以得建立功業，驅策諸賢者，正望算略中有片長耳。」

殷仲堪督荊益寧州

【綱】壬辰，十七年，（三九二）秦太初七年，燕建興七年，後秦建初七年，魏登國七年。冬十一月，以殷仲堪都督荊、益、寧州軍事。（時荊州治江陵，即今湖北江陵縣。益州還治成都，即今四川成都市。寧州治味縣，在今雲南曲靖縣西。）

【目】仲堪雖有時譽，資望猶淺，到官好行小惠，綱目不舉。南郡公玄負其才地，（南郡公桓玄。南郡治江陵。才地，謂才略、門地。）以雄豪自處，朝廷疑而不用；年二十三，始拜洗馬。（洗音先，上聲。洗馬，太子太傅、少傅屬官。）嘗詣琅邪王道子，值其酣醉，張目謂衆客曰：「桓溫晚塗欲作賊，云何？」玄伏地流汗，不能起；由是不自安，而切齒於道子。後出補義興太守，（義興郡治義興縣，在今江蘇宜興縣南。）鬱鬱不得志，歎曰：「父爲九州伯，兒爲五湖長！」（五湖謂太湖，舊說湖有五道，故名。義興在太湖東，故云「五湖長」。）遂棄官歸國。桓氏累世臨荊州，玄復豪橫，士民畏之。征虜參軍胡藩過江陵，見仲堪曰：「玄志趣不常，節下崇待太過，非計也。」藩內弟羅企生爲仲堪功曹，藩謂曰：「殷侯倒戈授人，必及於禍，君不早去，悔無及矣！」

【綱】立子德文爲琅邪王，（晉琅邪國初在山東臨沂市北，永嘉後僑置，所在未詳。）徙道子爲會稽王。

李遼表請脩孔子廟

【綱】李遼表請脩孔子廟，不報。

【目】清河人李遼上表請敕兗州脩孔子廟，（清河縣，在今山東高唐縣西南。）給戶灑掃，仍立庠序，以教學者，曰：「事有如賒而實急者，（賒音奢，遲緩也。）此之謂也！」疏奏，不省。

姚萇卒

【綱】癸巳，十八年，（三九三）秦太初八年，燕建興八年，後秦建初八年，魏登國八年。冬十二月，後秦主萇卒，太子興帥兵擊秦。

涼以禿髮烏孤爲河西都統

綱 甲午，十九年，（三九四）秦主苻崇延初元年，燕建興九年，後秦主姚興皇初元年，魏登國九年。是歲秦及西燕亡，大三，小二，凡五僭國。春正月，三河王光以禿髮烏孤爲河西都統。三河王，呂光。禿髮，姓；烏孤，名；本鮮卑別種，與拓跋同祖。後徙河西，爲南涼。

姚興立

綱 夏五月，後秦主興立。

苻秦亡

綱 秋七月，後秦主興擊秦主登，殺之。秦太子崇立，奔湟中。（在今青海東南境，黃河以西之地。）是年冬，崇與楊定攻西秦乞伏乾歸，兵敗見殺，苻秦遂亡，是後姚氏止稱秦。

西燕亡

綱 八月，燕主垂圍長子，拔之，殺西燕主永。西燕亡。

綱 乙未，二十年，（三九五）燕建興十年，秦皇初二年，魏登國十年。夏五月，燕遣其太子寶擊魏，秋七月，降其別部，進軍臨河。（在今內蒙古杭錦旗西北。）

舉酒祝長星

綱 長星見。

目 有長星見自須女，須女即婺女，越之分野，主布帛、裁製、嫁娶。至於哭星。虛中六星，主哭泣。帝心惡之，於華林園舉酒祝之曰：（華林園，故址在今江蘇南京市東北。）「長星，勸汝一杯酒，自古何有萬歲天子邪！」

魏拓跋珪參合之捷

綱 九月，魏王珪將兵拒燕。冬十月，燕軍夜遁，十一月，追至參合陂，（亦稱三合陂，在今山西大同市東北。）大敗之。燕太子寶等單騎僅免。

慕容寶立

綱 丙申，二十一年，（三九六）燕主慕容寶永康元年，秦皇初三年，魏皇始元年，涼龍飛元年。春閏三月，燕主垂襲魏平城，（在今山西大同市東。）克之。夏四月，還，卒于上谷。（卽上谷郡，治沮陽，在今河北懷來縣西南。）太子寶立。

呂光稱涼天王

綱 夏六月，三河王光自稱涼天王。

張貴人弑帝

綱 秋九月，貴人張氏弑帝於淸暑殿。太子德宗卽位。會稽王道子進位太傅。冬十月，葬隆平陵。（在今江蘇江寧縣境。）

目 帝嗜酒，流連內殿，外人罕得進見。張貴人寵冠後宮，時年近三十，帝戲之曰：「汝以年亦當廢矣，吾意更屬少者。」已而醉寢淸暑殿，（孝武帝建，故址在今南京市內。）爽塏奇麗，夏月常有淸風。貴人使婢以被蒙帝面而弑之，重賂左右，曰「因魘暴崩」。魘音掩，睡中魘也。太子卽位。會稽王道子進位太傅。

太子幼而不慧，口不能言，至於寒暑飢飽亦不能辨，飲食寢興皆非己出。母弟琅邪王德文常侍左右，爲之節適。侍中王國寶媚事道子，與王緒共爲邪諂，道子倚爲心腹，遂參管朝權，威震內外。

王恭

王恭入赴山陵，帝王所葬曰山陵。每正色直言，道子憚之。或勸恭誅國寶，王珣曰：珣，王導之孫。「彼罪逆未彰，今先事而發，必失朝野之望。若其不改，惡布天下，然後順衆心以除之，亦無不濟也。」恭乃止。既而謂珣曰：「比來視君一似胡廣。」（胡廣依違權姦之間，見卷二十四漢靈帝熹平元年「太傅胡廣卒」目。）珣曰：「王陵廷爭，陳平慎默，（事見卷十一漢高后元年「陳平爲右丞相」目。）但問歲晏何如耳！」歲晏猶言日後。

綱 魏別將拓跋儀攻鄴，燕慕容德擊破之。是年五月，燕以慕容德爲冀州牧，守鄴。（在今河北磁縣西。）

安皇帝

名德宗，孝武帝太子，在位二十年，爲劉裕所弒，壽三十七歲。諡法「好和不爭曰安。」

綱 丁酉，安皇帝隆安元年，（三九七）燕永康二年，秦皇初四年，魏皇始三年，南涼王禿髮烏孤太初元年，北涼王段業神璽元年。舊大國三，西秦、涼小國二，新小國二，凡七僭國。春正月，以王珣爲尚書令，王國寶爲左僕射。

禿髮烏孤稱西平王

綱 禿髮烏孤自稱西平王，（西平即晉西平郡，治西都縣，即今青海西寧市。是爲南涼。）攻涼，取金城。（在今甘肅蘭州市西北。）

綱 三月，尊皇太后李氏爲太皇太后，（李氏卽李太妃，孝武帝尊爲皇太后。）立皇后王氏。

綱 夏四月，王恭舉兵反，詔誅僕射王國寶、將軍王緒，恭罷兵還鎮。

桓玄說殷仲堪

目 王國寶、王緒依附會稽王道子，惡王恭、殷仲堪，勸道子裁損其兵權；恭遣使與仲堪謀討國寶等。桓玄亦以仕不得志，欲假仲堪兵勢以作亂，乃說仲堪曰：「孝伯疾惡深至，王恭字孝伯。宜潛與之約，興晉陽之甲以除君側之惡，春秋趙鞅取晉陽之甲以逐荀寅與士吉射，見公羊定公十三年傳。晉陽，趙鞅之邑。此桓、文之勳也。」桓、文，齊桓、晉文。仲堪然之，乃外結雍州刺史郗恢，

（時雍州治襄陽，即今湖北襄樊市。）內與從兄南蠻校尉顗、南郡相江績謀之。顗音記。顗曰：「人臣當各守職分，朝廷是非，豈藩屏所制也！晉陽之事，不敢預聞。」績亦極言其不可，郄恢亦不肯從。仲堪疑未決，會恭使至，仲堪乃許之，恭大喜。上表罪狀國寶，舉兵討之。表至，內外戒嚴，國寶懼，上疏解職待罪。道子闇懦，欲求姑息，苟安也。乃賜國寶死，斬緒於市，遣使謝恭，恭乃罷兵還京口。仲堪初猶豫不敢下，聞國寶死，始抗表舉兵。道子以書止之，仲堪乃還。

王恭等舉兵討王國寶

綱　涼沮渠蒙遜叛，涼，後涼呂光。沮渠蒙遜，匈奴沮渠王之後。拔臨松，（前涼置臨松郡，以臨松山爲名，在今甘肅張掖市南。）據金山。（在今甘肅山丹縣南。）

沮渠蒙遜據金山

綱　燕慕容詳稱帝於中山。

慕容詳稱帝

綱　涼段業叛，自稱建康公，（前涼置建康郡，在今甘肅高臺縣南。）沮渠蒙遜以衆歸之。是爲北涼。

段業叛涼

綱　秋七月，燕慕容麟襲殺詳而自立。魏襲中山，入其郛而還。郛，郭也。

綱　九月，秦太后蚍氏卒。

目　秦太后卒。秦主興哀毀過禮，不親庶政。羣臣請依漢、魏故事，既葬即吉。尚書郎李嵩上疏曰：「孝治天下，先王之高事也。宜尊聖性以光道訓，既葬之後，素服臨朝。」尹緯駁曰：「嵩矯常越禮，請付有司論罪。」興曰：「嵩忠臣孝子，有何罪乎！其如嵩議。」

姚興喪母盡孝

魏王珪大破燕慕容麟

慕容德稱燕王

魏封爾朱羽健

蘭汗殺慕容寶

綱 冬十月，魏王珪及燕慕容麟戰，大破走之。遂克中山。

目 中山飢甚，魏王珪進攻之。太史令鼂崇曰：「不吉，紂以甲子亡，謂之疾日。」珪曰：「紂以甲子亡，武王不以甲子興乎？」遂進與慕容麟戰於義臺，（在今河北新樂縣西南。）大破之，麟奔鄴。魏克中山。麟至鄴，復稱趙王，說范陽王德曰：「魏將乘勝攻鄴，鄴城大難固，且人心恇懼，恇音匡，恐也。不可守也。不如南起滑臺，（卽今河南滑縣。）阻河以待魏，伺釁而動，河北庶可復也。」時魯王和鎭滑臺，亦遣使迎德，許之。

綱 戊戌，二年，（三九八）燕主慕容盛建平元年，秦皇初五年，魏天興元年，南燕主慕容德元年。舊大國三，西秦、涼、南涼、北涼小國四，新小國一，凡八僭國。春正月，燕慕容德徙居滑臺。稱燕王。是爲南燕。麟謀反，伏誅。魏拓跋儀入鄴。

目 燕范陽王德自鄴帥戶四萬南徙滑臺。魏衞王儀入鄴，追德至河，弗及。慕容麟上尊號於德，德用兄垂故事，稱燕王，是爲南燕。麟復謀反，德殺之。

綱 二月，魏封爾朱羽健於秀容川。（羽健之祖居爾朱川，因以爾朱爲姓。羽健爲秀容川酋長。秀容川卽北秀容城，在今山西朔縣西北。）

綱 三月，燕段速骨攻陷龍城，（在今遼寧朝陽縣北。）燕主寶出奔，尙書蘭汗誘而殺之。

綱 秋七月，燕長樂王盛討殺蘭汗，攝行統制。

綱 魏遷都平城。

王恭等反

綱 王恭、殷仲堪及南郡公桓玄舉兵反，玄陷江州。（時江州治潯陽，即今江西九江市。）

目 豫州刺史庾楷，（時豫州治歷陽，即今安徽和縣。）以會稽王道子割其四郡屬王愉，（是年二月，道子忌王恭、殷仲堪之逼，引譙王尙之及弟休之爲腹心，以其司馬王愉爲江州刺史，都督江州及豫之四郡軍事。）遣其子鴻說王恭曰：「尙之兄弟復秉機權，欲削方鎭，宜早圖之。」恭以爲然，以告殷仲堪及玄，皆許之，推恭爲盟主，刻期同趣京師。司馬劉牢之諫，恭不從。上表請討王愉、司馬尙之兄弟。朝廷憂懼，內外戒嚴。道子不知所爲，悉以事委世子元顯，日飲醇酒而已。仲堪聞恭舉兵，勒兵趣發，悉以軍事委南郡相楊佺期兄弟。佺期帥舟師五千爲前鋒，桓玄次之，仲堪帥精兵二萬繼下。八月，佺期及玄奄至湓口，（奄，忽也。）（湓口一名湓浦，湓水入江處，在今江西九江市西。）王愉無備，惶遽奔臨川，（在今江西臨川縣西。）玄追獲之。

王恭死

綱 九月，加會稽王道子黃鉞，（以黃金爲飾，故曰黃鉞。）討王恭。恭司馬劉牢之執恭以降，斬之。以牢之都督青、兗七州軍事，桓玄爲江州刺史，楊佺期爲雍州刺史。勑殷仲堪使回軍。

目 九月，加會稽王道子黃鉞，以世子元顯爲征討都督；遣王珣將兵討王恭。恭素以才地陵物，既殺王國寶，自謂威無不行；仗劉牢之爲爪牙，而以部曲將遇之；牢之負才，懷恨。元顯知之，遣人說牢之使叛恭，事成授以恭位號。恭使牢之帥帳下督顔延爲前鋒。牢之至竹里，（山名，在今江蘇句容縣北，塗甚傾險，號爲翻車峴。）斬延以降；遣其子敬宣還襲恭。恭兵

劉牢之代王恭

燕慕容盛稱帝

魏拓跋珪稱帝

段業稱涼王

魏置五經博士

潰，亡走，爲人所獲，送京師斬之。詔以牢之代恭爲都督刺史，鎮京口。俄而楊佺期、桓玄至石頭，（在今江蘇南京市西南。）殷仲堪至蕪湖，（今安徽蕪湖市。）上表理王恭，求誅牢之。牢之帥北府之衆馳赴京師，軍於新亭，（在今江蘇南京市南。）佺期、玄見之皆失色，回軍蔡洲。（在今南京市西南。）朝廷憂逼，桓脩言於道子曰：「今若以重利啗玄及佺期，（啗音淡，餌之也。）二人必內喜；玄能制仲堪，佺期可使倒戈取仲堪矣。」道子納之，以玄爲江州刺史；佺期爲雍州刺史。黜仲堪爲廣州刺史，（廣州治番禺，即今廣東廣州市。）遣使宣詔，敕使回軍。

綱 冬十月，燕長樂王盛稱皇帝。

綱 復以殷仲堪督荆、益軍，仲堪等罷兵還鎮。

目 殷仲堪得詔書，大怒，趣桓玄、楊佺期進軍。朝廷深憚之，乃復以荆州還仲堪，優詔慰諭，於是各還所鎮。時詔書獨不赦庾楷，玄以楷爲武昌太守。（武昌郡治武昌縣，即今湖北鄂城縣。）

綱 十二月，魏王珪稱皇帝。

綱 己亥，三年，（三九九）燕長樂元年，秦弘始元年，魏天興二年，涼主呂纂咸寧元年，北涼天璽元年。春正月，南涼徙治樂都。（南涼，禿髮烏孤。樂都，在今青海樂都縣西。）

綱 二月，段業自稱涼王。

綱 三月，魏分尚書諸曹，置五經博士。

目　魏主珪分尚書三十六曹及外署，凡置三百六十曹，令八部大人主之。置五經博士，增國子太學生員合三千人。珪問博士李先曰：「天下何物可以益人神智？」對曰：「莫若書籍。」珪曰：「書籍有幾，如何可集？」對曰：「自書契以來，世有滋益，至今不可勝計。苟人主所好，何憂不集。」珪遂命郡縣大索書籍，悉送平城。

綱　夏四月，以會稽世子元顯爲揚州刺史。

綱　秋八月，南涼王烏孤卒，弟利鹿孤立。徙治西平。

綱　南燕王德陷廣固，（在今山東益都縣西北。）殺幽州刺史辟閭渾，遂都之。辟閭，複姓。

孫恩陷會稽

綱　冬十月，孫恩寇陷會稽，殺內史王凝之。詔徐州刺史謝琰及劉牢之討破之。（徐州治彭城，即今江蘇徐州市。）以琰爲會稽太守。

王凝之借鬼兵守津要

目　會稽世子元顯，性苛刻，苛音何。生殺任意，東土囂然。孫恩因民心騷動，自海島攻會稽。內史王凝之，世奉天師道，（天師道，後漢沛人張道陵所傳。）謂官屬曰：「我已請大道，借鬼兵守諸津要，不足憂也。」恩遂陷會稽，殺凝之。恩自稱征東將軍，表會稽王道子及元顯之罪，請誅之。

自帝即位以來，內外乖異，石頭以南，皆爲荆、江所據，（殷仲堪在荆州，桓玄在江州。）以西皆豫州所專，（時豫州刺史仍爲庾楷。）京口及江北皆劉牢之及廣陵相高雅之所制，（廣陵即今江蘇揚州市。）朝政所行，三吳而已。（三吳，見卷三十二成帝咸和三年「以太后詔諭三吳」注。）及恩作亂，八郡皆爲恩有，畿內盜賊蠭起，恩黨亦有潛伏在建康者，（建康卽建業，時爲京師，在今江蘇南京市南。）人情危懼，於是內外戒嚴。加道子黃鉞，元顯領中軍將軍，命徐州刺史謝琰討之；牢之亦發兵討恩，拜表輒行。琰擊斬義興、吳郡羣盜，與牢之轉鬬而前，所向皆克。琰留屯烏程，（今浙江吳興縣。）遣司馬高素助牢之，進臨浙江。（卽錢塘江，在今浙江杭州市東。）詔以牢之都督吳郡諸軍事。

劉裕

初，彭城劉裕，勇健有大志。僅識文字，以賣履爲業，好摴蒱，（摴蒱，傳係老子入胡作，今人擲之爲戲。）爲鄉閭所賤。至是，牢之引參軍事，使將數十人覘賊。（覘，闚視也。）遇賊數千人，卽迎擊之，從者皆死，裕墜岸下。賊臨岸欲下，裕奮長刀仰斫殺數人，（斫，刀斬也。）乃得登岸，仍大呼逐之，殺傷甚衆。劉敬宣怪裕久不返，引兵尋之，見裕獨驅數千人，咸共歎息。因進擊賊，大破之。恩驅男女二十餘萬口東走，復逃入海島。朝廷憂恩復至，以琰爲會稽太守，都督五郡軍事。

桓玄舉兵攻江陵

綱 桓玄舉兵攻江陵，殺殷仲堪、楊佺期。

目 殷仲堪恐桓玄跋扈，乃與佺期結婚爲援。佺期屢欲攻玄，仲堪每止之。玄恐終爲殷、楊所滅，乃發兵西上，聲言救洛，（時秦陷洛陽。）先遣兵襲取巴陵積穀食之。（巴陵，卽今湖南岳陽縣。）江陵乏食，仲堪急召佺期自救。佺期帥步騎八千至江陵，與其兄廣共擊玄；大敗，單騎奔還。仲堪亦奔酇城。（在今湖北光化縣舊縣城北。）玄遣將軍馮該追獲，皆殺之。

後涼呂纂立　北涼以李暠爲敦煌守　孫恩復寇會稽臨海　李暠自稱涼公　南燕慕容德稱帝

綱　涼王光卒，太子紹立，庶兄纂殺而代之。

綱　庚子，四年，（四〇〇）燕長樂二年，秦弘始二年，魏天興三年，南燕建平元年，南涼王禿髮利鹿孤建和元年，西涼公李暠庚子元年。是歲西秦降秦，舊大國三，涼、南涼、北涼、南燕小國四，新小國一，凡八僭國。春三月，詔桓玄都督荆、江八州軍事，荆、江州刺史。北涼以李暠爲敦煌太守。北涼，段業。暠音高。（晉敦煌郡治敦煌縣，即今甘肅敦煌縣。）

綱　夏五月，孫恩復寇會稽，太守謝琰敗死。恩轉寇臨海。（今浙江臨海縣。）遣兵討之，不克。

綱　秋七月，秦擊西秦，秦，姚興。西秦，乞伏乾歸。西秦王乾歸戰敗，奔南涼，禿髮利鹿孤。遂奔秦。恐爲利鹿孤所殺，遂奔降秦。

綱　冬十一月，詔劉牢之討孫恩，走之。

綱　李暠自稱涼公。是爲西涼。

綱　十二月，南燕王德稱帝，更名備德。

目　備德嘗問羣臣：「朕可方古何主？」鞠仲曰：「陛下中興聖主，備德，前燕慕容皝少子，帝奕太和五年慕容暐爲苻堅所滅，故云中興。少康、光武之儔也。」備德顧左右，賜仲帛千匹。仲以多辭。備德曰：「卿知調朕，調，戲弄也。朕不知調卿邪！」韓範進曰：「天子無戲言，今日之論，君臣俱失。」備德大悅，賜範絹五十匹。

後涼呂隆立

綱 辛丑，五年，(四〇一)燕主慕容熙光始元年，秦弘始三年，魏天興四年，涼王呂隆神鼎元年，北涼王沮渠蒙遜永安元年。春二月，涼呂超弑其君纂而立其兄隆，纂后楊氏自殺。

孫恩寇海鹽

綱 三月，孫恩寇海鹽，(在今浙江海寧縣東舊海鹽縣。)劉牢之參軍劉裕擊破之。

沮渠蒙遜弑段業

綱 夏五月，北涼沮渠蒙遜弑其君業。段業。

綱 六月，孫恩寇丹徒。(在今江蘇鎮江市東南。)劉裕擊破之，恩北走，陷廣陵。

沮渠蒙遜稱公

綱 沮渠蒙遜自稱張掖公。蒙遜曾爲張掖太守。(張掖治永平縣，在今甘肅張掖市西北。)亦號北涼。

綱 秋八月，以劉裕爲下邳太守，(下邳郡治下邳縣，在今江蘇邳縣東。)討孫恩於郁洲，(郁洲即鬱洲，在今江蘇新海連市連雲港南，本在海中，今已連於大陸。)大破之。

綱 燕段璣弑其君盛，太后丁氏立盛叔父熙，討璣，殺之。

元顯討桓玄

綱 壬寅，元興元年，(四〇二)燕光始二年，秦弘始四年，魏天興五年，南涼王禿髮傉檀弘昌元年。春正月，以尚書令元顯爲征討大都督，加黃鉞，討桓玄。

目 下詔罪狀桓玄，以元顯爲驃騎大將軍、征討大都督，加黃鉞，劉牢之爲前鋒，譙王尚之爲後部。

桓玄反

綱 桓玄舉兵反。

目 玄聞大軍將發，大驚，欲完聚保江陵。長史卞範之曰：「明公威振遠近，元顯口尚乳臭，劉牢之大失物情，若兵臨近畿，示以禍福，土崩之勢可翹足而待，何有延敵入境，自取

桓玄入京師

南涼禿髮傉檀立

窮蹙者乎！」玄從之，留桓偉守江陵，（偉，桓玄兄。）抗表傳檄，罪狀元顯，舉兵東下。元顯大懼，下船而不發。

綱　二月，玄兵至姑孰。（即今安徽當塗縣。）三月，劉牢之叛附於玄。元顯軍潰，玄入建康，自以太尉總百揆，殺元顯等。以牢之爲會稽內史，牢之自殺。

目　玄至歷陽，譙王尚之衆潰，玄捕獲之。劉牢之素惡元顯，又慮功高不爲所容；自恃材武，擁彊兵，欲假玄以除執政，復伺玄隙而自取之，遂與玄通。東海何無忌，（東海郡，在今江蘇常熟縣北，晉元帝分吳郡置。）牢之之甥也，與劉裕極諫，不聽。元顯將發，聞玄已至新亭，（在今江蘇南京市南。）棄船退軍，軍人皆奔潰。玄入京師，稱詔解嚴，自爲丞相，總百揆，都督中外、錄尚書事、揚州牧，復讓丞相而爲太尉。斬元顯、尚之等。以劉牢之爲會稽內史。牢之曰：「始爾，便奪我兵，禍其至矣。」於是牢之大集僚佐，議據江北以討玄。參軍劉襲曰：「事之不可者莫大於反。將軍往年反王兗州，（謂王恭，孝武太元十五年，恭都督青、兗。）近日反司馬郎君，（郎君，元顯。）今復反桓公。（桓玄。）一人三反，何以自立！」語畢，趨出，佐吏多散走。牢之懼，帥部曲北走，至新洲，縊而死。

綱　孫恩寇臨海，郡兵擊破之，恩赴海死。玄以恩黨盧循爲永嘉太守。（永嘉郡治永嘉縣，即今浙江溫州市。）

綱　南涼王利鹿孤卒，弟傉檀立。（傉音農，入聲。）

桓玄自爲相國封楚王

【綱】夏四月，玄出屯姑孰。

【綱】五月，盧循寇東陽，（東陽郡治長山縣，卽今浙江金華市。）劉裕擊走之。

【綱】玄殺會稽王道子。

【綱】癸卯，二年，（四〇三）燕光始三年，秦弘始五年，魏天興六年。是歲涼亡，大三，小四，凡七僭國。春，桓玄自爲大將軍。秋九月，玄自爲相國，封楚王，加九錫。

【目】桓謙私問彭城內史劉裕曰：「楚王勳德隆重，朝廷之情，咸謂宜有揖讓，卿以爲何如？」劉裕曰：「楚王勳德蓋世，晉室民望久移，乘運禪代，有何不可？」謙卽喜曰：「卿謂之可卽可耳。」

桓玄稱帝

【綱】冬十一月，楚王玄稱皇帝，廢帝爲平固王，（平固，縣名，在今江西贛州市東。）遷于尋陽。（卽今江西九江市。）

皇甫希之充隱

【目】玄表請歸藩，使帝手詔固留之。詐言錢塘臨平湖開，（臨平湖開，見卷二十九晉武帝咸寧二年「吳臨平湖開」目及注。）江州甘露降，使百僚集賀，爲己受命之符。又以前世皆有隱士，恥獨無之，求得皇甫希之，給其資用，使居山林；徵爲著作郎，又使固辭，然後下詔旌禮，號曰「高士」，時人謂之「充隱」。至是，卞範之爲禪詔，逼帝書之。遣司徒王謐禪位於楚；（謐音密。）出居永安宮；百官詣姑孰勸進。玄築壇於九井山北，（山在今安徽當塗縣南。）卽帝位，改元永始。封帝爲平固王，遷於尋陽。玄入建康宮，登御座而牀忽陷，羣下失色。殷仲文曰：「將由聖德深厚，地不能載。」玄大悅。

綱　甲辰，三年，（四〇四）燕光始四年，秦弘始六年，魏天賜元年。春二月，劉裕起兵京口討玄，玄使弟謙拒之。

目　劉裕從徐、兗刺史桓脩入朝。玄謂王謐曰：「裕風骨不常，蓋人傑也。」玄妻劉氏亦謂玄曰：「裕龍行虎步，視瞻不凡，恐終不爲人下，不如早除之。」玄曰：「我方平蕩中原，非裕莫可用者；俟關、河平定，別議之耳。」裕與何無忌同舟還京口，密謀興復。劉邁弟毅家於京口，亦與無忌謀之。無忌曰：「草澤之中非無英雄也。」毅曰：「所見唯有劉下邳。」隆安四年，以劉裕爲下邳太守。無忌笑而不答，還以告裕，遂與定謀。

平昌孟昶爲桓弘主簿，昶音唱。（平昌縣，在今山東安丘縣南。桓弘時鎮廣陵。）至建康還，裕謂之曰：「草閒當有英雄起，卿頗聞乎？」昶曰：「今日英雄有誰，正當是卿耳！」於是裕、毅、無忌、昶及裕弟道規、諸葛長民等，相與合謀起兵。無忌夜草檄文，其母密窺之，泣曰：「吾不及東海呂母明矣。新莽天鳳四年，琅邪海曲有呂母者，子爲縣吏，宰以小罪殺之，呂母乃傾家貲以報讎。汝能如此，吾復何恨！」

裕托以遊獵，與無忌收合徒衆，得百餘人。詰旦，詰旦，明旦也。京口門開，無忌著傳詔服，稱敕使，居前，徒衆隨之入，斬桓脩以徇。裕問無忌曰：「急須一府主簿，何由得之？」無忌曰：「無過劉道民。」道民者，東莞劉穆之也。（東莞郡治莒，即今山東莒縣。）裕曰：「吾亦識之。」

即馳信召焉。穆之壞布裳爲袴，壞音怪。往見裕。裕曰：「始舉大義，須一軍吏甚急，卿謂誰堪其選？」穆之曰：「倉猝之際，略當無見踰者。」裕笑曰：「卿能自屈，吾事濟矣。」即於坐署主簿。

孟昶勸桓弘其日出獵，天未明，開門出獵；孟昶與劉毅、劉道規帥壯士數千人直入，斬之，因收衆濟江。衆推裕爲盟主，總督徐州事，以昶爲長史，守京口。裕帥二州之衆千七百人，軍於竹里，移檄遠近。

玄加桓謙征討都督，遣吳甫之、皇甫敷相繼北上。玄憂懼特甚。或曰：「裕等烏合微弱，勢必無成，何慮之深？」玄曰：「劉裕足爲一世之雄；劉毅家無儋石之儲，兩甖曰儋。摴蒱一擲百萬；何無忌酷似其舅；何無忌舅劉牢之。共舉大事，何謂無成！」

劉裕覆舟之捷

綱 三月，劉裕及桓謙戰于覆舟山，（覆舟山即玄武山，在南京市太平門內。）大破之，玄出走。裕立留臺于石頭。

目 玄使桓謙屯東陵，（在覆舟山東北。）卞範之屯覆舟山西，合衆二萬。裕軍數道並前，裕與劉毅身先士卒，進突其陳，將士皆殊死戰，因風縱火，謙等大潰。玄鞭馬趣石頭，浮江南走。裕入建康，明日，徙屯石頭城，立留臺百官，遣諸將追玄，尚書王嘏帥百官奉迎乘輿，誅玄宗族在建康者。

綱 玄至尋陽，逼帝西上，劉毅等率兵追之。

桓玄敗死

綱　夏四月，玄挾帝入江陵。

綱　玄挾帝東下。

綱　五月，劉毅等及玄戰于崢嶸洲，崢嶸音撐橫。（崢嶸洲一名得勝洲，在今湖北鄂城縣東江中，接黃岡縣界。）大破之。

劉毅崢嶸之捷

綱　玄復挾帝入江陵，寧州督護馮遷擊玄，誅之，帝復位。

目　劉毅、何無忌、劉道規帥衆自尋陽西上，與桓玄遇於崢嶸洲。道規麾衆先進，毅等從之，乘風縱火，盡銳爭先，玄衆大潰。玄挾帝單舸西走，入江陵。毛璩之弟子脩之爲校尉，毛璩爲益州刺史，先年起兵討玄。誘玄入蜀，會璩弟寧州刺史璠卒官，（寧州治味縣，在今雲南曲靖縣西。）璩使兄孫祐之帥數百人送其喪，遇玄於枚回洲，（一作枚迴洲，在今湖北江陵縣東南。）迎擊之。督護馮遷抽刀而前，玄曰：「汝何人，敢殺天子！」遷曰：「我殺天子之賊耳！」遂斬之。乘輿反正於江陵。

魏置六謁官

綱　秋九月，魏改官制。

鳧鴨白鷺

目　魏王珪置六謁官，準古六卿。其官名多倣上古龍官、鳥官，謂諸曹之使爲鳧鴨，取其飛之迅疾也；謂候官伺察者爲白鷺，取其延頸遠望也；餘皆類此。

綱　乙巳，義熙元年，（四〇五）燕光始五年，秦弘始七年，魏天賜二年，南燕主慕容超太上元，西涼建初元年。

鳩摩羅什翻譯佛經

綱　春正月，秦以鳩摩羅什爲國師。

目　秦王興以鳩摩羅什爲國師，奉之如神，帥羣臣及沙門聽講。又命羅什翻譯西域經、

劉裕都督十六州

益智粽 續命湯

南燕慕容超立

赫連勃勃稱大夏天王

燕高雲弒立

劉裕自領揚州

論，大營塔寺，沙門坐禪者常以千數。由是州郡化之，事佛者十室而九。

【綱】二月，帝東還。三月，帝至建康，除拜琅邪王德文、武陵王遵、劉裕以下有差。

【綱】夏四月，以劉裕都督十六州軍事，出鎭京口。

【綱】以盧循爲廣州刺史。

【目】時朝廷新定，未暇征討，以循爲廣州刺史，徐道覆爲始興相。（始興郡治曲江縣，即今廣東韶關市。）去年冬盧循陷番禺，徐道覆陷始興。循遣使貢獻，因遺劉裕益智粽，益智，藥名。粽，一名角黍。循以益智爲粽遺之，蓋言裕智氣窮也。裕報以續命湯。成藥名。裕以循當誅絕，今不征討而命爲廣州，是續其命也。循之陷番禺也，番音潘。（番禺，今廣東廣州市。）執刺史吳隱之。至是，裕與循書，令遣隱之還，循不從。長史王誕曰：「孫伯符豈不欲留華子魚邪？孫策字伯符，華歆字子魚。但以一境不容二君耳。」漢獻帝建安中，華歆爲豫章太守。吳孫策徇豫章，歆葛巾奉迎，策禮歆爲上賓，後歆仕魏。循乃遣之。

【綱】秋九月，南燕主備德卒，太子超立。

【綱】丁未，三年，（四〇七）秦弘始九年，魏天賜四年，燕王高雲正始元年，夏主赫連勃勃龍升元年。是歲燕慕容熙亡，舊大國一，南涼、北涼、南燕、西涼小國四，新小國二，凡八僭國。夏六月，赫連勃勃自稱大夏天王。勃勃，匈奴劉衛辰少子。初事姚興，使鎭朔方，至是叛秦，稱大夏天王，自以赫連爲姓。

【綱】秋七月，燕高雲弒其主熙，高雲，慕容熙養子，復姓高氏。自立爲「天王」。後燕亡。

【綱】戊申，四年，（四〇八）秦弘始十年，魏天賜五年，南涼嘉平元年。春正月，劉裕自爲揚州刺史、

劉穆之密白劉裕

劉裕破南燕

西秦乞伏乾歸稱王

錄尚書事。（揚州時治姑孰，即今安徽當塗縣。）

目 王謐既卒，王謐爲侍中，領揚州刺史、錄尚書事。劉毅等不欲劉裕入輔政，時劉裕鎮京口。議以謝混爲揚州刺史；或欲令裕於丹徒領揚州，以內事付孟昶。孟昶爲丹陽尹。遣皮沈以二議諮裕，沈先見劉穆之，具道朝議。穆之密白裕曰：「晉朝已移，公勳高位重，豈得遂爲守藩之將邪！劉、孟與公，謂劉毅、孟昶。俱起布衣，立大義以取富貴，一時相推，非委體心服，宿定臣主之分也；力敵勢均，終相吞噬。揚州根本所繫，不可假人。前者以授王謐，事出權道；今若復以他授，便應受制於人。一失權柄，何由可得？今但答以『此事既大，非可懸論，便暫入朝，其盡同異。』公至京邑，彼必不敢越公更授餘人矣。」裕從之。朝廷乃徵裕爲侍中、揚州刺史、錄尚書事。裕解兖州，以諸葛長民鎮丹徒，劉道憐戍石頭。

綱 冬十一月，南燕汝水竭。（汝水舊出今河南安陽市北，東南至新蔡入淮。）

綱 南涼復稱王。南涼禿髮傉檀。

綱 己酉，五年，（四〇九）秦弘始十一年，魏太宗拓跋嗣永興元年，燕王馮跋太平元年，西秦更始元年。舊大國二，南涼、北涼、南燕、西涼、燕、夏小國六，新小國一，凡九僭國。春三月，恒山崩。（恒山，在今河北定縣西北。）

綱 夏四月，劉裕伐南燕。慕容超。六月，及燕師戰於臨朐，（今山東臨朐縣。）大破之，遂圍廣固。（南燕都廣固，見上。）

綱 秋七月，西秦復稱王。西秦，乞伏乾歸。九月，秦王興伐夏，夏王勃勃襲而敗之。

北燕馮跋立

魏太宗拓跋嗣立

劉裕滅南燕

何無忌戰死

綱 冬十月，燕弒其君雲，高雲。馮跋自立爲「天王」。

綱 魏淸河王紹弒其君珪，紹，珪子，賀夫人所生。齊王嗣討紹，嗣，珪太子，劉貴人所生。殺之而自立。是爲明元帝。魏王珪將立齊王嗣爲太子，魏故事，凡立嗣子輒先殺其母，乃賜嗣母劉貴人死。

綱 十二月，太白犯虛、危。

綱 庚戌，六年，（四一〇）秦弘始十二年，魏永興二年。是歲南燕亡，大二，小六，凡八僭國。春二月，劉裕拔廣固，執南燕主超，送建康斬之。南燕亡。

綱 盧循寇長沙、南康、廬陵、豫章，（長沙郡治臨湘，即今湖南長沙市。南康郡治贛縣，即今江西贛州市。廬陵郡治石陽，在今江西吉水縣東北。）陷之。劉裕引軍還。

目 初，徐道覆聞劉裕北伐，勸盧循襲建康，循許之。至是，循自始興寇長沙，道覆寇南康、廬陵、豫章，皆陷之。道覆順流而下，舟楫甚盛。朝廷急徵裕，裕引兵還。

綱 三月，江、荆都督何無忌討徐道覆，戰敗，死之。

目 無忌自尋陽引兵拒盧循，與徐道覆遇於豫章。賊令彊弩數百，登山邀射，乘風暴急，以大艦逼之，衆遂奔潰。無忌厲聲曰：「取我蘇武節來！」節至，執以督戰。賊衆雲集，遂握節而死。

綱 夏四月，劉裕至建康。

目 劉裕至下邳，以船載輜重，自帥精銳步歸。聞何無忌敗死，捲甲兼行。將濟江，風急，衆咸難之。裕曰：「若天命助國，風當自息；不然，覆溺何害！」卽命登舟，舟移而風止，四月，至建康。

綱　五月，豫州都督劉毅及盧循戰于桑落洲，（在今江西九江市東北。）敗績。循進逼建康。

綱　六月，劉裕自爲太尉、中書監，加黃鉞；復辭官而受黃鉞。

綱　秋七月，盧循退還尋陽，劉裕遣兵追之。

孫處拔番禺

綱　劉裕遣將軍孫處等率兵襲番禺。

綱　冬十一月，孫處攻番禺，拔之。

秦舉賢才

綱　辛亥，七年，（四一一）秦弘始十三年，魏永興三年。春正月，秦王興命羣臣舉賢才。

目　秦王興命羣臣搜舉賢才。右僕射梁喜曰：「臣累受詔而未得其人，世可謂乏才矣。」興曰：「自古帝王之興，未嘗取相於昔人，待將於將來，隨時任才，皆能致治。卿自識拔不明，安得遠誣四海乎？」羣臣咸悅。

斬徐道覆

綱　劉藩等克始興，斬徐道覆。

綱　三月，劉裕始受太尉、中書監之命。

盧循敗死

綱　夏四月，盧循寇番禺，不克，走交州，（在今越南民主共和國境內。）刺史杜慧度擊斬之。

綱　壬子，八年，（四一二）秦弘始十四年，魏永興四年，西秦王乞伏熾磐永康元年，北涼玄始元年。夏四月，以劉毅都督荆、寧、秦、雍軍事。（秦州治上邽，在今甘肅天水市西南。雍州治襄陽，卽今湖北襄樊市。）

西秦乞伏熾磐立

劉裕殺劉毅

北涼遷姑臧

劉裕殺諸葛長民

夏築統萬城

西秦滅南涼

綱　六月，西秦乞伏公府弑其君乾歸。秋，世子熾磐討殺之而自立。

綱　皇后王氏崩。葬僖皇后。

綱　冬，太尉裕帥師襲荆州，殺都督劉毅。

綱　北涼遷于姑臧。（即今甘肅武威縣。）沮渠蒙遜始稱河西王。

綱　癸丑，九年，（四一三）秦弘始十五年，魏永興五年，夏鳳翔元年。春，太尉裕還建康，殺豫州刺史諸葛長民。

目　初，裕之西征也，留長民監留府事而疑其難獨任，乃加劉穆之建武將軍，置吏給兵以防之。既而長民驕縱貪侈，爲百姓患，懼裕歸按之。聞劉毅被誅，謂所親曰：「『往年醢彭越，今年殺韓信』，（漢薛公語。）禍其至矣！」因遺冀州刺史劉敬宣書曰：「盤龍專擅，（盤龍，劉毅小字。毅都督荆州，多變易守宰。）自取夷滅。異端將盡，世路方夷，富貴之事，相與共之。」敬宣報曰：「下官常懼福過災生，方思避盈居損。富貴之旨，非所敢當。」且使以書呈裕，裕曰：「阿壽故爲不負我也。」（劉敬宣小字阿壽。）至是，裕自江陵東還，潛入東府。長民聞之，驚遽至門。裕伏壯士丁旿等於幔中，引長民却人閑語。旿自幔後出，拉殺之。

綱　夏築統萬城。勃勃築都城於朔方黑水之南，曰：「朕方統一天下，君臨萬邦，新城宜名統萬。」（統萬城在今陝西米脂縣西，近內蒙古伊克昭盟界。）

綱　甲寅，十年，（四一四）秦弘始十六年，魏神瑞元年。是歲南涼亡，大二，小五，凡七僭國。夏五月，西秦襲滅南涼，西秦，乞伏熾磐。南涼，禿髮傉檀。以傉檀歸，殺之。南涼亡。

劉裕擊荊州

綱 乙卯，十一年，（四一五）秦弘始十七年，魏神瑞二年。春，太尉裕帥師擊荊州，都督司馬休之拒戰，衆潰。

魏延之復劉裕書

目 正月，劉裕收司馬休之次子文寶、兄子文祖，賜死；自領荊州刺史，將兵擊之。二月，休之上表罪狀裕，勒兵拒之。裕密書招休之錄事韓延之，延之復書曰：「劉裕足下，海內之人，誰不見足下之心，而欲欺誑國士！國士，延之自謂。自謂『處懷期物，處至誠之懷，以待人接物。有由來矣』，此述裕來書中語。夫伐人之君，啗人以利，眞可謂『處懷期物，自有由來』乎！吾誠鄙劣，嘗聞道於君子，以平西之至德，休之嘗爲平西將軍。寧可無授命之臣乎！假令天長喪亂，九流渾濁，九流，儒、道、陰陽、法、名、墨、縱橫、雜、農。當與臧洪遊於地下耳。」（臧洪事見卷二十五漢獻帝興平二年「袁紹執太守臧洪殺之」目。）裕視書歎息，以示將佐曰：「事人當如此矣！」延之以裕父名翹，字顯宗，乃更其字曰顯宗，名其子曰翹，以示不臣劉氏。裕遂使參軍檀道濟、朱超石將步騎出襄陽。三月，裕帥諸將濟江。休之兵臨峭岸，峭，峻也。裕騰之而上；直前力戰。休之兵稍却。裕兵乘之，休之兵遂大潰。

司馬休之奔秦

綱 司馬休之出奔秦，秦以爲揚州刺史。

綱 太尉裕劍履上殿，入朝不趨，贊拜不名。秋八月，太尉裕還建康。以劉穆之爲左僕射。

【綱】熒惑不見八十餘日，復出東井。東井，秦分也。秦大旱。時熒惑在匏瓜中，忽不見八十餘日，復出東井。匏瓜一名天雞。閱一歲而秦亡。

劉裕都督二十二州

【綱】丙辰，十二年，（四一六）秦主姚泓永和元年，魏太常元年。春正月，太尉裕自加都督二十二州軍事。（二十二州：揚州、南徐州、徐州、南兗州、兗州、南豫州、豫州、江州、青州、冀州、司州、荊州、郢州、湘州、雍州、梁州、秦州、益州、寧州、廣州、交州、幽州。）

【綱】秦姚弼、姚愔作亂，伏誅。秦王興卒，太子泓立。

【綱】三月，太尉裕自加中外大都督，戒嚴伐秦。詔遣琅邪王德文脩敬山陵。西晉山陵俱在洛陽。

劉裕發諸軍

【綱】秋八月，太尉裕督諸軍發建康。

【目】裕以世子義符爲中軍將軍，監留府事。劉穆之領軍司，入居東府，總攝內外；司馬徐羨之副之。遂發建康，遣將軍王鎮惡、檀道濟將步軍自淮、淝向許、洛；王鎮惡，王猛之孫。淮、淝二水名。（淮水自河南息縣東入安徽壽縣。淝即西淝水，自河南太康東南流至壽縣。許，今河南許昌市。洛，洛陽市。）朱超石、胡藩趨陽城；（在今河南登封縣東南。）沈田子、傅泓之趨武關；（在今陝西商縣東。）沈林子、劉遵考將水軍出石門，（在今河南滎陽縣北。）自汴入河；（汴水在今河南滎陽縣北，首受黃河，即古滎瀆。）以王仲德督前鋒，開鉅野入河。（鉅野，澤名，在今山東鉅野縣南。）穆之謂鎮惡曰：「公今委卿以伐秦之任，卿其勉之！」鎮惡曰：「吾不克關中，時秦都長安。誓不復濟江！」穆之內總朝

劉穆之目覽耳聽手答口酬

克洛陽

劉裕封宋公

政，外供軍旅，決斷如流，事無壅滯。求訴咨稟，盈階滿室；穆之目覽耳聽，手答口酬，不相參涉，悉皆贍舉。

裕至彭城。王鎮惡、檀道濟入秦境，所向皆捷。

綱　冬十月，將軍檀道濟克洛陽。

綱　十二月，太尉裕自加相國、揚州牧，封宋公，備九錫。復辭不受。

綱鑑易知錄卷三五

東晉紀

安皇帝

義租給軍

劉裕入洛陽

崔浩料劉裕

綱 丁巳，十三年，(四一七)秦永和二年，魏太常二年，西涼公李歆嘉興元年。是歲秦亡，大一，小五，凡六僭國。春正月朔，日食。

綱 二月，西涼公李暠卒，世子歆立。

綱 三月，弘農人送義租給王鎮惡等軍。(弘農縣，在今河南靈寶縣南。)

綱 夏四月，太尉裕入洛陽。

目 齊郡太守王懿降魏，(齊郡治臨淄縣，在今山東益都縣西北。)上書言：「劉裕在洛，宜發兵絕其歸路，可不戰而克。」魏主嗣善之，以問崔浩，曰：「劉裕克乎？」對曰：「克之。」嗣曰：「何故？」對曰：「姚興好事虛名而少實用，子泓懦弱，兄弟乖爭。裕乘其危，兵精將勇，故必克。」嗣曰：「裕既入關，不能進退，我以精騎直擣彭城，(即今江蘇徐州市。)裕將若何？」對曰：「諸將用兵，皆非裕敵。興兵遠攻，未見其利；不如靜以待之。裕克秦而歸，必篡其主。關中華、戎雜錯，風俗勁悍；裕欲以荆、揚之化施之函秦，(函秦，謂關中，秦東有函谷關，秦人恃之以爲險固，

後秦亡　勃勃料劉裕　劉裕還

故曰函秦。此無異解衣包火，張羅捕虎；雖留兵守之，人情未洽，趨向不同，適足資敵耳。願且按兵息民以觀其變，秦地終爲國家之有，可坐而守也。」嗣笑曰：「卿料之審矣。」浩曰：「臣嘗私論近世將相：若王猛之治國，（見卷三二穆帝升平元年「秦以王猛爲尚書左丞」目。）苻堅之管仲也；慕容恪之輔幼主，（見卷三二穆帝升平四年「燕主儁卒」目。）慕容暐之霍光也；劉裕之平禍亂，司馬德宗之曹操也。」司馬德宗卽安帝。

綱 秋七月，將軍沈田子入武關。（在今陝西商縣東。）八月，秦主泓自將擊之，大敗而還。

綱 太尉裕至潼關，（在今陝西渭南縣東南。）遣王鎮惡帥水軍自河入渭，河，黃河。渭河於潼關北入黃河，沿渭水逆流而上也。大破秦兵，遂入長安。長安時爲秦都。秦主泓出降。

綱 九月，太尉裕至長安，送姚泓詣建康，斬之。後秦亡。

綱 夏人進據安定。（在今甘肅涇川縣北。）

目 夏王勃勃聞裕伐秦，曰：「裕取關中必矣。然不能久留，必將南歸；若留子弟及諸將守之，吾取之如拾芥耳。」乃秣馬養士，以穀食馬曰秣。進據安定。

綱 冬十月，太尉裕自進爵爲王，增封十郡。復辭不受。

綱 十一月，劉穆之卒。

綱 十二月，太尉裕東還。留子義眞都督雍、梁、秦州軍事。

目 裕欲留長安經略西北，而諸將佐久役思歸，多不欲留。會聞劉穆之卒，裕以根本無託，決意東歸。乃以徐羨之爲丹陽尹，（丹陽郡治建康，在今江蘇南京市南。）管留任。而以次子義眞爲安西將軍，守關中。王脩爲長史，王鎭惡爲司馬，沈田子、毛德祖、傅弘之皆爲參軍、從事。關中人素重王猛，（鎭惡之祖。）而是役也，鎭惡功爲多，故南人忌之。沈田子與鎭惡爭功，尤不平。裕將還，田子等屢言「鎭惡家在關中，不可保信。」裕曰：「鍾會不得遂其亂者，以有衞瓘故也。（鍾會、衞瓘事，見卷二十九魏元帝咸熙元年「鍾會謀反」目。）語曰『猛獸不如羣狐』，卿等十餘人，何懼鎭惡邪！」十二月，裕發長安，義眞生十三年矣。

夏進兵長安

綱 夏王勃勃遣兵向長安。

目 夏王勃勃聞劉裕東還，大喜，召王買德問計。買德曰：「關中形勝之地，而裕以幼子守之，狼狽而歸，正欲急成篡事，不暇復以中原爲意。此天以關中賜我，不可失也。」勃勃乃使其子璝帥騎二萬向長安，（璝音瑰。）而自將大軍爲後繼。

沈田子殺王鎭惡

綱 戊午，十四年，（四一八）魏泰常三年，夏昌武元年。春正月，王鎭惡、沈田子帥師拒夏兵。田子矯殺鎭惡。安西長史王脩討田子，斬之。參軍傅弘之擊夏兵，却之。

王脩殺沈田子

目 夏赫連璝至渭，關中民降之者屬路。沈田子將兵拒之，畏其衆盛，不敢進。王鎭惡聞之，曰：「公以十歲兒付吾屬，當共竭力，而擁兵不進，虜何由得平！」遂與田子俱出。田子與鎭惡素有相圖之志，至是益忿懼。軍中又訛言：「鎭惡欲盡殺南人，據關中反。」田子遂請鎭惡至傅弘之營計事；因屏人語，使人斬之，矯稱受太尉令。義眞與王脩被甲登門

劉裕受宋公命

夏入長安

夏赫連勃勃稱帝

劉裕弑安帝

以察其變。脩執田子，數以專戮而斬之。弘之破夏兵，夏兵乃退。

綱　太尉裕至彭城，解嚴。整兵曰戒嚴，罷兵曰解嚴。琅邪王德文還建康。琅邪王德文，安帝弟。建康時爲晉都。

綱　以劉義隆爲荆州刺史。義隆，劉裕子。（荆州治江陵，即今湖北江陵縣。）

綱　夏六月，太尉裕受相國、宋公、九錫之命。

綱　冬十月，劉義眞殺其長史王脩，關中大亂。十一月，夏王勃勃陷長安，義眞逃歸。

綱　夏王勃勃稱皇帝。

綱　彗星見。

目　彗星出天津，天津，星名，在箕、斗之閒。入太微，經北斗，絡紫微，八十餘日而滅。魏崔浩謂魏主嗣曰：「晉室陵夷，危亡不遠；彗之爲異，其劉裕將篡之應乎！」

綱　十二月，宋公劉裕弑帝于東堂。奉琅邪王德文即位。

目　裕以讖云：「昌明之後，昌明，孝武帝字。尚有二帝。」乃使中書侍郎王韶之，與帝左右密謀弑帝而立德文。德文常在帝左右，韶之不得閒。閒音閑。不得空閒處。會德文有疾，出居於外，韶之以散衣縊帝於東堂。裕因稱遺詔，奉德文即位。

恭皇帝 名德文，安帝同母弟。初封琅邪王，劉裕弑安帝乃迎立之。在位二年，裕廢爲零陵王，遂禪以位，裕尋弑之，壽三十七歲。謚法：「尊賢讓善曰恭。」

綱 己未，恭皇帝元熙元年，（四一九）魏泰常四年，夏眞興元年。春正月，立皇后褚氏。葬休平陵。（在今江蘇江寧縣境。）

夏勃勃殺隱士

綱 夏主勃勃殺隱士韋祖思。

目 夏主勃勃徵隱士京兆韋祖思。既至，恭懼過甚。勃勃怒曰：「我以國士待汝，汝乃以非類遇我！汝昔不拜姚興，今何獨拜我？我在，汝猶不以我爲帝王；我死，汝曹弄筆，當置我於何地邪！」遂殺之。

綱 夏主勃勃還統萬。（在今陝西米脂縣西，接內蒙古伊克昭盟界。）勃勃置南臺於長安，以赫連璝錄尚書事而還。

綱 秋七月，宋公裕始受進爵之命，移鎭壽陽。（進爵爲王。壽陽卽壽春，今安徽壽縣。）

綱 冬十月，以劉義眞爲揚州刺史。（揚州時治建業。）

綱 十二月，宋王裕加殊禮，殊禮謂入朝不趨，贊拜不名，劍履上殿。進太妃爲太后，世子曰太子。

劉裕稱帝

綱 庚申，二年，（四二〇）宋高祖武帝劉裕永初元年，魏太宗明元帝拓跋嗣泰常五年，西秦文昭王乞伏熾磐建弘元年，夏世祖赫連勃勃眞興二年，燕太祖馮跋太平十一年，北涼武宣王沮渠蒙遜玄始八年，西涼公李恂永建元年。是歲晉亡，宋代，凡七國。夏四月，長星出竟天。六月，宋王裕還建康。稱皇帝，廢帝爲零陵王；以兵守之。

傅亮叩扉請見

徐廣流涕哀慟

北涼滅西涼

目　宋王裕欲受禪而難於發言，乃集朝臣宴飲，從容言曰：「桓玄簒位，鼎命已移。我唱義興復，平定四海，功成業著，遂荷九錫。今年將衰暮，崇極如此，物忌盛滿，非可久安；今欲奉還爵位，歸老京師。」羣臣莫喻其意。日晚，坐散，中書令傅亮乃悟，叩扉請見，（扉，戶扇。）曰：「臣暫宜還都。」裕解其意，無復他言。亮出，見長星竟天，拊髀歎曰：（髀，股骨也，股外曰髀。）「我常不信天文，今始驗矣。」亮至建康，四月，徵裕入輔。裕留子義康鎮壽陽。以參軍劉湛爲長史，決府事。湛自幼年即有宰物之志，常自比管、葛，（管仲、諸葛亮。）博涉書史，不爲文章，不喜談議。裕甚重之。

六月，裕至建康。亮具詔草，（詔，禪詔。）使帝書之。帝欣然操筆，謂左右曰：「桓玄之時，晉氏已無天下，重爲劉公所延，將二十載；今日之事，本所甘心。」遂書赤紙爲詔。遜於琅邪第，百官拜辭，祕書監徐廣流涕哀慟。裕爲壇於南郊，即位。廣又悲感流涕，侍中謝晦謂之曰：「徐公得無小過！」廣曰：「君爲宋朝佐命，身是晉室遺老，悲歡之事，固不可同。」宋王臨太極殿，大赦，改元。奉晉恭帝爲零陵王，即宮於故秣陵縣，（即漢秣陵縣城，在今江蘇南京市東南秣陵橋。）使將軍劉遵考將兵防衞。

綱　宋尊王太后爲皇太后。

綱　北涼王蒙遜誘西涼公歆與戰，（西涼公李歆。）殺之，遂滅西涼。

綱　秋八月，宋立子義符爲皇太子。

綱 冬，涼李恂入敦煌，（涼，西涼。敦煌，即今甘肅敦煌縣。）稱刺史。

右東晉十一帝，共一百四年；合兩晉一十五帝，共一百五十六年。

南北朝

南朝，自晉傳宋，宋傳齊，齊傳梁，梁傳陳。北朝，自諸國并於魏，後分爲西魏、東魏，東魏傳北齊，西魏傳後周，後周并北齊而傳之隋。隋滅陳，然後南北混爲一。

宋紀 附北魏

高祖武帝

姓劉，名裕，字德輿，小字寄奴，彭城人。仕晉爲太尉，封宋王；尋篡晉，即皇帝位，國號宋，都建康。在位三年，壽六十七歲。帝嘗伐荻新洲，遇大蛇，射傷之。明日復至洲，聞有杵臼聲，覘之，見數青衣於榛中搗藥，問其故，答曰：「吾王爲劉寄奴所射，搗藥傅之耳。」帝曰：「何不殺之？」答曰：「寄奴王者，不可殺。」帝叱之，散去。

綱 辛酉，（四二一）宋永初二年，魏泰常六年。是歲西涼亡，凡六國。春二月，宋以廬陵王義眞爲司徒，（廬陵國都石陽，在今江西吉水縣東北。）徐羨之爲尙書令、揚州刺史，（揚州治建業，即今江蘇南京市。）傅亮爲僕射。

綱 北涼屠敦煌，北涼沮渠蒙遜。殺李恂。

綱 秋九月，宋主劉裕弒零陵王於秣陵。

目 初，宋主劉裕以毒酒一罌授前琅邪郎中令張偉，罌音英。使酖零陵王，偉歎曰：「酖君以求生，不如死！」乃自飲而卒。至是，裕令兵人踰垣而入，進藥於王。王不肯飲，兵人以被掩殺之。裕帥百官臨於朝堂三日。臨，哭也。

謝瞻卒

綱　冬十一月，葬晉恭帝于沖平陵。（在今江蘇江寧縣境。）

綱　宋豫章太守謝瞻卒。（豫章郡治南昌，即今江西南昌市。）

謝瞻離隔門庭

目　初，宋臺始建，瞻爲中書侍郎，其弟晦爲右衞將軍。時晦權遇已重，自彭城還都迎家，賓客輻湊。瞻驚駭，謂晦曰：「汝名位未多，而人歸趣乃爾！吾家素以恬退爲業，不願干豫時事，交遊不過親朋，而汝遂勢傾朝野，此豈門戶之福邪！」乃以籬隔門庭曰：「吾不忍見此。」及宋主卽位，晦以佐命功，位任益重，瞻愈憂懼。至是，遇病不療。臨終，遺晦書曰：「吾得啓體幸全，亦何所恨！弟思自勉勵，爲國爲家。」

徐羨之爲司空

綱　壬戌，（四二二）宋永初三年，魏太常七年。春，宋以徐羨之爲司空、錄尚書事。

目　羨之起自布衣，無學術，直以志力局度，一旦居廊廟，朝野推服，咸謂有宰臣之望。沉密寡言，不以憂喜見色；頗工奕棊，觀戲，常若未解。傅亮、蔡廓常言：「徐公曉萬事，安異同。」嘗與傅亮、謝晦宴聚，亮、晦才學辯博，羨之風度詳整，時然後言。鄭鮮之歎曰：「觀徐、傅言論，不復以學問爲長。」

劉裕卒

綱　夏五月，宋主裕殂，太子義符立。

目　宋高祖疾甚，召太子義符誡之曰：「檀道濟雖有幹略，而無遠志，非難御之氣也。徐羨

蔡廓不受吏部尚書

魏築長城

魏立天師道場

之、傅亮當無異圖。謝晦數征伐，頗識機變，若有同異，必此人也。」又爲手詔曰：「後世若有幼主，朝事一委宰相，母后不煩臨朝。」羨之、亮、晦、道濟同被顧命，顧命，臨死回顧而發命也。遂殂。義符即位，年十七，立妃司馬氏爲皇后。晉恭帝女。七月，葬初寧陵。（在今江蘇南京市鍾山內。）

綱 六月，宋以傅亮爲中書監、尚書令，謝晦爲中書令，謝方明爲丹陽尹。

營陽王 名義符，高祖太子，史曰少帝。高祖崩，居喪無禮，徐羨之等廢而弑之。在位一年，壽十九歲。

綱 癸亥，（四二三）宋主義符景平元年，魏泰常八年。春正月，宋以蔡廓爲吏部尚書；不受。

目 宋以廓爲吏部尚書。廓謂傅亮曰：「選事若悉以見付，不論；不然，不能拜也。」亮以語徐羨之，羨之曰：「黃、散以下悉以委蔡；黃，黃門。散，散騎侍郎。以上，故宜共參同異。」廓曰：「我不能爲徐干木署紙尾。」徐羨之小字干木。時羨之錄尚書事，選按黃紙，錄尚書與吏部尚書連名，故云。遂不拜。

綱 二月，魏築長城。

目 柔然寇魏邊。柔然，北狄國名。魏築長城，自赤城至五原，（赤城，在今河北龍關縣東北。五原，塞名，在今內蒙古五原縣東。）二千餘里，置戍以備之。

綱 冬十一月，魏主嗣殂，太子燾立。是爲世祖太武帝。

綱 魏立天師道場。道教之盛自此始。

崔浩不信佛法

崔浩師受寇謙之之術

目　魏光祿大夫崔浩，不好老、莊書，老子著道德經五千餘言，莊子著書十餘萬言。曰：「此矯誣之說，不近人情。」尤不信佛法，曰：「何爲事此胡神！」左右多毀之；魏主不得已，命浩以公歸第，然素知其賢，每有疑議，輒召問之。浩常自謂才比張良而稽古過之。旣歸第，因脩服食養性之術。初，嵩山道士寇謙之，（嵩山，在今河南登封縣北。）脩張道陵之術，張道陵，漢留侯良八世孫，生於天目山，學長生之術，退隱於廣信龍虎山，旣而入蜀，居鶴鳴山煉丹脩道，白日昇天；其子孫世襲眞人。自言嘗遇老子降，命繼道陵爲天師，授以辟穀輕身之術，使之淸整道教。又遇神人李譜文，云老子之玄孫也。授以圖籙眞經，道家仙籍之書。使之輔佐北方太平眞君，出天宮靜輪之法。謙之奉其書，獻於魏主。朝野多未之信，浩獨師受其術，且上書曰：「聖王受命，必有天應，河圖、洛書皆寄言於蟲獸之文，伏羲時龍馬負圖出於河，大禹時神龜負書出於洛。未若今日人神接對，手筆粲然，辭旨深妙，自古無比；豈可以世俗常慮而忽上靈之命哉！」魏主欣然，使謁者奉玉帛、牲牢祭嵩嶽，即嵩山。迎致謙之弟子，起天師道場於平城東南。（平城，在今山西大同市東。）

太祖文帝

名義隆，高祖第三子，初封宜都王，及徐羨之等弑營陽王，乃迎立之，在位三十年，爲太子劭所弑，壽四十七歲。

綱　甲子，（四二四）宋景平二年（太祖文帝義隆元嘉元年），魏世祖太武帝燾始光元年。春正月，宋廢其廬陵王義眞爲庶人。時徐羨之等已密謀廢宋主，而次立者應在義眞，乃因義眞與宋主有隙，先奏列其罪惡，廢爲庶人，徙新安郡。

夏赫連昌立
殺徐傅
謝晦反

綱 夏五月，宋徐羨之、傅亮、謝晦廢其主義符爲營陽王，遷于吳。六月，弒之。迎宜都王義隆于江陵，（宜都國都宜都縣，在今湖北宜都縣西北。江陵即今湖北江陵縣。）殺前廬陵王義眞，以謝晦行都督荆、湘等州軍事。（荆州治江陵。湘州治臨湘，即今湖南長沙市。）

綱 秋八月，宋主義隆立。

綱 乙丑，（四二五）宋元嘉二年，魏始光二年，夏主赫連昌承光元年。春正月，宋主始親聽政。

綱 二月，燕有女子化爲男。（燕，北燕馮跋。）

綱 秋八月，夏主勃勃殂，世子昌立。

綱 丙寅，（四二六）宋元嘉三年，魏始光三年。春正月，宋討徐羨之、傅亮，誅之。以王弘爲司徒、揚州刺史、錄尚書事，彭城王義康都督荆、湘等州軍事。謝晦舉兵反江陵。

目 宋主下詔暴徐羨之、傅亮、謝晦殺二王之罪，（二王，謂營陽、廬陵。）命中領軍到彥之、征北將軍檀道濟以時收翦。羨之走至新林，（在今江蘇南京市西南。）自經死。亮出走，被執，伏誅。宋主問討晦之策於檀道濟，對曰：「臣昔與晦同從北征，（伐姚秦。）入關十策，晦有其九，才略明練，殆爲少敵。然未嘗孤軍決勝，戎事恐非其長。臣悉晦智，晦悉臣勇。今奉王命以討之，可未陳而擒也。」徵王弘爲侍中、司徒、錄尚書事、揚州刺史，（王弘時爲江州刺史。）彭城王義康爲荆湘都督、荆州刺史。晦聞徐、傅等已誅，自出射堂勒兵。奉表稱羨之等忠貞，橫被冤酷，皆王弘等讒構成禍。今當舉兵以除君側之惡。

劭生

誅謝晦

謝靈運顏延之慧琳

黑衣宰相

元嘉五臣

綱　閏月，宋子劭生。

目　初，袁皇后生皇子劭，后自詳視，使馳白帝曰：「此兒形貌異常，必破國亡家，不可舉。」即欲殺之。帝狼狽至后殿戶外，禁之，乃止。以尙在諒闇，闇音庵。故祕之。至是，始言劭生。

綱　宋主自將討謝晦。二月，誅之。

綱　三月，宋以謝靈運爲祕書監，顏延之爲中書侍郎。（靈運，謝玄之孫。延之，顏含曾孫。）

目　宋主還建康，既徵靈運、延之，用之。又以慧琳善談論，慧琳，僧人也。因與議朝廷大事，遂參權要，賓客輻湊，四方贈賂相繫。琳著高屐，披貂裘，置通呈書佐。會稽孔顗曰：（會稽，今浙江紹興市。）「遂有黑衣宰相，可謂冠屨失所矣！」

綱　夏五月，宋以檀道濟爲江州刺史，（時江州治尋陽，卽今江西九江市。）到彥之爲南豫州刺史。（南豫州治湖縣，在今安徽當塗縣南。）

綱　六月，宋以王華、王曇首、殷景仁、劉湛爲侍中，謝弘微爲黃門侍郎。

目　王華與劉湛、王曇首、殷景仁俱爲侍中，風力局幹，冠冕一時，黃門侍郎謝弘微與華等皆宋主所重，當時號曰「五臣」。

弘微精神端審，時然後言，婢僕之前，不妄語笑；由是尊卑小大，敬之若神。從叔混特重之，常曰：「微子異不傷物，混特重弘微，故不斥呼其名，而曰微子。同不害正，吾無閒然。」初，混尙晉晉陵公主。混死，詔絕婚；公主悉以家事委弘微。混仍世宰輔，僮僕千人，唯有二女，年數歲，弘微爲之紀理生業，一錢尺帛皆有文簿。九年而晉亡，公主降號東鄉君，聽還謝氏。入門，屋宇、倉廩，不異平日；田疇、墾闢，有加於舊。東鄉君歎曰：「僕射平生重此子，（混官僕射，故稱。）可謂知人；僕射爲不亡矣！」

魏攻夏

綱　冬十月，魏主自將攻夏。

綱　十一月，魏主入統萬，別將取蒲阪及長安。（蒲坂，在今山西芮城縣西北。）晉恭帝元熙元年，夏人陷蒲坂，今取之。魏主謂諸將曰：「統萬未可得也，他年當與卿等取之。」乃還。

綱　丁卯，（四二七）宋元嘉四年，魏始光四年。春正月，魏主還平城。魏主大造攻具，再謀伐夏。

綱　宋主謁京陵。

宋高藏耕具以示子孫

目　初，高祖命藏微時耕具以示子孫。帝至故宮，見，有慚色。近侍或進曰：「大舜躬耕歷山，伯禹親事水土。陛下不睹遺物，安知先帝之至德，稼穡之艱難乎！」

綱　夏五月，魏主發平城。伐統萬也。

魏取統萬

綱　六月，夏主及魏主戰于統萬，敗，走上邽。（在今甘肅天水市西南。）魏取統萬。

綱　秋八月，魏主還平城。

晉徵士陶潛

綱　冬十一月，晉徵士陶潛卒。

目　潛字淵明，潯陽人，侃之曾孫也。少有高趣，博學不羣，以親老、家貧爲州祭酒；

豈能爲五斗米折腰

夫耕妻鋤

魏崔浩爲撫軍大將軍

崔浩善占天文

少日自解歸。召主簿，不就。躬耕自資，遂抱羸疾。後復爲彭澤令，(彭澤縣，在今江西彭澤縣東南。)不以家自隨，送一力給其子，力，僕也。書曰：「此亦人子也，可善遇之。」在官八十餘日，郡遣督郵至縣，吏請曰：「應束帶見之。」潛歎曰：「我豈能爲五斗米，月俸也。折腰向鄉里小兒！」即日解印綬去。賦歸去來辭，命篇曰歸去來者，言去彭澤而來至家也。著五柳先生傳以自見，宅邊有五柳樹，因以爲號。徵著作郎，不就。妻翟氏，亦與同志，能安勤苦，夫耕於前，妻鋤於後。潛自以先世爲晉輔，恥復屈身後代。自宋高祖王業漸隆，不復肯仕。是歲，將復徵之，會卒。世號靖節先生。

綱　戊辰，(四二八)宋元嘉五年，魏神䴥元年，(䴥音加。)西秦王乞伏暮末永弘元年，北涼承玄元年，夏主赫連定勝光元年。春二月，魏人及夏戰于上邽，執其主昌以歸。夏赫連定稱帝于平涼，(在今甘肅平涼市西北。)魏人追之，敗績。夏復取長安。

綱　夏五月，秦乞伏熾磐卒，秦，西秦。世子暮末立。

綱　己巳，(四二九)宋元嘉六年，魏神䴥二年。春三月，宋立子劭爲太子。

綱　冬十月，魏以崔浩爲撫軍大將軍。

目　魏主加崔浩侍中、特進、撫軍大將軍，以賞其謀畫之功。浩善占天文，魏主每如浩家，問以災異。嘗謂浩曰：「卿才智淵博，著忠三世，故朕引以自近。卿宜盡忠規諫，勿有所隱。」嘗指浩以示高車渠帥，高車，北狄種名。渠帥，酋長也。曰：「此人尫纖懦弱，尫音汪。不能彎弓持矛，然其胸中所懷，乃過於甲兵。朕之前後有功，皆此人所教也。」

胸中所懷過甲兵

綱 十一月朔，日食，星晝見。秦地震。

到彥之等伐魏

綱 庚午，（四三〇）宋元嘉七年，魏神䴥三年。春三月，宋遣將軍到彥之等伐魏。

目 宋主有恢復河南之志。詔簡甲卒五萬給右將軍到彥之，統將軍王仲德、竺靈秀舟師入河。又使將軍段宏將精騎直指虎牢，（在今河南滎陽縣西北。）劉德武將兵繼進，長沙王義欣監征討諸軍事，出鎭彭城，爲衆軍聲援。先遣將軍田奇告魏主曰：「河南舊是宋土，中爲彼所侵，今當脩復舊境，不關河北。」河南、河北者，謂黃河南、北諸郡也。魏主大怒曰：「我生髮未燥，已聞河南是我地。必若進軍，當權斂戍相避，冬寒冰合，自更取之。」

宋到彥之等取河南

綱 秋七月，魏河南諸軍退屯河北。宋到彥之等取河南。

目 魏主詔造船三千艘，簡幽州以南戍兵集河上。（幽州治薊，在今北京市德勝門外。）以司馬楚之爲安南大將軍，封琅邪王，（琅邪，即今山東諸城縣。）屯潁川。（潁川郡治潁陰，即今河南許昌市。）到彥之自淮入泗，（古泗水至淮陰縣入淮水。淮水舊道亦在淮陰縣。自泗入淮，即於泗水入淮口，西泝淮水而上。）七月，至須昌，（在今山東東平縣西北。）乃泝河西上。泝音素。逆流而上曰泝。魏主以河南四鎭兵少，（河南四鎭，金墉、虎牢、滑臺、碻磝也。金墉，在今河南洛陽市東。滑臺，即今河南滑縣。碻磝，在今山東茌平縣西南。均在黃河南岸。）命悉衆北渡。彥之留朱脩之守滑臺，尹沖守虎牢，杜驥守金墉。諸軍進屯靈昌津，（即延津，在今河南延津縣北，今堙。）列守南岸，至於潼關。於是司、兗既平，（司州，治虎牢。

燕馮弘立
宋鑄四銖錢
宋檀道濟伐魏
宋檀道濟救滑臺
乞伏秦亡

兗州，時治滑臺。）諸軍皆喜，王仲德獨有憂色，曰：「諸賢不諳北土情僞，（諳音庵，曉也。）必墮其計。胡虜雖仁義不足，而凶狡有餘，今斂戍北歸，必幷力完聚。若河冰既合，將復南來，豈可不以爲憂乎！」

綱　八月，魏遣將軍安頡擊宋師。（頡音頁。）

綱　九月，燕王馮跋殂，弟弘殺其太子翼自立。

綱　西秦春正月不雨，至于是月。

綱　冬十月，宋鑄四銖錢。

綱　宋到彥之保東平。（即今山東東平縣。）魏攻宋金墉、虎牢，取之。

綱　十一月，宋遣將軍檀道濟伐魏。到彥之棄軍走。魏攻宋滑臺。

綱　辛未，（四三一）宋元嘉八年，魏神䴥四年，燕王馮弘太興元年，北涼義和元年。是歲秦、夏皆亡，凡四國。

春正月，宋檀道濟救滑臺，敗魏師于壽張。（在今山東東平縣西南。）

綱　夏滅秦。以秦王暮末歸，殺之。

綱　二月，魏克滑臺。

目　檀道濟等至濟上，（濟水之上。）與魏三十餘戰，道濟多捷。至歷城，（即今山東省濟南市。）魏叔孫建等縱輕騎邀其前後，焚燒穀草，道濟軍乏食，不能進，由是安頡、司馬楚之等得專力攻滑臺，魏主復使將軍王慧龍助之。朱脩之堅守數月，糧盡，與士卒熏鼠食之。魏遂克滑臺，執脩之，嘉其守節，以爲侍中。

綱　宋檀道濟引兵還。青州刺史蕭思話棄城走。（此北青州，治東陽，即今山東益都縣。）

目　道濟等食盡，自歷城還；士有亡走魏者，具告之。魏人追之，衆恟懼，將潰。道濟夜唱籌量沙，以所餘少米覆其上。及旦，魏軍見之，謂資糧有餘，以降者爲妄而斬之。道濟引兵徐出，魏人以爲有伏兵，不敢逼，道濟全軍而返。青州刺史蕭思話棄城走，魏軍竟不至。

赫連夏亡

綱　夏六月，夏主定擊涼，（北涼沮渠蒙遜。）吐谷渾襲敗之，（吐谷渾，西域國名。）執定以歸。

綱　秋九月，魏以崔浩爲司徒，長孫道生爲司空。

目　道生性清儉，一熊皮鄣泥，（鄣泥，馬兩邊垂下者，所以鄣泥也，以熊皮爲之。）數十年不易。魏主使歌工歷頌羣臣曰：「智如崔浩，廉若道生。」

綱　癸酉，（四三三）宋元嘉十年，魏延和二年，北涼王沮渠牧犍永和元年。夏四月，涼王蒙遜卒，子牧犍立。

誅謝靈運

綱　冬十一月，宋謝靈運有罪誅。

目　靈運好爲山澤之遊，窮幽極險，從者數百人，伐木開徑；百姓驚擾，以爲山賊。會稽太守孟顗表其有異志；靈運詣闕自陳，上以爲臨川內史。（臨川郡治臨汝縣，在今江西撫州市西。）靈運遊放自若，爲有司所糾。遣使收之；靈運執使者，興兵逃逸，作詩曰：「韓亡子房奮，秦帝魯連恥。」追討，擒之。廷尉論正斬刑；上愛其才，降死，徙廣州。（今廣東廣州市。）或告靈運令人買兵器，結健兒，欲於三江口篡取之，（三江口，在今江蘇吳江縣北，吳淞江、婁江、松江分流口。）不果。詔於廣州棄市。

燕稱藩於魏

綱　甲戌，（四三四）宋元嘉十一年，魏延和三年。春，燕王弘稱藩于魏。

目　燕王遣高顒稱藩請罪於魏，以季女充掖庭；魏主許之，徵其太子王仁入朝。燕王送魏使者于什門還平城。晉安帝義熙十年，魏主拓跋嗣遣于什門使於燕；不拜，燕王馮跋怒，幽執什門，欲降之，什門終不屈。久之，衣冠敝壞略盡，蟣蝨流溢，跋遺之衣冠，什門不受。平城，魏都。什門在燕二十一年，不屈節。魏主下詔褒稱，以比蘇武，拜治書御史，策告宗廟，頒示天下。

魏于什門比蘇武

殺檀道濟

綱　丙子，（四三六）宋元嘉十三年，魏太延二年，是歲燕亡，凡三國。春三月，宋殺其司空檀道濟。

目　道濟立功前朝，威名甚重，左右腹心並經百戰，諸子又有才氣，朝廷疑畏之。宋主久疾不愈，劉湛說司徒義康，時湛爲領軍將軍。以爲宮車一日晏駕，道濟不復可制。會宋主疾篤，義康請召道濟入朝。時道濟爲司空，鎮尋陽。至，留累月。將還，義康稱詔召道濟入祖道，因執之。三月，下詔稱：「道濟因眹寢疾，規肆禍心。」收付廷尉，并其子植等十一人誅之。又殺其參軍薛彤、高進之，二人皆道濟腹心，有勇力，時人比之關、張。道濟見收，憤怒，目光如炬，脫幘投地，幘音謫。髮有巾曰幘。曰：「乃壞汝萬里長城！」魏人聞之，喜曰：「道濟死，吳子輩不足復憚。」魏人指宋人曰吳子輩。

乃壞汝萬里長城

燕亡

宋鑄渾天儀

宋立四學

雷次宗巾褠侍講

元嘉之政

綱 夏，魏伐燕，燕主弘奔高麗。

綱 冬，宋鑄渾儀。渾儀，渾天儀也，鑄銅為之。渾天儀，羲和之舊器，積代相傳，謂之璣衡。其為用也，以察三光，以分宿度者也。

綱 戊寅，(四三八)宋元嘉十五年，魏太延四年。冬十一月，宋立四學。以雷次宗為給事中，不受。

目 豫章雷次宗好學，隱居廬山。(山在今江西星子縣西北。)嘗徵為散騎侍郎，不就。是歲，以處士徵至建康，京師。為開館於雞籠山，(即雞鳴山，在今江蘇南京市內。)使聚徒教授。宋主雅好藝文，使丹陽尹何尚之立玄學，太子率更令何承天立史學，率更令，東宮官名。司徒參軍謝元立文學，并次宗儒學為四學。宋主數幸次宗學館，令次宗以巾褠侍講，巾，首服。褠音鉤，單衣。資給甚厚。又除給事中，不就。久之，還廬山。

宋主性仁厚恭儉，勤於為政；守法而不峻，容物而不弛。百官皆久於其職，守宰以六朞為斷，吏不苟免，民有所繫。三十年閒，四境之內，晏安無事，戶口蕃息；出租供徭，止於歲賦，晨出暮歸，自事而已。閭閻之內，講誦相聞，士敦操尚，鄉恥輕薄。江左風俗，於斯為美，後之言政治者，皆稱元嘉焉。

綱 己卯，(四三九)宋元嘉十六年，魏太延五年，是歲涼亡，凡二國。春二月，宋以衡陽王義季都督荊、湘等州軍事。(衡陽國都湘西縣，在今湖南湘潭縣南。)

被苦老父

目　義季嘗春月出畋，有老父被苫而耕，被音披。苫音善，蓋也，以白茅爲之。左右斥之，老父曰：「盤于遊畋，古人所戒。夏書（五子之歌）：「太康盤遊無度，畋于有洛之表，厥弟五人，述大禹之戒以作歌。」今陽和布氣，一日不耕，民失其時，奈何以從禽之樂而驅斥老農也！」義季止馬曰：「賢者也。」命賜之食，辭曰：「大王不奪農時，則境內之民皆飽大王之食，老夫何敢獨受大王之賜乎！」義季問其名，不告而退。

沮渠北涼亡

綱　夏六月，魏主伐涼。秋九月，姑臧潰，（北涼都姑臧，即今甘肅武威縣。）涼王牧犍降。

綱　冬十二月，宋太子劭冠。

綱　魏主還平城。

沮渠牧犍喜文學

目　涼州自張氏以來，（見卷三十二晉成帝咸康元年「張駿遣使上疏請北伐」目。）號爲多士。沮渠牧犍尤喜文學，其臣闞駰、張湛、劉昞、索敞、陰興、宗欽、趙柔、程駿、程弘，魏主皆禮而用之。河內常爽，世寓涼州，不受禮命，魏主以爲宣威將軍。以索敞爲中書博士。時魏方尚武功，貴遊子弟不以講學爲意。敞爲博士十餘年，勤於誘導，肅而有禮，貴遊嚴憚，多所成立。常爽亦置館於溫水之右，教授七百餘人；立賞罰之科，弟子事之如嚴君。由是，魏之儒風始振。

魏修國史

綱　魏命崔浩、高允脩國史。魏主命崔浩監祕書事，綜理史職，以侍郎高允、張煒參典著作。

綱　庚辰，（四四〇）宋元嘉十七年，魏太平眞君元年。夏六月，魏大赦，改元。取寇謙之神書之文也。

江湛知幾免難

見上景平元年。

綱　冬十月，宋領軍劉湛有罪，誅。以彭城王義康爲江州刺史，(江州治尋陽，即今江西九江市。)江夏王義恭爲司徒、錄尚書事，(江夏國即江夏郡，故治在今湖北武漢市武昌黄鵠山上。)始興王濬爲揚州刺史。(揚州治姑孰，即今安徽當塗縣。)

目　宋司徒義康專總朝權，勢傾遠近，朝野輻湊。自謂兄弟至親，不復存君臣形迹。領軍劉湛與僕射殷景仁有隙，欲倚義康以傾之。義康權勢已盛，湛愈推崇之，無復人臣之禮，宋主浸不能平。至是，收湛，下詔誅之。義康上表遜位，詔以爲江州刺史，出鎭豫章。

義康用事，人爭求親暱，唯主簿江湛，早能自踈，求出爲武陵內史。(武陵郡治臨沅縣，在今湖南常德市西。)檀道濟嘗爲子求婚於湛，湛固辭，道濟因義康以請，湛拒之愈堅，故不染於二公之難。義康問沙門慧琳曰：「弟子有還理否？」琳曰：「恨公不讀數百卷書。」初，吳興太守謝述，(吳興郡治烏程縣，即今浙江吳興縣。)累佐義康，數有規益，早卒。至是，義康歎曰：「昔謝述唯勸吾退，劉斑唯勸吾進。今斑存而述死，其敗也宜哉！」

江夏王義恭懲彭城之敗，雖爲總錄，奉行文書而已。以始興王濬爲揚州刺史，范曄、沈演之爲左、右衞將軍，(曄音葉。)對掌禁旅，庾炳之爲吏部郎，俱參機密。

綱　壬午，(四四二)宋元嘉十九年，魏太平眞君三年。春正月，魏主詣道壇受符籙。從寇謙之之請也。

綱　冬十二月，宋脩孔子廟。

古弼

綱　甲申，（四四四）宋元嘉二十一年，魏太平眞君五年。春正月，宋主耕藉田，大赦。

綱　秋八月，魏主畋于河西。

目　魏主詔以肥馬給獵騎。尚書令古弼留守，悉以弱馬給之。魏主大怒，欲還臺斬之。弼官屬惶怖，恐幷坐誅，弼曰：「吾爲人臣，不使人主盤于遊田，其罪小；不備不虞，乏軍國之用，其罪大。今蠕蠕方強，（蠕蠕，北狄國名，卽柔然國也。）南寇未滅，吾爲國遠慮，雖死何傷！且吾自爲之，非諸君之憂也。」魏主聞之，歎曰：「有臣如此，國之寶也。」賜衣一襲。他日復畋於山北，獲麋鹿數千頭。詔尚書發牛車五百乘以運之。旣而謂左右曰：「筆公必不與我，（弼頭銳，魏主常以筆目之。）汝輩不如自以馬運之。」尋果得弼表，曰：「秋穀懸黃，麻菽布野，猪鹿竊食，鳥雁侵費，風雨所耗，朝夕三倍。乞賜矜緩，使得收載。」魏主曰：「果如吾言，筆公可謂社稷之臣矣！」

宋行元嘉曆

綱　乙酉，（四四五）宋元嘉二十二年，魏太平眞君六年。春正月朔，宋行元嘉曆。（太子率更令何承天所撰也。）

綱　三月，魏詔中書以經義決疑獄。

范曄謀反誅

綱　冬十二月，宋太子詹事范曄謀反，伏誅。

目　初，魯國孔熙先博學文史，（魯國都魯縣，在今山東曲阜縣東。）兼通數術；爲員外散騎侍郎，憤憤不得志。父默之爲廣州刺史，以贓獲罪，彭城王義康救解得免。及義康還豫章，熙

孔熙先結謝綜以見范曄

范曄獄中詩

先密懷報効。且以爲天文、圖讖，宋主必以非道晏駕，禍由骨肉，而江州應出天子。以范曄志意不滿，（曄，甯之孫也，有儁才，性躁競，自謂才用不盡，常怏怏不得志。）欲引與同謀，而素不爲曄所重。乃厚結曄甥太子中舍人謝綜，（述之子。）綜引熙先見曄。熙先家饒於財，數與曄博，故爲拙行，以物輸之，由是情好款洽。熙先乃從容說曄弑宋主，立義康。曄愕然。熙先曰：「丈人雅譽過人，（丈人，長老之稱。）讒夫側目久矣，比肩競逐，庸可遂乎！今建大勳，奉賢哲，圖難於易，以安易危，豈可棄置而不取哉！」曄猶疑未決。熙先曰：「又有過於此者，愚則未敢道耳。」曄曰：「何謂也？」熙先曰：「丈人奕葉清通，（奕葉，累世也。）而不得連姻帝室，人以犬豕相遇，而丈人曾不恥之，欲爲之死，不亦惑乎！」曄門無內行，故熙先以此激之。曄默然不應，反意乃決。事泄，宋主命有司收曄等赴廷尉。曄在獄爲詩曰：「雖無嵇生琴，（三國魏元帝時，鍾會譖嵇康於司馬昭，昭遂害之。臨刑東市，康索琴彈之，曰：「袁孝尼嘗從吾學廣陵散，吾每靳固之，廣陵散於今絕矣！」嵇康嘗遊洛西，暮宿華陽亭，引琴而彈。夜分，忽有客詣之，因索琴彈之而爲廣陵散，聲調絕倫，遂以授康，誓不傳人。）庶同夏侯色。」（三國魏主芳時，李豐與夏侯玄等謀誅司馬師，事泄，下獄，及就東市，玄顏色不變，舉動自若。）十二月，曄、綜、熙先及其子弟黨與皆伏誅。曄母至市，涕泣責曄，曄色不怍；妹及妓妾來別，曄悲涕流連。綜曰：「舅殊不及夏侯色。」曄收淚而止。

綱 宋廢其彭城王義康爲庶人，徙安成郡。（治平都縣，在今江西安福縣東南。）

目 義康在安成，讀書，見淮南厲王事，廢書歎曰：「自古有此，我乃不知，得罪宜矣。」

乘長風破萬里浪

魏誅沙門毁佛書佛像

宋克林邑宗慤破象戰

綱　丙戌，（四四六）宋元嘉二十三年，魏太平眞君七年。春正月，宋伐林邑。（國名，漢末日南郡象林縣功曹區連立爲林邑王，後爲范氏，在今越南境內。）

目　初，林邑王范陽邁雖貢奉於宋，而寇盜不絕，宋主遣交州刺史檀和之討之。（交州治龍編，在今越南河內境。）南陽宗慤，（南陽郡治宛，卽今河南南陽市。）家世儒素。慤獨好武事，常言「願乘長風破萬里浪」。至是，自請從軍。和之進圍區粟城，遣慤爲前鋒，擊林邑別將，破之。

綱　三月，魏誅沙門，（沙門，僧也。）毁佛書、佛像。

目　魏崔浩素不信佛法，每言於魏主，以爲佛法虛誕，爲世費害，宜悉除之。及魏主至長安，入佛寺，沙門飲從官酒；入其室，見大有兵器，出以白魏主。魏主怒，命有司按誅闔寺沙門，閱其財產，大得釀具及窟室婦女。（醞酒爲釀。窟室，穴地爲室，以匿婦女。）浩因說魏主，悉誅境內沙門，焚毁經像，魏主從之。詔曰：「昔後漢荒君，（東漢明帝求天竺佛法，見卷二十一漢明帝永平八年目。）信惑邪僞以亂天常，使政教不行，禮義大壞。朕欲除僞定眞，滅其蹤跡。有司其宣告征鎭，（州郡主征伐鎭守，故云。）諸有佛像胡書，皆擊破焚燒，沙門無少長悉阬之。」太子晃素好佛法，乃緩宣詔書，沙門多亡匿獲免，或收藏書像，唯塔廟無復孑遺。

綱　宋師克林邑。

目　檀和之等拔區粟，林邑王范陽邁傾國來戰，以具裝被象，前後無際。宗慤曰：「吾聞外國有獅子，威服百獸。」乃製其形，與象相拒，象果驚走。和之遂克林邑，陽邁父子挺身

傖荒

宋鑄大錢

罷大錢

令人有封狼居須意

走。所獲未名之寶，不可勝計，懿一無所取，還家之日，衣櫛蕭然。

綱　秋七月，宋以杜坦爲青州刺史。

目　初，杜預之子耽，（杜預，杜陵人，晉武帝朝爲鎮南大將軍，封當陽侯。）避晉亂，居河西，（河西指黃河以西，涼州武威、張掖、酒泉、敦煌等郡地。）仕張氏。（張軌也，世據涼州。）秦克涼州，（秦，前秦苻堅。）子孫始還關中。高祖滅後秦，（高祖謂宋祖劉裕。後秦，姚泓。）坦兄弟從過江。時江東王、謝諸族方盛，北人晚渡者，朝廷悉以傖荒遇之，（傖音層。吳人謂中州人爲傖，以其荒野，故曰傖荒。）雖復人才可施，皆不得踐清塗。宋主嘗與坦論金日磾，（金日磾，匈奴休屠王太子，武帝賜姓金，受遺詔輔漢昭帝。）曰：「恨今無復此輩人！」坦曰：「日磾假生今世，養馬不暇，豈辦見知！」宋主變色曰：「卿何量朝廷之薄也！」坦曰：「請以臣言之：臣本中華高族，世業相承，直以南渡不早，便以傖荒賜隔；況日磾胡人，身爲牧圉乎！」（圉音語。）宋主默然。

綱　丁亥，（四四七）宋元嘉二十四年，魏太平眞君八年。春三月，宋鑄大錢。（以一當兩。）

綱　己丑，（四四九）宋元嘉二十六年，魏太平眞君十年。夏四月，宋罷大錢。

綱　秋七月，宋以隨王誕爲雍州刺史。（隨國即隨陽郡，治隨縣，即今湖北隨縣。雍州治襄陽，即今湖北襄樊市。）

目　宋主欲經略中原，羣臣爭獻策以迎合取寵。王玄謨尤好進言，宋主謂侍臣曰：「觀玄謨所陳，令人有封狼居須意。」（漢武帝元狩三年霍去病擊匈奴，封狼居胥山而還。須同胥。（狼居胥山，在今

袁淑願上封禪書　魏殺崔浩　馬鄭王賈　魏崔浩刊史立石　高允

內蒙古五原縣北黄河北岸。）御史中丞袁淑曰：「陛下今當席卷趙、魏，檢玉岱宗；（岱宗即泰山，封泰山用玉簡。臣逢千載之會，願上封禪書。」宋主悅。以襄陽外接關、河，欲廣其資力，乃罷江州軍府文武，悉配雍州；湘州入臺租稅，悉給襄陽。

【綱】庚寅，（四五〇）宋元嘉二十七年，魏太平眞君十一年。夏六月，魏殺其司徒崔浩，夷其族。

【目】魏主使崔浩、中書侍郎高允等共譔國記，曰：「務從實錄。」著作令史閔湛、郄標，性巧佞，浩嘗注易及論語、詩、書，湛、標上疏言：「馬、鄭、王、賈，（東漢馬融、鄭玄、鄭興、賈逵，三國魏王肅。）不如浩之精微，乞收境內諸書，頒浩所注，令天下習業。」浩亦薦湛、標有著述才。湛、標又勸浩刊所譔國史於石，以彰直筆。允聞之，謂著作郎宗欽曰：「湛、標所營，分寸之閒，恐爲崔門萬世之禍，吾徒亦無噍類矣！」（噍，音樵，去聲，齧也。類，種也。言無復有活而噍食之種也。）浩竟刊石，立於郊壇東，方百步。所書魏之先世，事皆詳實，列於衢路。（四達曰衢。）北人無不忿恚，相與譖浩，以爲暴揚國惡。（暴音僕。）魏主大怒，使有司按浩及祕書郎吏等罪狀。

初，遼東公翟黑子奉使幷州，（治晉陽，在今山西太原市東南。）受布千匹。事覺，謀於高允。允曰：「公帷幄寵臣，有罪首實，庶或見原，不可重爲欺罔。」崔鑑謂曰：「首實，罪不可測，不如諱之。」黑子怨允曰：「君奈何誘人就死地！」遂不以實對，魏主殺之。

魏主使允授太子經。及崔浩被收，太子召允謂曰：「吾自導卿；至尊有問，但依吾語。」太子入，言「高允小心愼密，且制由崔浩，請赦其死！」魏主問曰：「國書皆浩所爲乎？」對曰：「太祖記，前著作郎鄧淵所爲；先帝記及今記臣與浩共爲之。然浩所領事多，總裁而已，至於著述，臣多於浩。」魏主怒曰：「允罪甚於浩，何以得生！」太子懼曰：「天威嚴重，允小臣，迷亂失次耳。臣曏問，皆云浩所爲。」魏主問：「信如東宮所言乎？」對曰：「臣罪當滅族，不敢虛妄。殿下哀臣，欲匄其生耳。」匄音蓋，乞也。魏主顧謂太子曰：「直哉！此人情所難，而允能爲之！臨死不易辭，信也；爲臣不欺君，貞也。宜特除其罪以旌之。」遂赦之。

六月，詔誅浩，夷其族，餘皆誅其身。他日，太子讓允曰：讓，責也。「吾欲爲卿脫死，而卿終不從，激怒帝如此。每念之，使人心悸。」悸音忌，心動也。允曰：「夫史者，所以記人主善惡，爲將來勸戒，故人主有所畏忌，愼其擧措。崔浩孤負聖恩，以私欲沒其廉潔，愛憎蔽其公直，不爲無罪。至於書朝廷起居，言國家得失，此爲史之大體，未爲多違。臣與浩實同其事，死生榮辱，義無獨殊。誠荷殿下再造之慈，違心苟免，非臣所願也。」太子動容稱歎。允退謂人曰：「我不奉東宮指導者，恐負翟黑子故也。」

綱　秋，宋人大擧侵魏，取碻磝，圍滑臺。（碻磝、滑臺，見上河南四鎭注。）冬十月，魏主自將救之。宋將軍王玄謨退走。

目　宋主欲伐魏，丹陽尹徐湛之、尙書江湛、寧朔將軍王玄謨等並勸之；校尉沈慶之固陳不可；宋主使湛之等難之。慶之曰：「治國譬如治家，耕當問奴，織當訪婢。陛下今欲

佛狸

耳學

魏主以太牢祀孔子

伐國，而與白面書生輩謀之，事何由濟！」宋主不從。七月，宋主遣王玄謨帥沈慶之、申坦水軍入河，受督於青、冀刺史蕭斌；（冀州治歷城，即今山東濟南市。）建武司馬申元吉趣碻磝。魏濟、青刺史皆棄城走。（濟州治碻磝。魏青州治樂安，即今山東廣饒縣。）蕭斌與沈慶之留守碻磝，使王玄謨進圍滑臺。九月，魏主引兵南救滑臺。王玄謨攻城，數月不下。十月，魏主夜渡河，衆號百萬；玄謨懼，退走。魏人追擊之，死者萬餘人。蕭斌遣沈慶之將五千人救玄謨，會玄謨遁還，斌將斬之，慶之固諫曰：「佛狸威震天下，（佛狸，魏主小字。）控弦百萬，豈玄謨所能當！且殺戰將以自弱，非良計也。」斌乃止。斌欲守固碻磝，慶之曰：「今青、冀虛弱，而坐守窮城，若虜衆東過，青東非國家有也。（青以東，謂清水以東，通鑑作「清」，即下清口。）碻磝孤絕，復作朱脩之滑臺耳。」（朱脩之於元嘉八年守碻磝，食盡，爲魏所執。）會詔使至，不聽退師。斌復召諸將議之，慶之曰：「閫外之事，將軍得以專之。（閫謂郭門。漢馮唐對文帝語。）詔從遠來，不知事勢。節下有一范增不能用，（節下，稱蕭斌，猶言麾下。項羽不用范增之言；慶之以喻蕭斌不用其言。）空議何施！」斌及坐者並笑曰：「沈公乃更學問！」慶之厲聲曰：「衆人雖知古今，不如下官耳學也。」斌乃使王玄謨戍碻磝，申坦、垣護之據清口，（清口，清河入河之口，在今江蘇淮陰市西南。）自將諸軍還歷城。

綱　十一月，魏主進至魯郡，（魯郡即魯國，治魯縣，即今山東曲阜縣東舊曲阜縣，孔廟所在。）以太牢祠孔子。

魏兵南下

宋沈璞守盱眙

綱　十二月，魏主引兵南下，攻盱眙，（在今江蘇盱眙縣東北。）不克，進次瓜步。（山名，在今江蘇六合縣東南，東臨長江。）宋人戒嚴守江。

目　魏主引兵南下，所過無不殘滅，城邑皆望風奔潰。初，盱眙太守沈璞到官，江、淮無警。璞以郡當衝要，乃繕城浚隍，隍，城下池也。積財穀，儲石矢，爲城守之備。魏人之南寇也，不齎糧用，唯以鈔掠爲資。及過淮，民多竄匿，鈔掠無所得，人馬飢乏；聞盱眙有積粟，欲以爲北歸之資。攻城不拔，卽留數千人守盱眙，自帥大衆南向。魏主至瓜步，壞民廬舍，及伐葦爲筏，葦，竹名。筏，編竹爲之。聲言欲渡江。建康震懼，建康，宋都。民皆荷擔而立，背曰荷，肩曰擔。內外戒嚴。宋主登石頭城，有憂色，謂江湛曰：「北伐之計，同議者少。今日士民勞怨，予之過也。」又曰：「檀道濟若在，豈使胡馬至此！」

綱　魏及宋平。

魏破六州

元嘉之政衰

綱鑑易知録卷三十六

宋紀　附北魏

太祖文帝

綱　辛卯，（四五一）宋元嘉二十八年，魏太平眞君十二年。春正月，魏師還。

綱　宋主殺其弟義康。

綱　二月，宋令民遭寇者，蠲其税調。

目　魏人凡破南兗、徐、兗、豫、青、冀六州，（南兗州治廣陵，在今江蘇揚州市東北。徐州治彭城，即今江蘇徐州市。兗州治鄒山，在今山東鄒縣東南。豫州治汝南，在今河南汝南縣東南。青州謂北青州，治東陽，即今山東益都縣。冀州治歷城，即今山東濟南市。）殺掠不可勝計，丁壯者卽加斬截，嬰兒貫於槊上，（槊，矛屬。）盤舞以爲戲。所過郡縣，赤地無餘，春燕歸，巢於林木。魏之士馬死傷亦過半。宋主每命將出師，常授以成律交戰日時，是以將帥趑趄，（趑趄音咨疽，行不進貌。）莫敢自決。又江南白丁，輕進易退，此其所以敗也。自是，邑里蕭條，元嘉之政衰矣。

綱　三月，魏主還平城。（在今山西大同市東。）

綱　夏六月，魏太子晃卒。

魏主濬立

魏復建佛圖

魏行玄始曆

目　魏中常侍宗愛，性險暴，多不法，太子晃惡之。給事中仇尼道盛，仇尼，複姓。有寵於晃，與愛不協。愛恐爲所糾，遂構其罪。魏主怒，斬道盛於都街，東宮官屬多坐死，晃以憂卒。諡曰景穆。

綱　壬辰，(四五二)宋元嘉二十九年，魏高宗文成帝濬興安元年。春二月，魏中常侍宗愛弒其君燾而立南安王余。(南安卽漢、晉南安郡，治獂道，在今甘肅隴西縣東北。)

目　魏世祖追悼景穆太子不已；宗愛懼誅，二月，弒之，僕射蘭延、和疋、薛提等祕不發喪。疋音雅。延、疋以皇孫濬沖幼，濬，晃子，時方五歲。欲立長君，徵秦王翰，世祖子。置之祕室；提以濬嫡孫，不可廢。議久不決。宗愛知之，自以得罪於景穆太子，而素惡翰，善南安王余，乃密迎余，矯皇后令召延等，而使宦者持兵伏禁中，以次收縛，斬之；殺翰，立余。余以愛爲大司馬、大將軍。

綱　冬十月，魏宗愛弒其君余。魏主濬立。是爲高宗文成帝。討愛，誅之。尚書源賀、陸麗等奉皇孫卽位，殺宗愛，夷三族。

綱　魏復建佛圖，聽民出家。

綱　魏行玄始曆。北涼趙𢾺爲之。

綱　癸巳，(四五三)宋元嘉三十年，魏興安二年。春二月，宋太子劭弒其君義隆及其左衛率袁淑、僕射徐湛之、尚書江湛而自立。以何尚之爲司空。

王僧綽諫建立

目　宋主欲廢太子劭，賜始興王濬死，初，潘淑妃生始興王濬，元皇后恚恨而殂，由是太子劭深惡淑妃及濬。濬懼，曲意事劭，劭更與之善。吳興巫嚴道育自言能役使鬼物，因東陽公主婢王鸚鵡出入主家，主與劭、濬信惑之。劭、濬多過失，數爲宋主所詰責；使道育祈請，號曰「天師」。後遂與道育、鸚鵡及主奴陳天與、黃門陳慶國共爲巫蠱，琢玉爲宋主形像，埋於含章殿前。事覺，宋主命有司窮治其事，道育亡命。宋主遣中使切責劭、濬，赦不誅，至是乃欲廢劭，賜濬死。（始興國都曲江縣，即今廣東韶關市。）先與侍中王僧綽謀之；使尋漢、魏典故，送徐湛之、江湛。武陵王駿素無寵，故屢出外藩，（武陵國即武陵郡，治臨沅，即今湖南常德市。）南平王鑠、建平王宏皆爲宋主所愛。（南平國都江安縣，在今湖北公安縣東北。建平國即建平郡，治巫縣，即今四川巫山縣。）鑠妃，江湛之妹；隨王誕妃，（隨，即今湖北隨縣。）徐湛之之女也；湛勸立鑠，湛之欲立誕。僧綽曰：「建立之事，仰由聖懷。臣謂唯宜速斷，不可稽緩。願以義割恩，略小不忍；不爾，但應坦懷如初，無煩疑論。事機雖密，易致宣廣，不可使難生慮表。」宋主曰：「卿可謂能斷大事。然此事至重，不可不慇懃三思。」宋主與湛之屏人語，或連日累夕。常使湛之自秉燭，繞壁簡行，慮有竊聽者。既而以其謀告潘淑妃，妃以告濬，濬馳報劭。劭乃謀爲逆，夜呼前中庶子蕭斌、左衞率袁淑、中舍人殷仲素入宮，左衞率，太子官屬。流涕謂曰：「主上信讒，將見罪廢。內省無過，不能受枉。明日當行大事。」衆驚愕，莫能對。久之，淑、斌皆曰：「自古無此，願加善思。」劭怒，變色。斌懼曰：「當竭力奉令。」淑叱之曰：「卿便謂殿下眞有是邪？殿下幼嘗患風，今疾動耳。」劭愈怒，因眄淑曰：眄音勉，邪視也。「事當克否？」淑曰：「居不疑之地，何患不克！但旣克之後，不爲天地所容，大禍亦旋至耳。假有此謀，猶將可息。」左右引淑出曰：「此何事，而云可罷乎！」淑還省，繞牀行，至四更乃寢。明日，宮門未開，劭以朱衣加戎服上，乘畫輪車，與蕭斌同載，呼袁淑甚急，淑眠不起，劭停車催之。淑徐起，至車後；劭使登車，又辭不上，劭命殺之。門開而入。令張超之等數十人馳入齋閣，拔刃徑上合殿。在紫宸殿北。宋主其夜與徐湛之屛人語至旦，燭猶未滅，衞兵尚未起。宋主見超之入，舉几捍之，五指皆落，遂弑之。湛之驚起，兵人殺之。江湛聞喧譟聲，歎曰：「不用王僧綽言，以至於此！」劭遣兵殺之。幷使人殺潘淑妃。濬時在西州府，(西州在臺城西，因名，在今江蘇南京市西。)聞臺內喧譟，不知事之濟否，騷擾不知所爲。俄而劭馳召濬，濬入見劭。劭曰：「潘淑妃遂爲亂兵所害。」濬曰：「此是下情，由來所願。」劭遂卽位，下詔曰：「徐湛之、江湛弑逆無狀，今罪人斯得，(見卷三周成王二年「罪人斯得」注。)可大赦，改元太初。」以蕭斌爲僕射，以何尙之爲司空。劭不知王僧綽之謀，以爲吏部尙書。

殺王僧綽

綱　三月，宋劭殺其吏部尙書王僧綽。

目　劭料簡文帝巾箱，及江湛家書疏，得王僧綽所啓饗士，劭將作亂，每夜饗將士，僧綽密以聞。幷前代故事，漢、魏廢立典故。收殺之。僧綽弟僧虔爲司徒屬，所親咸勸之逃，僧虔泣曰：「吾兄奉國以忠貞，撫我以慈愛，今日之事，苦不見及耳；若得同歸九泉，猶羽化也。」道士亡曰羽化。赤壁賦：「羽化而登仙。」劭因誣北第諸王侯，云與僧綽謀反，殺之。

武陵王駿誅劭　孝建四銖錢　沈慶之罷　顏延之卒　顏峻

綱　夏四月，宋江州刺史武陵王駿舉兵討劭，宋人立駿。五月，劭及弟濬皆伏誅。

綱　宋復以何尚之爲尚書令。

世祖孝武帝　名駿，文帝第三子。初封武陵王，起兵誅劭，遂即帝位。在位十一年，壽三十五歲。

綱　甲午，(四五四)宋世祖孝武帝駿孝建元年，魏興光(太安)元年。春正月，宋鑄孝建四銖錢。

綱　宋立子業爲太子。

綱　乙未，(四五五)宋孝建二年，魏太安二年。春，宋鎮北大將軍沈慶之罷就第。

目　宋鎮北大將軍、南兗州刺史沈慶之請老，(南兗州陷於魏，時寄治淮陰，在今江蘇淮陰市南。)表數十上。詔聽以公就第。頃之，宋主復欲用慶之，使何尚之往起之。慶之笑曰：「沈公不效何公，往而復返。」尚之慙而止。

綱　丙申，(四五六)宋孝建三年，魏太安三年。春正月，魏立貴人馮氏爲后。二月，魏主立其子弘爲太子。

綱　宋以宗慤爲豫州刺史。

綱　冬十二月，宋金紫光祿大夫顏延之卒。

目　延之子竣貴重，凡所資供，一無所受，布衣茅屋，蕭然如故。嘗乘羸牛笨車，車，竹輿也。逢竣鹵簿，出行儀衞曰鹵簿。即屏在道側。常語竣曰：「吾平生不喜見要人，要人，謂權貴也。今不幸見汝！」竣起宅，延之謂曰：「善爲之，無令後人笑汝拙也。」延之嘗早詣竣，見賓客盈門，竣尙未起，延之怒曰：「汝出糞土之中，升雲霞之上，遽驕傲如此，其能久乎！」竣丁憂，踰月，起爲右將軍，丹陽尹如故。（丹陽郡治建康，在今江蘇南京市南。）大明元年，出竣爲東揚州刺史。

高允爲魏中書令

綱 戊戌，（四五八）宋大明二年，魏太安五年。春二月，魏以高允爲中書令。

目 魏中書侍郎高允，好切諫，事有不便，允輒求見，屛人極論。時有上事爲激訐者，魏主謂羣臣曰：「君有得失，不能面陳，而上表顯諫，欲以彰君之短，明己之直，此豈忠臣所爲乎！如高允者，乃眞忠臣也。朕有過，未嘗不面言，朕聞其過而天下不知，可不謂忠乎！」允所與同徵者游雅等皆至大官，封侯，而允爲郎二十七年不徙官。魏主謂羣臣曰：「汝等雖執弓刀在朕左右，未嘗有一言規正；唯伺朕喜悅，祈官乞爵，今皆無功而至王公。允執筆佐國家數十年，爲益不少，不過爲郎，汝等不自愧乎！」乃拜允中書令。帝重允，常呼爲「令公」而不名。

游雅論高允

游雅常曰：「前史稱卓子康、劉文饒之爲人，（卓茂字子康，事見卷十九漢光武帝建武元年「以卓茂爲太傅」目。劉寬字文饒，事見卷二十四漢桓帝延熹八年「以劉寬爲尙書令」目。）褊心者或不之信。（褊心，性狹也。）余與高子遊處四十年，未嘗見其喜慍之色，乃知古人爲不誣耳。高子內文明而外柔順，（易明夷卦「內文明而外柔順，以蒙大難，文王以之。」）其言吶吶不能出口。昔崔司徒嘗謂：（謂崔浩。）『高生豐才博學，一代所推，所乏者，矯矯風節耳。』余亦以爲然。及司徒得罪，詔指臨責，聲嘶股栗，嘶，聲破也。）殆不能言；高允獨敷陳事理，辭義清辯，人主爲之動容，此非所謂矯矯者乎！宗

顧覬之定命論

殺顏竣

宋主耕藉田后親蠶

愛用事，威振四海。王公以下趨庭望拜，高子獨升階長揖，此非所謂風節者乎！夫人固未易知；吾既失之於心，崔又漏之於外，此乃管仲所以致慟於鮑叔也。」說苑：「鮑叔死，管仲哭之，泣下如雨。從者曰：『非君父子也，此亦有說乎？』管仲曰：『生我者父母，知我者鮑子也。士爲知己者死，而況爲哀乎！』」

綱　冬十月，宋以戴法興、戴明寶、巢尚之爲中書舍人。

目　時宋主親覽朝政，不任大臣；凡選授、遷徙、誅賞大處分，皆與法興、尚之參懷；內外雜事，多委明寶。三人權重當時；而法興、明寶大納貨賄，門外成市。吏部尚書顧覬之獨不降意。覬音記。蔡興宗與覬之善，嫌其風節太峻，覬之曰：「辛毗有言：『孫、劉不過使吾不爲三公耳。』」三國魏明帝時，中書監劉放、孫資見信於主，大臣莫不交好，而辛毗不與交，曰：「劉、孫不過令吾不作三公耳。」覬之常以爲「人稟命有定分，非智力所移，唯應恭己守道；而闇者不達，妄意僥倖，徒虧雅道，無關得喪。」乃著定命論以釋之。

綱　己亥，（四五九）宋大明三年，魏太安六年。夏五月，宋殺其東揚州刺史顏竣。（東揚州治山陰縣，即今浙江紹興市。）初，宋主以讒怒竣，及竟陵王誕反廣陵，遂誣竣與通謀，收付廷尉，折足賜死，妻孥徙交州，復沉其男口於江。

綱　秋七月，宋以沈慶之爲司空。

綱　庚子，（四六〇）宋大明四年，魏和平元年。春正月，宋主耕藉田。三月，后親蠶西郊，太后觀禮。

綱 辛丑，（四六一）宋大明五年，魏和平二年。夏，宋雍州刺史海陵王休茂反襄陽，（今湖北襄樊市。）爲其下所殺。

謝莊拒關

目 宋主畋遊無度，嘗出，夜還，敕開門。侍中謝莊居守，以棨信或虛，（棨音起。刻木爲合符曰棨，吏執爲信。）執不奉旨，須黑敕乃開。宋主曰：「卿欲效郅君章邪？」（郅惲字君章，事見卷二十漢光武帝建武十三年「詔太官勿受異味」目。）對曰：「臣聞王者祭祀、畋遊，出入有節。今陛下晨往宵歸，臣恐不逞之徒，妄生矯詐，是以伏須神筆，乃敢開門耳。」

綱 秋九月，宋司空沈慶之罷就第。

蔡興宗袁粲爲尚書

綱 癸卯，（四六三）宋大明七年，魏和平四年。夏，宋以蔡興宗、袁粲爲吏部尚書。

宋主好狎侮羣臣

目 粲，淑之兄子也。宋主好狎侮羣臣，常呼金紫光祿大夫王玄謨爲老傖，（傖音層，吳人謂中州人曰傖，玄謨祁人。）僕射劉秀之爲老慳，（慳，音謙，悋也。）侍中顏師伯爲齴；（齴音演，齒露也。）其餘短、長、肥、瘦皆有稱目。又寵一崑崙奴，（晉孝武帝李太后形長而色黑，宫人皆謂之崑崙；今此奴呼爲崑崙，必亦色黑而長也。）令以杖擊羣臣，惟憚蔡興宗方嚴，不敢侵媟。議曹郎王耽之曰：「蔡豫章昔在相府，（興宗父廓曾出爲豫章太守，故稱。）亦以方嚴不狎，武帝宴私之日，（武帝，高祖。）未嘗相召。蔡尚書今日可謂能負荷矣。」

大修宮室

綱 宋大脩宮室。

目 宋主爲人機警勇決，記問博洽，文章華敏；又善騎射，而奢欲無度。自晉氏渡江以來，宮室草創，孝武始作清暑殿。宋興，無所增改。至是，始大脩宮室，土木被錦繡，賞賜傾府藏。壞高祖所居陰室，於其處起玉燭殿，與羣臣觀之，牀頭有土障，壁上挂葛燈籠、麻蠅拂。障，枕屏也，所以障風者。壘土爲障。以葛蒙燈籠，以麻結蠅拂，示儉素也。侍中袁顗因盛稱高祖儉素之德。宋主曰：「田舍公得此，已爲過矣。」

綱　甲辰，（四六四）宋大明八年，魏和平五年。夏閏五月，宋主駿殂，太子子業立。

目　宋主殂於玉燭殿。太子即位，年十六。蔡興宗奉璽綬，太子受之，傲惰無戚容。興宗出，告人曰：「家國之禍，其在此乎！」

廢帝　名子業，孝武帝太子，在位十八月，爲壽寂之所弒。

宋鑄二銖錢

綱　乙巳，（四六五）宋主子業景和元年（太宗明帝彧泰始元年），魏和平六年。春，宋鑄二銖錢。

綱　夏五月，魏主濬殂，太子弘立。是爲顯祖獻文帝。

綱　冬十一月，宋主殺其太尉沈慶之。

綱　宋主幽其諸父湘東王彧等於殿內。彧音郁。（湘東國都臨烝，即今湖南衡陽市。）

綱　宋江州刺史晉安王子勛舉兵尋陽。（江州治尋陽，即今江西九江市。晉安國治晉安縣，在今福建南安縣西。）

目　宋主子業，以太祖、世祖在兄弟數皆第三，江州刺史晉安王子勛亦第三，故惡之。因何邁之謀，使左右朱景雲送藥賜子勛死。景雲至湓口，（湓口一名湓浦，在今江西九江市西。）停不

射鬼竹林

進。子勛典籤謝道邁聞之，（唐六典：「親王府典籤二人，手掌宣傳教令。」）馳告長史鄧琬。琬曰：「身南土寒士，蒙先帝殊恩，以愛子見託，豈得惜門戶百口，期當以死報効。幼主昏暴，社稷危殆，雖曰天子，事猶獨夫。（書泰誓「獨夫紂」。）今便指帥文武，直造京師，與羣公卿士廢昏立明耳。」遂稱子勛教令所部戒嚴，（整兵也。）子勛戎服出聽事，（中庭也。）集僚佐，使主帥潘欣之宣旨諭之。四座未對，參軍陶亮首請効死前驅，衆皆奉旨。乃以亮爲諮議中兵總統軍事。旬日得五千人，出鎮大雷，（卽雷池，在今安徽望江縣南。）移檄遠近。

【綱】宋弒其君子業而立湘東王彧。

【目】時三王久幽，（湘東王彧、建安王休仁、山陽王休祐，俱幽於殿內。）不知所爲。湘東王彧主衣阮佃夫及子業左右壽寂之、王敬則等陰謀弒子業。先是子業遊華林園竹林堂，（在今江蘇南京市東北。）使宮人倮相逐；（倮，赤袒也。）一人不從命，斬之。夜，夢在竹林堂，有女子罵曰：「悖虐不道，明年不及熟矣！」（蓋謂不至麥熟時死也。）於是巫覡言竹林堂有鬼。（覡音亦。能齋肅事神明者，女曰巫，男曰覡。）子業出華林園，悉屏侍衛，與羣巫綵女射鬼於竹林堂。壽寂之等抽刀前弒之，宣太皇太后令，數子業罪惡，命湘東王纂承皇極。彧卽位，大赦。

【綱】宋雍、郢、荊州、會稽郡皆舉兵應尋陽。（郢州治江夏，卽今湖北武漢市武昌。荊州治江陵，卽今湖北江陵縣。）

太宗明帝 名彧，文帝第十一子。初封湘東王，及廢帝被弒，大臣迎立之。在位七年，壽三十四歲。

晉安王稱帝

綱　丙午，（四六六）宋泰始二年，魏顯祖獻文帝弘天安元年。春正月，宋遣建安王休仁討江州。晉安王子勛遂稱帝，二徐、司、豫、青、冀、湘、廣、梁、益州皆應之。（二徐，徐州及南徐州。南徐州治京口，即今江蘇鎮江市東南丹徒鎮。司州時治義陽，在今河南信陽市南。湘州治臨湘，即今湖南長沙市。廣州治南海，即今廣東廣州市。梁州治南鄭，即今陝西漢中市。益州治成都，即今四川成都市。）

目　時，宮省危懼，宋主謀於羣臣。蔡興宗曰：「今普天同叛，人有異志，宜鎮之以靜，至信待人。叛者親戚，布在宮省，若繩之以法，則土崩立至，宜明罪不相及之義。物情既定，人有戰心，六軍精勇，器甲犀利，（犀，堅也。）以待不習之兵，其勢相萬矣！願陛下勿憂。」建武司馬劉順說豫州刺史殷琰，使應尋陽。琰初以家在建康，未許，後不得已而從之。宋主復謂興宗曰：「諸處未平，殷琰已復同逆；爲之奈何？」興宗曰：「逆之與順，臣無以辨。然今商旅斷絕，而米甚豐賤，四方雲合，而人情更安，以此卜之，清蕩可必。但臣之所憂，更在事後，猶羊公之言耳。」（晉羊祜言「平吳之後，當勞聖慮」，見卷二十九晉武帝咸寧四年「羊祜入朝」目。）宋主知琰附尋陽非本意，乃厚撫其家以招之。

猶羊公之言

綱　秋八月，宋臺軍克江州，殺子勛。

薛安都等叛降魏

綱　冬十月，宋徐州刺史薛安都、汝南太守常珍奇叛降于魏。（汝南郡治汝南，在今河南汝南縣東南，即上魏所破豫州。）

目　宋徐州刺史薛安都、汝南太守常珍奇等，（初俱應子勛。）並遣使乞降於建康。宋主以南方已平，（南方指子勛。）欲示威淮北，命張永、沈攸之將兵五萬迎安都。蔡興宗曰：「安都歸順不虛，止須單使。今以重兵迎之，勢必疑懼；如其外叛，招引北寇，將爲朝廷旰食之憂。」宋主不從。安都果懼而叛，常珍奇亦以懸瓠降魏，（懸瓠城，即今河南汝南縣。）皆請兵自救。

綱 宋立子昱爲太子。

李道兒生子昱

目 宋主無子，嘗以宮人陳氏賜嬖人李道兒，已復迎還，生昱。又密取諸王姬有孕者，內之宮中，（內音納。）生男則殺其母，而使寵姬母之。

魏取淮北及淮西

綱 丁未，（四六七）宋泰始三年，魏皇興元年。春正月，魏取宋淮北四州及豫州淮西地。（淮北四州，謂青、冀、徐、兗。淮西，汝南、新蔡、譙、梁、陳、南頓、潁川、汝陰諸郡，均屬豫州。）

目 宋張永等棄城夜走。初張永、沈攸之進兵逼彭城，魏救尉元至，永等棄城走。尉元邀其前，薛安都乘其後，大破永等於呂梁之東，（呂梁山，在今江蘇徐州市東南。）死者以萬數。宋主召蔡興宗以敗書示之曰：「我愧卿甚！」永及攸之皆坐貶，還屯淮陰。宋由是失淮北四州及豫州淮西之地。

蕭道成鎮淮陰

綱 秋八月，宋遣中領軍沈攸之擊彭城，將軍蕭道成鎮淮陰。

目 宋主復遣沈攸之等擊彭城。攸之以清、泗方涸，（古清水在今江蘇淮陰市西南，泗水至淮陰市西南入淮。）糧運不繼，固執以爲不可。宋主怒，強遣之，而使行徐州事蕭道成鎮淮陰。道成收養豪俊，賓客始盛。

蕭道成爲南兗州刺史

綱　戊申，(四六八)宋泰始四年，魏皇興二年。秋七月，宋以蕭道成爲南兗州刺史。

綱　己酉，(四六九)宋泰始五年，魏皇興三年。春正月，魏拔宋青州，執其刺史沈文秀。

目　沈文秀守東陽，(東陽，即今山東益都縣。)魏人圍之三年，外無救援，士卒晝夜拒戰，甲冑生蟣蝨，無離叛之志。至是，魏人拔東陽，文秀解戎服，正衣冠，持節坐齋內。魏人執之，縛送慕容白曜，使之拜，文秀曰：「各兩國大臣，何拜之有！」白曜還其衣，爲設饌，鎖送平城。魏主宥之，待爲下客，給惡衣、疏食；既而重其不屈，拜外都下大夫。於是，青、冀之地，盡入於魏矣。

綱　夏六月，魏立子宏爲太子。冬十一月，魏遣使如宋脩好。

綱　庚戌，(四七〇)宋泰始六年，魏皇興四年。夏六月，宋以南兗州刺史蕭道成爲黃門侍郎，尋復本任。

目　道成在軍中久，民間或言其有異相，宋主疑之，徵爲黃門侍郎。道成懼，不欲內遷，而無計得留。參軍荀伯玉教其遣數十騎入魏境，魏果遣遊騎行境上；道成以聞，宋主乃使道成復本任。

綱　辛亥，(四七一)宋泰始七年，魏高祖孝文帝拓跋宏延興元年。春二月，宋主殺其弟晉平王休祐，以巴陵王休若爲南徐州刺史。

綱　夏五月，宋主殺其弟建安王休仁。

宋以蕭道成爲散騎常侍

魏主傳位太子

宋作湘宮寺

綱 宋以袁粲爲尚書令，褚淵爲僕射。

綱 秋七月，宋主殺其弟巴陵王休若，以桂陽王休範爲江州刺史。

綱 宋以蕭道成爲散騎常侍。

目 道成被徵，所親以朝廷方誅大臣，多勸勿行。道成曰：「諸卿殊不見事，主上自以太子稚弱，剪除諸弟，何預他人！今唯應速發，不宜見疑。且骨肉相殘，自非靈長之祚，禍難將興，方與卿等戮力耳。」戮力，并力也。既至，拜散騎常侍。

綱 八月，魏主弘傳位於太子宏，自稱太上皇帝。

目 魏主聰睿夙成，剛毅有斷；而好黃、老、浮屠之學，黃，黃帝。老，老子。浮屠，釋氏。常有遺世之心。以尚書陸馛爲太保，馛音勃。與太尉源賀持節奉璽綬傳位於太子宏。時宏生五年矣，有至性，前年，魏主病癰，親吮之。吮，口噏也。及是，悲泣不自勝。魏主問其故，對曰：「代親之感，內切於心。」宏卽位，羣臣奏曰：「今皇帝幼沖，萬機大政，陛下猶宜總之。謹上尊號曰太上皇帝。」從之。徙居北苑崇光宮，國大事乃以聞。

綱 冬十月，宋作湘宮寺。

目 宋主以故第爲湘宮寺，備極壯麗。新安太守巢尚之罷還，（新安郡治新安縣，在今浙江淳安縣西。）宋主謂曰：「卿至湘宮寺未？此是我大功德。」散騎侍郎虞愿侍側曰：「此皆百姓賣兒貼婦錢所爲，以物爲質曰貼。佛若有知，當慈悲嗟愍；罪高浮圖，塔也。何功德之有！」宋主怒，使人驅下殿。

綱　壬子，（四七二）宋泰豫元年，魏延興二年。春二月，宋殺其揚州刺史江安侯王景文。（江安縣，在今湖北公安縣東北。）

目　宋主慮晏駕後，皇后臨朝，景文或有異圖，遣使齎手敕幷藥賜死。景文正與客棊，叩函看已，叩，發也。復置局下，神色不變，局竟，斂子納匳畢，匳音廉。徐曰：「奉敕見賜以死。」方以敕示客，乃作黑啓致謝，飲藥而卒。

綱　夏四月，宋主彧殂，太子昱立。

目　宋主病篤，以桂陽王休範爲司空，（桂陽，即今湖南郴縣。）褚淵爲護軍將軍，劉勔爲右僕射，勔音免。與尚書令袁粲、荆州刺史蔡興宗、郢州刺史沈攸之並受顧命。淵素與蕭道成善，薦之，詔以爲右衞將軍，共掌機事。宋主遂殂。太子昱卽位，生十年矣。粲等秉政，承奢侈之後，務弘節儉，欲救其弊；而阮佃夫等用事，貨賂公行，不能禁也。

蒼梧王　又曰後廢帝，名昱，李道兒所生子也。在位四年，爲蕭道成所弒，壽十四歲。

綱　癸丑，（四七三）宋主昱元徽元年，魏延興三年。春二月，魏以孔乘爲崇聖大夫。孔乘，孔子二十八世孫。

綱　冬十月，宋尚書令袁粲以母喪去職。

綱　甲寅，（四七四）宋元徽二年，魏延興四年。夏六月，宋以蕭道成爲中領軍。

褚淵　蕭道成

宋四貴

魏太后弒主臨朝

蕭道成弒立

目 道成與袁粲、褚淵、劉秉更日入直決事，號爲「四貴」。秋九月，宋以袁粲爲中書監、領司徒，褚淵爲尚書令，劉秉爲丹陽尹。

綱 丙辰，(四七六)宋元徽四年，魏承明元年。夏六月，魏太后馮氏弒其主弘，復稱制。

目 魏尚書李敷弟奕，得幸於馮太后，爲太上所誅。馮太后由此怒太上。至是，密行鴆毒。大赦，改元，復臨朝稱制。

綱 宋加蕭道成左僕射，劉秉中書令。

順帝 名準，明帝第三子。初封安成王，蕭道成弒蒼梧王迎準立之。在位二年，復爲道成所弒，壽十四歲，而宋亡矣。

綱 丁巳，(四七七)宋順帝準昇明元年，魏太和元年。秋七月，宋中領軍蕭道成弒其主昱，而立安成王準。(安成國治平都縣，即今江西安福縣東南。)自爲司空、錄尚書事。

目 宋主昱自京口既平，去年秋，宋建平王景素起兵京口，不克而死。驕恣尤甚。嘗直入領軍府，道成晝臥裸袒，昱令起立，畫腹爲的，引滿將射之。道成斂板曰：板，手板，笏也。「老臣無罪。」乃更以骲箭，射中其臍。骲箭，骨鏃箭，不能傷人。投弓大笑。道成憂懼，密與袁粲、褚淵謀廢立。粲曰：「主上幼年，微過易改。伊、霍之事，殷伊尹放太甲，漢霍光廢昌邑王。非季世所行；縱使功成，亦終無全地。」淵默然。

越郡校尉王敬則潛自結於道成。道成命敬則陰結昱左右楊玉夫、楊萬年、陳奉伯等；

沈攸之討蕭道成

使伺機便。至是，昱乘露車，與左右於臺岡賭跳，仍往青園尼寺，晚，至新安寺偷狗，飲酒醉，還。玉夫、萬年刎其首。奉伯袖之，稱敕開門，出，與敬則。敬則馳詣領軍府。道成以太后令召諸大臣入議。王敬則拔刃跳躍曰：「天下事皆應關蕭公！敢有開一言者，血染敬則刀！」褚淵曰：「非蕭公無以了此。」道成乃下議迎立安成王。遂以太后令，數昱罪惡，追廢爲蒼梧王。儀衞至東府門，安成王令門者勿開，以待袁司徒。粲至，乃入卽位，時年十一。以道成爲司空、錄尚書事、驃騎大將軍，出鎮東府；（東府城，在今江蘇南京市東。劉裕自石頭還鎮東府，卽此。）劉秉爲尚書令；袁粲鎮石頭。粲性沖靜，每有朝命，常固辭，不得已乃就職。至是，知蕭道成有不臣之志，陰欲圖之，卽日受命。

綱　冬十一月，宋荆、襄都督沈攸之舉兵江陵，討蕭道成。

綱　宋中書監袁粲、尚書令劉秉，謀誅蕭道成，不克而死。

目　湘州刺史王蘊與沈攸之深相結。與袁粲、劉秉密謀誅道成。粲謀既定，將以告褚淵；衆謂不可。粲曰：「淵與彼雖善，豈容大作同異！」乃以謀告淵，淵卽以告道成。道成遣戴僧靜等攻粲。劉秉踰城走。粲下城謂其子最曰：「本知一木不能止大廈之崩，但以名義至此。」僧靜踰城獨進，最以身衞粲，僧靜直前斫之。斫，刀斬也。粲謂最曰：「我不失忠臣，汝不失孝子！」遂父子俱死。百姓哀之，爲之謠曰：「可憐石頭城，寧爲袁粲死，不作褚淵生！」秉父子亦爲追者所殺。

江淹論五勝五敗

蕭道成自爲太尉

綱 沈攸之攻郢城，（即郢州城，今湖北武漢市武昌城。）不克。

綱 宋蕭道成假黃鉞，出頓新亭。（在今江蘇南京市南。）

目 道成謂參軍江淹曰：「天下紛紛，君謂何如？」淹曰：「成敗在德，不在衆寡。公雄武有奇略，寬容而仁恕，賢能畢力，民望所歸，奉天子以伐叛逆，五勝也。彼志銳而器小，指沈攸之。有威而無恩，士卒解體，搢紳不懷，懸兵數千里而無同惡相濟，五敗也。雖豺狼十萬，終爲我獲必矣。」

綱 戊午，（四七八）宋昇明二年，魏太和二年。春正月，宋沈攸之軍潰，走死。蕭道成自爲太尉，都督十六州諸軍事。

綱 秋九月，宋蕭道成自爲太傅、揚州牧，加殊禮。

目 道成欲傾宋室，夜召長史謝朏，屛人與語，朏音噴，入聲。久之，朏無言；道成慮朏難提燭小兒，取燭遣出，朏又無言；道成乃呼左右。王儉知其旨，他日，請閒言於道成曰：「公今名位，故是經常宰相，宜絕禮羣后，微示變革。然當先令褚公知之。」少日，道成造褚淵，曰：「我夢得官。」淵曰：「今授始爾，恐一二年閒未容便移。」道成還以告儉。儉曰：「褚未達耳。」卽倡議加道成太傅，假黃鉞。道成謂所親任遐曰：「褚公不從，奈何？」遐曰：「彥回惜身保妻子，褚淵字彥回。非有奇才異節；遐能制之。」淵果無違異。詔進道成假黃鉞、大都督中外諸軍事、太傅、領揚州牧，劍履上殿，入朝不趨，贊拜不名。

右宋八主，合六十年。

齊紀　附北魏

太祖高帝

姓蕭，名道成，相傳爲漢蕭何二十四世孫。仕宋，封齊公，進爵爲王，遂簒宋，國號齊。在位四年，壽五十四歲。齊祖姿表英異，龍顙鍾聲，鱗文遍體，肩有赤誌如日月狀。民閒或言其有異相，宋明帝雖疑之，而不能殺也。

綱　己未，（四七九）齊太祖高帝蕭道成建元元年（宋昇明三年），魏泰和三年。是歲宋亡，齊代。春正月，宋以謝朏爲侍中。

綱　三月，宋蕭道成自爲相國，封齊公，加九錫。

封蕭道成爲齊公

綱　夏四月，齊公道成進爵爲王。

綱　齊王道成稱皇帝，廢宋主爲汝陰王，徙之丹陽。以褚淵爲司空。

蕭道成稱皇帝

目　宋主下詔禪位於齊，而不肯臨軒。王敬則勒兵入迎，啓譬令出，宋主收淚謂曰：「欲見殺乎？」敬則曰：「出居別宮耳。官先取司馬家亦如此。」宋主泣而彈指曰：「願後身世世勿復生天王家！」是日，百僚陪位。侍中謝朏在直，當解璽綬，陽爲不知，曰：「有何公事？」傳詔云：「解璽綬授齊王。」朏曰：「齊自應有侍中。」乃引枕臥。傳詔懼，使朏稱疾，朏曰：「我無疾，何所道！」遂朝服步出。乃以王儉爲侍中，解璽綬。禮畢，宋主出就東邸。邸，舍也。凡郡國朝宿之舍，率名邸。司空褚淵奉璽綬，詣齊宮勸進。齊王卽皇帝位。奉宋主爲汝陰

何點　齊弑順帝　劉祥　齊主擊碎玉導

王，（汝陰即南汝陰郡，治汝陰縣，即今安徽合肥市。）築宮丹陽，置兵守衛。以褚淵爲司徒。

綱 齊褚淵、王儉等進爵有差。

目 處士何點戲謂人曰：「我作齊書已竟，其贊曰：『淵既世族，儉亦國華，不賴舅氏，遑恤國家。』」點，尚之之孫也。淵、儉母皆宋公主，故點云然。

綱 五月，齊主道成弑汝陰王，滅其家。

綱 齊立世子賾爲太子，賾音宅。諸子皆封王。

綱 庚申，（四八〇）齊建元二年，魏太和四年。冬十二月，齊以褚淵爲司徒。

目 淵入朝，以腰扇障日。征虜功曹劉祥曰：「作如此舉止，羞面見人，扇障何益！」淵曰：「寒士不遜！」祥曰：「不能殺袁、劉，即袁粲、劉秉。安得免寒士！」祥好文章，性剛疎，撰宋書，譏斥禪代；王儉以聞，徙廣州卒。

綱 壬戌，（四八二）齊建元四年，魏太和六年。春三月，齊主道成殂，太子賾立。

目 高帝沉深有大量，博學能文。性清儉，主衣中有玉導，漢書武帝本紀：「帝起更衣，衞子夫侍尚衣軒中，得幸。」注：「尚，主也。主衣車中也。」此云「主衣中」，或即此。導，笄屬，以玉爲之。上曰：「留此正長病源！」長奢侈之源也。即命擊碎；仍簡按有何異物，皆隨此例。每曰：「使我治天下十年，當使黃金與土同價。」

綱 夏六月，齊立子長懋爲太子。

綱　秋，齊南康公褚淵卒。（南康，即今江西南康縣。）

目　淵卒，世子賁恥其父失節，服除，遂不仕，以爵讓其弟蓁，屏居墓下終身。

世祖武帝　名賾，高帝長子，在位十一年，壽五十四歲。

魏子恂生

綱　癸亥，（四八三）齊世祖武帝賾永明元年，魏太和七年。夏閏四月，魏子恂生。

目　魏主後宮林氏生子恂。馮太后以恂當爲太子，賜林氏死，自撫養之。

綱　秋七月，齊以王僧虔爲特進光祿大夫。

目　初，齊主以侍中王僧虔爲光祿大夫、開府儀同三司。僧虔固辭開府，謂兄子儉曰：儉時爲尚書令。「汝行登三事；三公主天、地、人之事，故稱。我若受此，是一門二台司也，吾實懼焉。」累年不拜，至是，許之，加特進。

綱　冬十月，熒惑逆行入太微。太微，天帝南宮。

目　齊有司請禳之，齊主曰：「應天以實不以文，我克己求治，思隆惠政，災若在我，禳之奚益！」

魏禁同姓爲婚

綱　十二月，魏始禁同姓爲婚。

蕭子良爲司徒

綱　甲子，（四八四）齊永明二年，魏太和八年。春正月，齊以竟陵王子良爲司徒。（竟陵國都竟陵縣在今湖北天門縣西北。）

目　子良，齊主之子也。少有清尚，傾意賓客，開西邸，多聚古人器服以充之。范雲、

八友

蕭琛、任昉、王融、蕭衍、謝朓、沈約、陸倕並以文學見親，號曰「八友」。柳惲、王僧孺、江革、范縝、孔休源亦預焉。縝音軫。

范縝盛稱無佛

子良篤好釋氏，招致名僧講論，或親爲賦食、行水。范縝盛稱無佛。子良曰：「君不信因果，何得有富貴、貧賤？」縝曰：「人生如樹花同發，隨風而散，或拂簾幌墜茵席之上，幌音恍，帷幔也。茵音因，褥也。或關籬牆落糞溷之中。溷，音魂，去聲，廁也。墜茵席者，殿下是也；落糞溷者，下官是也。貴賤雖殊，因果何在！」子良無以難。

范縝神滅論

縝又著神滅論，以爲：「形者神之質，神者形之用也。神之於形，猶利之於刀；未聞刀沒而利存，豈容形亡而神在哉！」子良使王融謂之曰：「卿才美，何患不至中書郎；而故乖剌爲此，剌音辣，戾也。甚可惜也！宜急毀之。」縝大笑曰：「使縝賣論取官，已至令、僕矣。」令，中書令。僕，僕射。

王儉深器蕭衍

蕭衍好籌略，有文武才幹，王儉深器之，曰：「蕭郎出三十，貴不可言。」

【綱】冬十月，齊以長沙王晃爲中書監。

【目】齊舊制：諸王在都，唯得置捉刀四十人。捉執刀戟，爲儀仗之人。至是，晃自南徐刺史罷還，私載數百人仗。齊主聞之，大怒，遂不被親寵。武陵王曄多才藝而疎悻，亦無寵。

愛羽毛而疎骨肉

嘗侍宴，醉伏地，貂抄肉柈。貂，冠飾貂尾也。抄，略拂過也。柈同盤。帝笑曰：「肉汙貂。」對曰：「陛下愛羽毛而疎骨肉。」帝不悅。

【綱】乙丑，(四八五)齊永明三年，魏太和九年。夏五月，齊以王儉領國子祭酒。

王儉

魏高允卒

高祐對魏主

王者不私人以官

目　自宋世祖好文章，（宋世祖，宋孝武帝。）士大夫無專經者。儉少好禮學及春秋，言論造次必於儒者，由是衣冠翕然，更尚儒術。儉作解散髻，斜插簪；朝野多慕效之。儉嘗謂人曰：「江左風流宰相，唯有謝安。」意以自比也。上深委仗之，士流選用，奏無不可。

綱　丁卯，（四八七）齊永明五年，魏太和十一年。春正月，魏光祿大夫咸陽公高允卒。（咸陽，在今陝西咸陽市東。）

目　允歷事五帝，出入三省，五十餘年，未嘗有譴；馮太后及魏主甚重之。允仁恕簡靜，雖處貴重，情同寒素；執書吟覽，晝夜不去手；誨人以善，恂恂不倦；篤親念故，無所遺棄。顯祖徙青、徐望族於代，（顯祖即獻文帝。代，代郡，魏置，在今山西大同市東。）其人多允婚媾，（媾音姤。重婚曰媾。）流離飢寒；允傾家賑施，咸得其所，又隨其才行，薦之於朝。議者多以初附閒之，（閒音諫。）允曰：「任賢使能，何有新舊！必若有用，豈可以此抑之！」至是卒，年九十八。

綱　冬十二月，魏以高祐爲西兗州刺史。（西兗州即兗州，治滑臺，今河南滑縣。）

目　魏主問祕書令高祐曰：「何以止盜？」對曰：「昔宋均立德，猛虎渡河；（事見卷二十一漢明帝永平七年「以宋均爲尚書令」目。）卓茂行化，蝗不入境。（漢哀、平閒卓茂爲河南密縣令，時天下大蝗，獨不入密境。）況盜賊，人也；苟守宰得人，治化有方，止之易矣。」又言：「今之選舉，不採識治之優劣，專簡年勞之多少，非所以盡人才也。若停薄藝，棄朽勞，唯才是舉，則官方穆矣。又勳舊之臣，才非撫民者，可加以爵賞，不宜委以方任，所謂王者可私人以財，不私人以官者

移牀遠客

魏孝文致孝馮太后

沈約撰宋書

江南歲一易主

也。」魏主善之。祐出鎭滑臺。命縣立講學，黨立小學。

綱 己巳，(四八九)齊永明七年，魏太和十三年。冬十二月，齊以張緒領揚州中正，江斆爲都官尙書。斆音效。

目 長沙王晃屬張緒用吳興聞人邕，(吳興，今浙江湖州市。)聞人，複姓。緒不許。晃使固請，緒正色曰：「此是身家州鄉，身猶自也。殿下安得見逼！」中書舍人紀僧眞得幸於齊主，容表有士風，請於齊主曰：「臣出自武吏，階榮至此；無復所須，唯就陛下乞作士大夫。」齊主曰：「此由江斆、謝瀹，斆，湛之孫。瀹，朏之弟也。可自詣之。」僧眞詣斆，登榻坐定，斆顧左右曰：「移吾牀遠客！」僧眞喪氣而退，告齊主曰：「士大夫故非天子所命！」

綱 庚午，(四九〇)齊永明八年，魏太和十四年。秋九月，魏太后馮氏殂。魏主勺飲不入口者五日，哀毀過禮，葬永固陵。

綱 壬申，(四九二)齊永明十年，魏太和十六年。春，魏脩堯、舜、禹、周公、孔子之祀。改謚孔子曰文聖尼父，親行拜祭。

綱 冬，齊詔太子家令沈約撰宋書。約撰宋書，疑立袁粲傳，齊主曰：「袁粲自是宋室忠臣。」

綱 齊遣使如魏。

目 魏主甚重齊人，親與談論，顧謂羣臣曰：「江南多好臣。」侍臣李元凱對曰：「江南多好臣，歲一易主；江北無好臣，百年一易主。」魏主甚慙。

陳顯達寒門

綱　癸酉，（四九三）齊永明十一年，魏太和十七年。春正月，齊以陳顯達爲江州刺史。

目　顯達自以門寒位重，每遷官，常有愧懼之色，戒其子勿以富貴陵人；而諸子多事豪侈，顯達曰：「麈尾、蠅拂是王、謝家物，（麈音主。麈，大鹿也，於文「主」、「鹿」爲麈，羣鹿隨之，皆視麈尾所轉而行；其尾可爲拂而揮蠅，古之談者執焉。東晉王導、王衍、謝尚、謝安諸人常捉玉柄麈尾而談，故云。）汝不須捉此！」取而燒之。

綱　齊太子長懋卒。夏四月，齊主立其孫昭業爲太孫。

綱　秋七月，魏主立其子恂爲太子。

魏伐齊

綱　魏詔大舉伐齊。

魏筮遷都

目　魏主以平城地寒，六月雨雪，風沙常起，將遷都洛陽；（即今河南洛陽市。）恐羣臣不從，乃議大舉伐齊，欲以脅衆。命太常卿王諶筮之，遇革。（易革卦。）魏主曰：「『湯、武革命，順乎天而應乎人。』（革卦彖傳之辭。）吉孰大焉！」任城王澄曰：（任城國都任城縣，即今山東濟寧市。）「陛下奕葉重光，帝有中土；今出師而得革命之象，未爲全吉也。」魏主厲聲曰：「社稷，我之社稷，任城欲沮衆邪！」澄曰：「社稷雖爲陛下之有，臣爲社稷之臣，安可知危而不言邪！」

魏欲易俗

魏主還宮，召澄屏人謂曰：「平城，用武之地，非可文治。移風易俗，其道誠難。朕欲因此遷宅中原，卿以爲何如？」澄曰：「陛下欲卜宅中土以經略四海，此周、漢之所以興隆也。」（周成王七年，周公營洛邑，是爲東都。漢高祖初都洛陽，後徙關中，光武又東都洛陽。）魏主曰：「北人習常戀故，必將驚擾，奈何？」澄曰：「非常之事，故非常人之所及。陛下斷自聖心，彼亦何所能爲！」魏主曰：「任城，吾之子房也！」（張良字子房。）於是戒嚴。齊主聞之，亦發揚、徐民丁，廣設召募以備之。

綱 齊主賾殂，太孫昭業立。以竟陵王子良爲太傅，蕭鸞爲尚書令。

目 世祖留心政事，務總大體，嚴明有斷，郡縣久於其職。長吏犯法，封刃行誅。故永明之世，百姓豐樂，盜賊屏息。然頗好遊宴，華靡之事，常言恨之，未能頓遣。

綱 魏主發平城。

魏主至洛陽

綱 九月，魏主至洛陽，罷兵。

目 魏主至洛陽，霖雨不止。詔諸軍前發。魏主戎服，執鞭乘馬而出。羣臣稽顙於馬前，曰：「今者之舉，天下所不願，臣不知陛下獨行何之？臣等敢以死請！」魏主乃諭羣臣曰：「今者興發不小，動而無成，何以示後！苟不南伐，當遷都於此。」南安王楨進曰：「『成大功者不謀於衆。』（用秦商鞅語。）今陛下苟輟南伐之謀，遷都洛邑，此臣等之願，蒼生之幸也。」羣臣皆呼萬歲。時舊人雖不願內徙，而憚於南伐，無敢言者；遂定遷都之計。李沖曰：「願陛下暫還代都，（即平城。）俟經營畢功，然後臨之。」魏主曰：「朕將巡省州郡，至鄴小停，（鄴，在今河北磁縣西。）春首即還，未宜歸北。」乃遣任城王澄還平城，諭留司百官曰：「此眞所謂革矣。王其勉之！」又使將軍于烈還鎮平城。

魏定遷都洛陽

綱 冬十月，魏營洛都。

王肅爲魏輔國將軍　王肅定威儀文物　魏主還平城　蕭鸞弑帝　謝瀹不問外事

綱　魏以王肅爲輔國將軍。

目　王肅見魏主於鄴，陳伐齊之策。魏主與之言，不覺促席移晷。晷，音癸，日影也。自是器遇日隆，人莫能間。或屏左右，語至夜分，自謂相得之晚。時魏主方議興禮樂，變華風，凡威儀文物，皆肅所定。

高宗明帝

名鸞，高帝兄始安貞王之子。半年之中，連弑鬱林、海陵二王而自立，在位五年，壽四十歲。

綱　甲戌，（四九四）齊主昭業隆昌元、昭文延興元、高宗明帝鸞建武元年，魏太和十八年。春三月，魏主還平城。

綱　秋七月，齊蕭鸞弑其君昭業而立新安王昭文，自爲驃騎大將軍、錄尚書事，封宣城公。（宣城國即宣城郡，治宛陵縣，即今安徽宣城縣。）

目　是時，蕭諶、蕭坦之握兵權，僕射王晏總尚書事。西昌侯鸞以廢立之謀告晏及丹陽尹徐孝嗣，皆從之。鸞慮事變，以告坦之，坦之馳謂諶，諶惶遽從之。鸞使諶先入，自引兵入雲龍門。齊主聞變，猶爲手敕呼蕭諶，俄而諶引兵入閤，齊主拔劍自刺，不入，輿接而出。行至西弄，弄亦作㢅。今人謂小巷及過道屋爲弄。弑之。以太后令，追廢昭業爲鬱林王，迎立新安王昭文。吏部尚書謝瀹方與客棊，聞變，竟局，還臥，竟不問外事。大匠虞悰竊歎曰：「王、徐遂縛袴廢天子，王，王晏。徐，徐孝嗣。袴，戎服也，又曰急裝也。天下豈有此理邪！」新安王即位，年十五。以鸞爲驃騎大將軍、錄尚書事、揚州刺史，封宣城郡公。

魏主考績黜陟百官
魏主志欲移風易俗
謝朏致酒遺弟

綱 九月，魏主考績，黜陟百官。

目 初，魏主詔：「三載考績，卽行黜陟；各令當曹考其優劣爲三等。」於是親臨朝堂，黜陟百官。又謂陸叡曰：「人言『北俗質魯，何由知書！』然今知書者甚衆，顧學與不學耳。朕脩百官，興禮樂，其志固欲移風易俗。使卿等子孫漸染美俗，聞見廣博耳。」

綱 齊宣城公鸞殺鄱陽王鏘等七人。（鄱陽國都鄱陽縣，卽今江西鄱陽縣。）

綱 冬十月，齊宣城公鸞自爲太傅、揚州牧，進爵爲王。

目 鸞謀繼大統，多引名士與參籌策。侍中謝朏心不願，乃求出爲吳興太守。至郡，致酒數斛，遺其弟吏部尙書瀹曰：「可力飲此，勿預人事！」

綱 鸞雖專政，人情未服。自以胛有赤誌，胛，背上兩髆間也。以示王洪範而謂之曰：「人言此是日月相，卿幸勿泄！」洪範曰：「公日月在軀，如何可隱，當轉言之！」

綱 齊宣城王鸞殺衡陽王鈞等四人。

綱 魏主發平城。

綱 齊宣城王鸞廢其主昭文爲海陵王而自立。

目 鸞以皇太后令，廢昭文爲海陵王而自立。以王敬則爲大司馬，陳顯達爲太尉。尙書虞悰稱疾不陪位，齊主鸞欲引參佐命，使王晏喻之。悰曰：「主上聖明，公卿戮力，寧假朽老以贊維新乎！不敢聞命。」因慟哭。朝儀欲糾之，徐孝嗣曰：「此亦古之遺直。」乃止。

魏主至洛陽

魏禁胡服

魏伐齊

綱　十一月，齊立子寶卷爲太子。

綱　魏主至洛陽。

綱　齊主鸞弑海陵王。

綱　十二月，魏禁胡服。

綱　魏主自將伐齊。遂發洛陽。

綱鑑易知錄卷三十七

齊紀 附北魏

高宗明帝

魏遣使臨江數齊罪

綱 乙亥，（四九五）齊建武二年，魏太和十九年。春二月，魏主攻鍾離，（在今安徽鳳陽縣東北。）不克。遣使臨江數齊主之罪而還。

魏孝文祠孔子封其後

綱 夏四月，魏主如魯城祠孔子，（魯城，在今山東曲阜縣東舊曲阜縣，有孔子廟。）封其後爲崇聖侯。

目 魏主如魯城，親祠孔子；拜孔氏四人、顏氏二人官，仍選諸孔宗子一人封崇聖侯，奉孔子祀。命脩其墓，建碑銘。

綱 五月，魏主至洛陽。

魏孝文求遺書法度量

綱 六月，魏禁胡語，求遺書，法度量。

魏立國子太學小學

綱 秋八月，魏立國子太學、四門小學。

綱 魏以薛聰爲直閤將軍。

魏孝文好賢樂善

目 魏主好讀書，手不釋卷，又善屬文，詔策皆自爲之。好賢樂善，情如飢渴，所與遊接，常寄以布素之意，如李沖、李彪、高閭、王肅之徒，皆以文雅見親，貴顯用事；制禮作樂，蔚然可觀，有太平之風焉。

薛聰

治書侍御史薛聰，彈劾不避彊禦，（暴虐之臣。）魏主或欲寬貸，聰輒爭之。魏主每曰：「朕見聰，不能不憚，況諸人乎！」自是貴戚斂手。累遷直閤將軍，魏主外以德器遇之，內以心膂爲寄，親衛禁兵，委聰管領，時政得失，動輒匡諫，而厚重沈密，外莫窺其際。每欲進以名位，輒苦讓不受。魏主亦雅相體悉，謂之曰：「卿天爵自高，固非人爵之所能榮也。」

【綱】九月，魏六宮、文武遷于洛陽。

魏班品令

【綱】冬十二月，魏班品令，賜冠服。

【目】魏主見羣臣於光極堂，宣下品令，光祿勳于烈子登引例求遷官，烈表曰：「聖明之朝，理應廉讓，而登引例求進，是臣素無教訓，乞行黜落！」魏主曰：「此乃有識之言，不謂烈能辨此！」乃引見登，謂曰：「以卿父有謙遜之美，直士之風，進卿校尉。」魏主謂羣臣曰：「國家從來有一事可歎：臣下莫肯公言得失是也。夫人君患不能納諫，人臣患不能盡忠。自今朕舉一人，如有不可，卿等直言其失；若有才能而朕所不識，卿等亦當舉之。得人有賞，不言有罪。」

太和五銖錢

【綱】魏行太和五銖錢。（銖，二十四分兩之一。）

拓跋氏改姓元氏

【綱】丙子，（四九六）齊建武三年，魏太和二十年。春正月，魏改姓元氏，初定族姓。

魏重門族

魏主論選調

魏詔羣臣聽終三年喪

目 魏主下詔，以爲「北人謂土爲『拓』，后爲『跋』。魏之先出於黃帝，以土德王，故爲拓跋氏。夫土者，黃中之色，萬物之元也；宜改姓元氏。」

魏主雅重門族，以范陽盧敏、清河崔宗伯、滎陽鄭羲、太原王瓊四姓，（范陽郡治涿縣，在今河北涿縣北。清河郡治清陽縣，在今河北南宮縣東南。滎陽郡治大柵城，卽今河南滎陽縣。太原郡治晉陽縣，在今山西太原市西南。）衣冠所推，咸納其女以充後宮。又詔以：「代人穆、陸、賀、劉、樓、于、嵇、尉八姓，（代郡，在今山西大同市東。）勳著當世，位盡王公，勿充猥官，一同四姓。」

魏主與羣臣論選調，李沖曰：「今日何爲專取門品，不拔才能？傅說、呂望豈可以門地得之！」魏主曰：「非常之人，曠世乃有一二耳。」李彪曰：「魯之三卿，孰若四科？」言三家世卿之貴，不若顏、閔等布衣之賢。（春秋時魯三卿，季孫、孟孫、叔孫，俱大族。孔門四科，德行、言語、政事、文學。）韓顯宗曰：「陛下豈可以貴襲貴，以賤襲賤！」魏主曰：「必有高明卓然、出類拔萃者，朕亦不拘此制。」

綱 二月，魏詔：「羣臣聽終三年喪。」

綱 三月，齊詔：「去乘輿金銀飾。」

目 齊主志慕節儉，故有是詔。太官元日上壽，太官掌御飲食。上壽，元旦日上酒稱壽。有銀酒鎗，鎗音撐，三足溫酒器。齊主欲壞之；王晏等咸稱盛德，衞尉蕭穎胄曰：「朝廷盛禮，莫若三元。元日歲之元，時之元，月之元。此器舊物，不足爲侈。」齊主不悅。後遇曲宴，曲宴，私宴也。銀器

酒鎗移在此器

魏恂欲違父逃叛

魏除逋亡緣坐法

滿席。潁胄曰：「陛下前欲壞酒鎗，恐宜移在此器。」齊主甚慚。

綱　秋八月，魏太子恂有罪，廢爲庶人。

目　恂不好學；體素肥大，苦河南地熱，常思北歸。魏主賜之衣冠，恂常私著胡服。中庶子高道悅數切諫，恂惡之。謀輕騎奔平城，（魏舊都，在今山西大同市東。）手刃道悅於禁中。魏主大駭，引見羣臣，議欲廢之。太傅穆亮、太保李沖免冠謝，帝曰：「『大義滅親』，（左傳隱公四年文。）古人所貴。恂欲違父逃叛，跨據恒、朔，（時魏都洛，改舊都平城爲恒州，平城則屬代郡，故言「跨據恒、朔」。）天下之惡孰大焉！若不去之，乃社稷之憂也。」乃廢恂爲庶人，置於河陽無鼻城，（河陽縣，在今河南孟縣西。無鼻城，一名無辟城，在今孟縣東。）以兵守之。

綱　冬十月，魏置常平倉。

綱　魏除逋亡緣坐法。（逋，逃也。）

目　初，魏主以有罪徙邊者多逋亡，乃制一人逋亡，闔門充役。光州刺史崔挺諫曰：（光州治掖縣，即今山東掖縣。）「善人少，惡人多。若一人有罪，延及闔門，則司馬牛受桓魋之罰，柳下惠嬰盜跖之誅，（嬰，加也。）豈不哀哉！」魏主從之。

綱　丁丑，（四九七）齊建武四年，魏太和二十一年。春正月，魏立子恪爲太子。三月，魏主殺其故太子恂。

目　恂既廢，頗自悔過。中尉李彪表恂復與左右謀逆，魏主賜恂死。

魏省宮費以給軍賞
齊以蕭衍爲雍州刺史

【綱】戊寅，（四九八）齊永泰元年，魏太和二十二年。夏四月，齊大司馬王敬則反會稽，（會稽郡治山陰，即今浙江紹興市。）至曲阿，（即今江蘇丹陽縣。）敗死。

【目】齊大司馬、會稽太守王敬則，自以高、武舊將，高，齊高帝，武，齊武帝。心不自安。齊主外雖禮之，而內實相疑，聞其衰老，且居內地，故得少寬。敬則世子仲雄善琴，齊主以蔡邕焦尾琴借之。漢蔡邕在吳，吳人有燒桐以爨者，蔡邕聞火烈之聲，知其良木，因請而爲琴，果有美音，而其尾焦，故名。仲雄作懊儂歌曰：（懊儂歌，晉隆安初民間謠曲。）「常歎負情儂，儂，吳語我也。郎今果行許。」又曰：「君行不淨心，那得惡人題！」齊主愈猜愧。會疾病，乃以張瓌爲平東將軍、吳郡太守，（吳郡治吳縣，即今江蘇蘇州市。）以防敬則。敬則聞之，曰：「東今有誰，只是欲平我耳！東亦何易可平！」徐州行事謝朓，敬則子壻也。敬則子幼隆遣人告之，朓執其使以聞。敬則遂舉兵反，帥實甲萬人過浙江。（敬則反於會稽，過浙江，即今富春江。）張瓌遣人拒之，聞鼓聲，皆散走，瓌逃民閒。五月，齊主詔前軍司馬左興盛、將軍胡松等築壘於曲阿長岡。敬則急攻之，松引騎兵突其後；敬則軍大敗，斬之。

【綱】謝朓以功遷吏部郎。三讓，不許。中書疑朓官未及讓，祭酒沈約曰：「近世小官不讓，遂成恆俗。謝今所讓，又別有意。夫讓出人情，豈關官之大小邪！」

【綱】秋七月，魏省宮掖費用以給軍賞。掖，掖庭也。

【綱】齊以蕭衍爲雍州刺史。（雍州治襄陽，即今湖北襄樊市。）

綱 齊主鸞殂，太子寶卷立。

目 齊主初有疾，甚祕之，至是殂。太子寶卷即位，惡靈在太極殿，欲速葬，尚書令徐孝嗣固爭，得踰月。每當哭，輒云喉痛。大中大夫羊闡入臨，臨，哭也。無髮，俯仰幘脫，髮有巾曰幘。寶卷輟哭大笑，謂左右曰：「禿鶖啼來乎！」詩小雅（白華）：「有鶖在梁。」注：「鶖，禿鶖也。」今闡入臨而頭禿，故云。

東昏侯 名寶卷，明帝太子，在位二年，弟寶融廢之，尋爲王珍國所弑，壽十九歲。

綱 己卯，（四九九）齊主寶卷永元元年，魏太和二十三年。春正月，齊遣太尉陳顯達帥師侵魏。

綱 魏后馮氏有罪，退處後宮。馮后私於宦官高菩薩；魏主收菩薩等案問，具伏，賜后辭訣，入居後宮。

綱 魏以彭城王勰爲司徒。（魏彭城國卽彭城郡，在今河南洛陽附近。）

綱 二月，齊師取魏馬圈、南鄉。（馬圈城，在今河南鄧縣東北。南鄉縣，在今河南淅川縣東南。）三月，魏主自將禦之，齊師敗績。

綱 夏四月，魏主宏殂于穀塘原，以嗣子屬司徒勰，又遺詔賜馮后死。后馮氏伏誅，太子恪立。是爲世宗宣武帝。

綱 秋八月，齊主殺其僕射江祏、侍中江祀。祏以齊主失德寖彰，議廢之而立江夏王寶玄，祀勸祏立始安王遙光，事覺，齊主收祏、祀殺之。始安王遙光起兵東城，右將軍蕭坦之討平之。

綱 閏月，齊主殺其僕射蕭坦之、領軍劉暄。冬十月，齊主殺其司空徐孝嗣、將軍沈文

齊豫州降魏

崔慧景叛

蕭懿敗崔慧景

季。

綱 庚辰，（五〇〇）齊永元二年，魏世宗宣武帝恪景明元年。春正月，齊豫州刺史裴叔業以壽陽叛，（豫州治壽陽，即今安徽壽縣。）降于魏。魏遣司徒彭城王勰鎮之。

綱 夏四月，齊遣將軍崔慧景將兵討壽陽。慧景還兵，奉江夏王寶玄逼建康，（江夏國都夏口城，在今湖北武漢市武昌黃鵠山上。建康，齊都。）兵敗，皆死。

目 齊主遣平西將軍崔慧景將水軍討壽陽，過廣陵數十里，（廣陵在今江蘇揚州市東北。）會諸軍士曰：「吾荷三帝厚恩，當顧託之重。幼主昏狂，朝廷壞亂；危而不扶，責在今日。欲與諸君共建大功以安社稷，何如？」衆皆響應。於是還軍向廣陵，司馬崔恭祖納之。齊主遣左興盛督諸軍以討之。

慧景濟江。遣使奉江夏王寶玄爲主，寶玄斬其使，而密與相應，分部軍衆，隨慧景向建康。攻竹里，（山名，在今江蘇句容縣北，甚傾險，一名翻車峴。）拔之。萬副兒說慧景曰：「今平路皆爲臺軍所斷，不可議進；惟宜從蔣山龍尾上，（蔣山卽鍾山，在今江蘇南京市內。龍尾，謂山之陂陀者。）出其不意耳。」慧景從之，分遣千餘人，魚貫緣山，自西巖夜下，鼓噪臨城。臺軍驚散，宮門閉，慧景引衆圍之。左興盛走逃淮渚，慧景擒殺之。

時豫州刺史蕭懿將兵在小峴，（豫州叛降魏後徙治歷陽，即今安徽和縣。小峴山，在今安徽合肥市東。）齊主遣密使告之。懿方食，投箸而起，自采石濟江。（采石山一名采石磯，在今安徽當塗縣西北。）慧景獨遣崔覺將數千人度南岸，戰敗，慧景將腹心數人潛去，爲人所殺。寶玄逃亡，數日乃出，齊主殺之。

處士何點

初，慧景欲交處士何點，點不顧。及圍建康，逼召點；點往赴之，日談佛義，不及軍事。慧景敗，齊主欲殺點。蕭暢曰：「點若不誘賊共講，未易可量。以此言之，乃應得封！」齊主乃止。

蕭懿爲尚書令

綱　齊以蕭懿爲尚書令。

綱　秋八月，齊後宮火。

趙鬼能讀西京賦

大起諸殿

步步生蓮花

目　齊後宮火。時嬖倖之徒皆號爲「鬼」。有趙鬼者，能讀西京賦，（西京賦，東漢張衡所作。西京者，漢之西都，即今陝西西安市西北長安故城。）言於齊主曰：「柏梁既災，建章是營。」西京賦曰：「柏梁既災，越巫陳方，建章是經，用厭火祥。」（史記孝武本紀：「柏梁臺災，越巫勇之曰：『越俗有火災，復起屋，必以大，用勝服之。』於是作建章宮。」祥，災異也。）齊主乃大起芳樂、玉壽等諸殿，以麝塗壁，刻畫裝飾，窮極綺麗。後宮服御，極選珍奇，鑿金爲蓮花以貼地，令潘妃行其上，曰：「此步步生蓮花也。」嬖倖因緣爲姦利，課一輸十。百姓困盡，號泣道路。

齊殺蕭懿

綱　冬十月，齊主殺其尚書令蕭懿。

目　初，齊主出入無度，或勸懿因其出門，舉兵廢之。懿不聽。嬖臣茹法珍等憚懿，說齊主曰：「懿將行隆昌故事。」（隆昌，齊昭業年號。隆昌元年，蕭鸞弒帝，追廢帝爲鬱林王，自爲帝，事見三六卷。）

齊主然之。長史徐曜甫知之，密具舟江渚，勸懿奔襄陽。懿曰：「自古皆有死，豈有叛走尚書令邪！」至是，齊主賜懿藥於省中。懿且死，曰：「家弟在雍，（家弟，謂蕭衍。）深爲朝廷憂之。」

綱　十一月，齊雍州刺史蕭衍起兵襄陽，行荆州事蕭穎胄亦以南康王寶融起兵江陵。（南康，今江西南康縣。荆州治江陵，即今湖北江陵縣。）

目　蕭衍聞懿死，夜召張弘策等入宅定議。明日，集僚佐謂曰：「昏主暴虐，當與卿等共除之！」時南康王寶融爲荆州刺史，長史蕭穎胄行府州事，齊主遣將軍劉山陽就穎胄兵襲襄陽。衍知其謀，遣將軍王天虎詣江陵，徧與州府書，聲云：「山陽西上，并襲荆、雍。」穎胄疑未決；山陽至巴陵，（即今湖南岳陽縣。）衍復令天虎齎書與穎胄及其弟穎達。山陽遲回不上，穎胄大懼，夜呼參軍席闡文等閉齋定議。闡文曰：「蕭雍州蓄養士馬，非復一日，必不可制；就能制之，歲寒復不爲朝廷所容。今若殺山陽，與雍州舉事，立天子以令諸侯，則霸業成矣。山陽既不信我，今斬送天虎，則彼疑可釋。至而圖之，罔不濟矣。」穎達亦勸穎胄從闡文計。詰旦，（詰旦，明旦也。）穎胄謂天虎曰：「卿與劉輔國相識，（劉輔國即山陽。）今不得不借卿頭！」乃斬天虎送山陽，山陽大喜，單車詣穎胄。伏兵斬之。乃以南康王寶融教纂嚴（教，令也。纂嚴，猶言戒嚴。）以蕭衍都督前鋒，穎胄都督行留諸軍事。

穎胄送劉山陽首於蕭衍，衍遂表勸寶融稱尊號；不許。十二月，穎胄及司馬夏侯詳移檄建康州郡，數齊主及梅蟲兒、茹法珍罪惡。夏侯詳之子亶爲殿中主帥，自建康亡歸。稱奉宣德太后令：（海陵王之母廢居宣德宮，故稱。）「南康王（宜）纂承皇祚，方俟清宮，未即大號；可封十郡爲宣城王、相國、荊州牧，選百官。」（宣城國都宛陵縣，即今安徽宣城縣。）

韋叡知梁武定天下

初，陳顯達、崔慧景之亂，（陳顯達，高、武舊將，永元元年三月出爲江州刺史，十二月舉兵襲建康，敗死。）上庸太守韋叡曰：「陳雖舊將，非命世才；崔頗更事，懦而不武；其赤族宜矣。定天下者，殆必在吾州將乎？」（州將指蕭衍。）乃遣二子自結於蕭衍。及衍起兵，叡帥郡兵二千倍道赴之。馮道根居母喪，亦帥鄉人子弟來赴。

和帝（名寶融，明帝第八子，在位一年，蕭衍廢爲巴陵王，尋弑之，壽十六歲，而齊亡矣。）

綱　辛巳，（五〇一）齊和帝寶融中興元年，魏景明二年。春正月，齊南康王寶融稱相國。蕭衍發襄陽。

綱　二月，齊蕭衍圍郢城。

寶融廢寶卷自立

綱　三月，齊相國南康王寶融廢其君寶卷爲涪陵王而自立。（涪陵國都枳縣，在今四川涪陵縣西。）

綱　秋八月，齊蕭衍克尋陽。（即今江西九江市。）

綱　九月，齊蕭衍引兵東下。

鄭紹叔比蕭何寇恂

目　齊主寶融詔蕭衍，若定京邑，得以便宜從事。衍留鄭紹叔守尋陽，引兵東下，謂曰：「卿，吾之蕭何、寇恂也。」（楚、漢之際，蕭何守關中，轉運調兵以給高帝。漢光武爲蕭王時，寇恂守河內，調糧治械以給軍。）比克建康，紹叔督江、湘糧運，（江、湘，謂江州、湘州。江州治尋陽。湘州治臨湘，即今湖南長沙市。）未嘗乏絕。

綱 冬十月，齊蕭衍圍建康。

蕭衍入建康

綱 十二月，齊人弑涪陵王寶卷。王珍國等斬之。蕭衍入建康，以太后令追廢寶卷爲東昏侯，（蕭衍起兵荆、雍，在建康之西，言寶卷以昏虐居東爲帝，故以號之。）自爲大司馬，承制。

目 衍入屯閱武堂，下令大赦。凡昏制謬賦，淫刑濫役，悉皆除盪。潘妃有國色，衍欲留之，以問領軍王茂，茂曰：「亡齊者此物，留之恐貽外議。」乃并茹法珍等誅之。

綱 齊大司馬衍執豫州刺史馬僊琕、吳興太守袁昂，（吳興郡治烏程縣，即今浙江湖州市。）既而釋之。衍曰：「令天下見二義士。」皆厚遇之。

右齊七主合二十四年

梁紀 附北魏

高祖武帝

姓蕭名衍，齊之疏族。仕齊爲梁公，進爵爲王，遂篡齊。在位四十八年，壽八十六歲。

蕭衍自封梁公

綱 壬午，（五〇二）齊中興二年，梁高祖武帝蕭衍天監元年，魏景明三年。是歲齊亡，梁代。春正月，齊大司馬衍迎宣德太后入宮稱制；二月，衍自爲相國，封梁公，加九錫。

目 初，衍與范雲、沈約、任昉同在竟陵王西邸，（事見卷三十六齊武帝永明二年「竟陵王子良爲司徒」目。）邸，舍也。至是，引雲爲諮議，約爲司馬，昉爲記室，參謀議。謝朏、何胤先棄官居家，衍奏徵爲軍諮祭酒，朏、胤皆不至。衍內有受禪之志，沈約進曰：「齊祚已終，明公當承其運，雖欲謙光，不可得已。」衍曰：「吾方思之。」約曰：「公初建牙樊、沔，（將軍之旗曰牙。蕭衍初爲雍州刺史，鎭襄陽。樊卽樊城，卽今湖北襄樊市樊城。沔卽漢水，自光化縣東南流經襄樊市。樊、沔，謂襄陽也。）此時應思；今王業已成，何所復思！若天子還都，公卿在位，則君臣分定，無復異心，豈復有人方更同公作賊！」衍然之。召雲等告之，雲對略同約旨。衍曰：「我起兵三年矣，諸將不爲無功，然成帝業者，卿二人也。」乃詔進衍位相國、揚州牧，封十郡爲梁公，（揚州治建業，領丹陽、吳、會稽、吳興、淮南、宣城、東陽、臨海、永嘉、新安十郡。）備九錫，置百司。

蕭衍爲梁王

綱　梁公衍進爵爲王。

綱　三月，齊主發江陵，以蕭憺都督荆、湘六州軍事。憺音淡。

蕭衍稱帝

綱　夏四月，梁王衍稱皇帝，廢齊主爲巴陵王，齊主至姑孰，下詔禪位於梁。衍奉和帝爲巴陵王，宮於姑孰。（巴陵，卽今湖南岳陽縣。姑孰，卽今安徽當塗縣。）遷太后于別宮。太后卽宣德太后。封拜其功臣有差。

蕭衍弑和帝

綱　梁主衍弑巴陵王于姑孰，齊御史中丞顏見遠死之。

目　梁主欲以南海郡爲巴陵國，（南海郡治南海，卽今廣東廣州市。謂令巴陵王居于南海也。）徙王居之。沈約曰：沈約時爲僕射。「不可慕虛名而受實禍。」梁主頷之，頷，點頭以應也。乃使所親鄭伯禽詣姑孰，以生金進王。王曰：「我死不須金，醇醪足矣。」乃飲沉醉，伯禽就摺殺之。摺音蠟，

梁置謗木肺石

梁定正雅樂

折也。王之鎮荆州也，琅邪顔見遠爲錄事參軍；（琅邪，在今山東諸城縣東南。）及卽位，爲御史中丞；旣禪位，見遠不食，數日而卒。梁主聞之曰：「我自應天從人，何預天下士大夫事，而顔見遠乃至於此！」

綱 梁徵謝朏、何胤、何點，不至。

綱 梁置謗木、肺石函。周禮秋官大司寇「以肺石達窮民」，乃伸寃者擊之，如撾登聞鼓也。所以肺形者，便於垂。又肺主聲，聲所以達其寃也。函，匱也。

目 梁主詔：「公車府謗木、肺石各置一函，若肉食莫言，肉食，謂在位者。欲有橫議，投謗木函；若有功勞才器，寃沉莫達者，投肺石函。」

綱 秋八月，梁定正雅樂。

綱 冬十一月，梁立子統爲太子。

目 統生五歲，能徧誦五經。

綱 癸未，（五〇三）梁天監二年，魏景明四年。春正月，梁以沈約、范雲爲左、右僕射，尙書令王亮廢爲庶人。

綱 夏五月，梁僕射范雲卒，以左丞徐勉、將軍周捨同參國政。捨雅量不及勉，而淸簡過之，兩人俱稱賢相。

綱 六月，梁以謝朏爲司徒。

謝朏輕舟詣闕

目　朏逃竄年餘，一旦輕舟自出詣闕，以爲司徒、尙書令。朏辭脚疾不堪拜謁，角巾白輿詣雲龍門謝；詔乘小車就席。明日，梁主幸其宅，宴語盡歡。朏固陳本志，不許。朏素憚煩，不省職事，衆頗失望。

魏源懷巡北邊

綱　冬，十月，魏以僕射源懷爲行臺，巡北邊。

目　魏既遷洛陽，北邊荒遠，因以饑饉，百姓困弊。乃加僕射源懷行臺，使持節巡行北邊，賑貧乏，考殿最，（下功曰殿，上功曰最。）事之得失，先決後聞。懷通濟有無，飢民賴之。沃野鎭將于祚，（漢朔方郡沃野縣，魏爲沃野鎭，在今內蒙古磴口縣北，灪格里泊南，黃河西岸。）后之世父，與懷通婚。時于勁方用事，（于勁，后父。）勢傾朝野，祚頗有受納。懷將入鎭，祚郊迎道左，懷不與語，卽劾奏免官。懷朔鎭將元尼須與懷舊交，貪穢狼藉，置酒，謂懷曰：「命之長短，繫卿之口。」懷曰：「今日源懷與故人飮酒之坐，非鞫獄之所也。（鞫音菊。）明日，公庭始爲使者檢鎭將罪狀之處耳。」竟案抵罪。

吉翂請代父死

綱　梁吉翂請代父死，（翂音分。）梁主赦之。

目　馮翊吉翂父爲原鄉令，（馮翊，卽今陝西大荔縣。原鄉，縣名，在今浙江安吉縣西南。）爲姦吏所誣，逮詣廷尉，罪當死。翂年十五，撾登聞鼓，（撾，擊也。）乞代父命。梁主以其幼，疑人教之，使廷尉卿蔡法度訊之。翂曰：「囚雖愚幼，豈不知死之可憚！顧不忍見父極刑，故求代之。此非細故，奈何受人教邪！」法度以聞上，乃宥其父罪。丹陽尹王志欲於歲首舉充純孝。

(丹陽尹治建康。)㸌曰:「異哉王尹,何量㸌之薄乎!父辱子死,道固當然;若㸌當此舉,乃是因父取名,何辱如之!」固拒而止。

魏營國學

綱 甲申,(五〇四)梁天監三年,魏正始元年。冬十一月,魏營國學。

目 時魏學業大盛,燕、齊、趙、魏閒,教授者不可勝數,弟子著錄多者千餘人,州舉茂異,郡貢孝廉,每年逾衆。

梁置五經博士

綱 乙酉,(五〇五)梁天監四年,魏正始二年。春正月,梁置五經博士,立州、郡學。

目 梁主雅好儒術,以東晉、宋、齊雖置國學,而無講授之實,乃下詔曰:「二漢登賢,莫非經術,服習雅道,名立行成。魏、晉浮蕩,儒教淪歇,風節罔樹,抑此之由。其置五經博士,廣開館宇,招內後進,給其餼廩,其射策通明者即除爲吏。」射之爲言投也。射策者,謂爲難問疑義,書之於策,列置案上,不使彰顯;有欲射者,隨其所取得而釋之,以知優劣。若對策,則顯問以政事、經義,令各對之,而觀其文辭以定高下。分遣博士、祭酒巡州、郡,立學。又選學生往雲門山從何胤受業,(雲門山,在今浙江紹興市南。)命胤選經明行脩者以聞。

梁初立孔子廟

綱 夏六月,梁初立孔子廟。

綱 秋八月,魏有芝生於太極殿。

目 侍中崔光上表曰:「氣蒸成菌,生於墟落溼穢之地,不當生於殿堂高華之處;今忽有之,誠足異也。夫野木生朝,野鳥入廟,(野木生朝,謂商太戊時,亳有祥,桑、穀共生於朝。野鳥入廟,謂殷王高宗武丁祭成湯，有雉升鼎耳而雊。）古人皆以爲敗亡之象，故太戊、高宗懼災脩德，殷道以昌。今西南二方，兵革未息，郊甸之內，大旱踰時，民勞物悴，莫此之甚，承天育民者所宜矜恤；願陛下側躬聳意，惟新聖道，節夜飲之樂，養方富之年，則魏祚可以永隆，皇壽等於山嶽矣。」時魏主好宴樂，故光幷及之。

梁大有年

綱　冬十一月，梁大有年。米斛三十錢。

魏甄琛請弛鹽禁

綱　丙戌，（五〇六）梁天監五年，魏正始三年。夏四月，魏罷鹽池之禁。

目　初，魏御史中尉甄琛言：「一家之長必惠養子孫，天下之君，必惠養兆民，未有爲人父母而吝其醯醢，富有羣生而榷其一物者也。（榷，專利也。）今縣官鄣護河東鹽池而收其利，不敢指斥天子，故稱縣官。（河東鹽池，謂河東郡解縣之鹽池，在今山西運城縣東北。）是專奉口腹而不及四體也。天子富有四海，何患於貧！乞弛鹽禁，與民共之！」錄尚書事勰、尚書邢巒奏曰：（勰，蕭勰。巒，邢巒。）「聖人斂山澤之貨以寬田疇之賦，收關市之稅以助什一之儲，取此與彼，皆非爲身，所謂資天地之產，惠天地之民也。竊謂宜如舊式。」魏主卒從琛議。

梁敗魏師

綱　丁亥，（五〇七）梁天監六年，魏正始四年。春三月，梁將軍曹景宗、豫州刺史韋叡大敗魏師于鍾離。（梁豫州治懸瓠城，即今河南汝南縣。）

目　魏中山王英與將軍楊大眼等衆數十萬攻鍾離。鍾離城北阻淮水，魏人於邵陽洲兩岸爲橋，（邵陽州，在今安徽鳳陽縣西北。）樹柵數百步，跨淮通道。城中纔三千人，昌義之隨方抗禦。昌義之，北徐州刺史，初梁脩鍾離城，敕義之爲戰守之備。二月，梁主命豫州刺史韋叡救鍾離，受曹景宗節度。先是梁主命景宗都督諸軍救鍾離。叡自合肥由陰陵大澤行，（合肥，今安徽合肥市。陰陵山，在今安徽和縣西北。）値澗谷，輒飛橋以濟師。人畏魏兵盛，多勸緩行。叡曰：「鍾離鑿穴而處，負戶而汲，負門汲水，以禦流矢。車馳卒奔，猶恐其後，而況緩乎！魏人已墮吾腹中，卿曹勿憂也。」曹，輩也。旬日至邵陽，梁主豫敕景宗曰：「韋叡，卿之鄉望，宜善敬之！」景宗見叡，禮甚謹，梁主聞之曰：「二將和，師必濟矣。」

梁以火攻破魏軍

梁主命景宗等豫裝高艦，艦，戰船。與魏橋等，爲火攻之計，叡攻其南，景宗攻其北。三月，淮水暴漲六七尺，叡使馮道根等乘艦擊魏洲上軍，盡殪。殪音意，殺也。別以小船載草，灌膏焚其橋，風怒火盛，煙塵晦冥，死士拔柵斫橋，斫，刀斬也。倏忽俱盡。道根等身自搏戰，軍人奮勇，呼聲動天地，無不一當百，魏軍大潰。英脫身走，大眼亦焚營去。

義之德景宗及叡，設錢二十萬，官賭之。景宗擲得雉；叡徐擲得盧，遽取一子反之，曰：「異事！」遂作塞。古博以五木爲體，有梟、盧、雉、犢、塞五者。梟最勝，盧次之，雉與犢又次之，塞最下。羣帥爭先告捷，叡獨居後，世尤以此賢之。

綱 冬十月，梁以徐勉爲吏部尙書。

目 勉精力過人，雖文案塡積，坐客充滿，應對如流，手不停筆。嘗與門人夜集，客求官，勉正色曰：「今夕止可談風月，不可及公事。」時人咸服其無私。

高肇弑魏后

綱　閏月，魏尚書令高肇，弑其主之后于氏及其子昌。時高貴嬪有寵而妒，高肇勢傾中外。后暴疾殂，后所生子昌尋卒，人皆謂高氏爲之也。

綱　戊子，（五〇八）梁天監七年，魏永平元年。秋七月，魏立貴嬪高氏爲后。

高肇用事

目　高后旣立，高肇益貴重用事。羣臣宗室皆卑下之，唯度支尚書元匡與抗衡，肇惡之。會匡與劉芳議權量，肇主芳議，匡表肇「指鹿爲馬」。有司處匡死刑，詔貶其官。

梁求成於魏

綱　己丑，（五〇九）梁天監八年，魏永平二年。春正月，梁主遣使求成于魏，魏主不肯。

目　初，魏主遣中書舍人董紹慰勞叛城，白早生囚之，送建康。梁都。呂僧珍與之言，愛其文義，言於梁主，梁主遣謂紹曰：「今聽卿還，令卿通兩家之好，彼此息民，豈不善也！」因召見，慰勞之，且曰：「戰爭多年，民物塗炭，吾是以不恥先言，卿宜備申此意。夫立君以爲民也，凡在民上，豈可不思此乎！」紹還魏言之，魏主不從。

魏主親講佛書

綱　冬十一月，魏主親講佛書，作永明、閒居寺。

裴延儁上疏

目　時魏主專尚釋氏，不事經籍，中書侍郎裴延儁上疏曰：「漢光武、魏武帝，雖在戎馬之閒，未嘗廢書，先帝遷都行師，先帝，謂孝文帝。手不釋卷，良以學問多益，不可暫輟故也。陛下親講大覺，佛書也。墳藪俱開。然五經治世之模楷，應物之所先，伏願互覽兼存，則內外俱周矣。」時佛教盛於洛陽，洛陽，魏都。沙門自西域來者三千餘人，沙門，僧也。魏主別爲之立永明寺千餘閒以處之。處士馮亮有巧思，魏主使擇嵩山形勝之地立閒居寺，（嵩山在今河南登封縣。)極巖壑土木之美。由是遠近承風，無不事佛，比及延昌，宣武帝年號。州、郡共有一萬三千餘寺。

魏子詡生

綱 庚寅，(五一〇)梁天監九年，魏永平三年。春三月，魏主之子詡生。詡音許。詡，充華胡氏所生也。詡立，是爲孝明帝，後爲胡氏所弒。

張稷怨望

綱 辛卯，(五一一)梁天監十年，魏永平四年。春正月，梁以張稷爲青、冀刺史。(梁青州治朐山縣，卽今江蘇新海連市。冀州治漣口，卽今江蘇漣水縣。)

目 僕射張稷，齊和帝中興元年，張稷與王珍國同弒東昏侯寶卷。自謂功大賞薄，侍宴酒酣，怨望形於辭色。上曰：「卿兄殺郡守，弟殺其君，有何名稱！」稷曰：「臣乃無名稱，至於陛下，不爲無勳。東昏暴虐，義師伐之，豈在臣而已！」上捋其鬚曰：捋音鑾，入聲。「張公可畏人！」乃以爲青、冀刺史。

魏高肇爲司徒

綱 壬辰，(五一二)梁天監十一年，魏延昌元年。春正月，魏以高肇爲司徒，清河王懌爲司空。

目 高肇自尙書令爲司徒，自以去要任，怏怏形於言色。右丞高綽、博士封軌，素以方直自業，及肇爲司徒，綽送迎往來，軌竟不詣肇。綽顧不見軌，乃遽歸，歎曰：「吾平生自謂不失規矩，今日擧措不如封生遠矣。」清河王懌有才學聞望，懲彭城之禍，彭城王勰，魏主叔父。永平元年立高貴嬪爲后，勰固諫不聽，高肇怨之，數譖勰於魏主，竟殺之。因侍宴，謂肇曰：「天子兄弟詎有幾人，而剪之幾盡！昔王莽頭禿，藉渭陽之資，渭陽，謂舅氏也。詩秦風(渭陽)：「我送舅氏，曰至渭陽」，故云。

遂篡漢室。今君身曲，亦恐終成亂階。」

綱　冬十月，魏立子詡爲太子。

魏始立嗣不殺母

目　魏自是始不殺太子之母。（魏故事，凡立嗣子，輒先殺其母，至詡母胡充華偏不殺。）以僕射郭祚領少師。祚嘗從幸東宮，懷黃㼉以奉太子；（㼉音扁，瓜屬。）時應詔左右趙桃弓深爲魏主所信任，祚私事之，時人謂之「桃弓僕射」、「黃㼉少師」。

綱　癸巳，（五一三）梁天監十二年，魏延昌二年。夏五月，魏壽陽大水。（齊永元二年，齊豫州降于魏，魏以爲揚州，治壽陽，即今安徽壽縣。）

李崇不愧王尊

目　壽陽久雨，大水入城，廬舍皆沒。魏揚州刺史李崇勒兵泊於城上，城不沒者二版。將佐勸崇棄城保北山，崇曰：「淮南萬里，繫於吾身，一旦動足，百姓瓦解，吾豈以愛身，而取愧於王尊哉！（漢成帝時王尊爲東郡太守，河水泛浸瓠子金隄，尊投沉白馬祀水神，請以身塡金隄，因止宿廬居隄上；及水盛隄壞，吏民皆奔走，尊立不動，而水波漸迴。）但憐此士民，無辜同死，可結筏隨高，（筏，編竹木爲之。）人規自脫，吾必與此城俱沒。」治中裴絢，叛降於梁。崇遣從弟神等討之，絢敗走，執之，絢曰：「吾何面目見李公乎！」乃投水死。崇表以水災求解，（引咎自責，求解刺史之任。）魏主不許。崇沉深寬厚，有方略，得士心，在壽春十年，（壽春即壽陽。）常養壯士數千人，寇來無不摧破，鄰敵謂之「臥虎」。

綱　秋八月，魏恆、肆二州地震、山鳴。（恆州治平城，即魏舊都司州改名，在今山西大同市東。肆州治九原縣，在今山西忻定縣西。）

目　踰年不已，民覆壓死傷甚衆。

魏主詡立

綱　乙未，（五一五）梁天監十四年，魏延昌四年。春正月，魏主恪殂，太子詡立。是爲肅宗孝明帝。高后欲殺詡母胡貴嬪，中給事劉騰以告庶子侯剛、侍中領軍于忠、侍中中書監崔光，光使置貴嬪別所，嚴加守衛。由是貴嬪深德四人。

魏誅高肇

綱　二月，魏司徒高肇伏誅。

綱　魏尊貴嬪胡氏爲太妃，廢其太后高氏爲尼。秋八月，魏尊太妃胡氏爲太后。居崇訓宮。

綱　九月，魏太后稱制。以于忠爲冀州刺史，司空澄領尚書令。

梁築淮堰

綱　丙申，（五一六）梁天監十五年，魏肅宗孝明帝詡熙平元年。夏四月，梁淮堰成。天監十三年冬，魏降人王足陳計，求堰淮水以灌魏壽陽。梁主以爲然，遂築淮堰，南起浮山，北抵巉石，依岸築土，合脊於中流。

目　堰長九里，下廣百四十丈，上廣四十五丈，高二十丈，樹以楊柳，軍壘列居其上。或謂康絢曰：康絢時都督諸軍，并護堰作。「四瀆，江、河、淮、濟。天所以節宣其氣，不可久塞，若鑿湫東注，湫音酒，平聲，水溝也。則游波寬緩，堰得不壞。」絢乃開湫東注。

梁淮堰壞

綱　秋九月，梁淮堰壞。

目　淮水暴漲，堰壞，其聲如雷，聞三百里，緣淮城戍村落十餘萬口皆漂入海。

魏作永寧寺　梁罷宗廟用牲　魏遣使如西域求佛書　魏補石經　魏崔亮立停年格

【綱】冬，魏作永寧寺。

【目】胡太后作永寧寺於宮側，又作石窟寺於伊闕口，皆極土木之美。爲九層浮圖，塔也。高九十丈，刹高十丈，刹音察。梵言刹，中華言竿，即今幡柱也。塔廟之盛，未之有也。

【綱】丁酉，（五一七）梁天監十六年，魏熙平二年。春三月，梁詔文錦不得爲人獸之形。

【目】敕織官，文錦不得爲仙人鳥獸之形，爲其裁翦，有乖仁恕。

【綱】夏四月，梁罷宗廟牲牢，薦以蔬果。

【目】詔以宗廟用牲牢，有累冥道，宜皆以麪爲之。於是朝野諠譁，以爲宗廟去牲，乃是不復血食。祭有牲牢，故言血食。八座乃議以大脯代一元大武。八座，六部尚書、左右僕射。大脯，牛脩、鹿脯。曲禮：「凡祭宗廟之禮，牛曰一元大武。」注：「元，頭也。武，足迹也。牛肥則迹大。」尋詔以餅代脯，其餘盡用蔬果。

【綱】戊戌，（五一八）梁天監十七年，魏神龜元年。秋九月，魏太后胡氏弑其故太后高氏。

【綱】魏遣使如西域求佛書。

【目】魏胡太后遣使者宋雲與比丘慧生如西域求佛經。比丘，僧也。雲等行四千里，至赤嶺，乃出魏境；又西行，再朞，至乾羅國。乾音干。得佛書百七十部而還。

【綱】魏補三字石經。補其殘缺，從崔光之請也。

【綱】己亥，（五一九）梁天監十八年，魏神龜二年。春二月，魏以崔亮爲吏部尚書，立停年格。

目　時官員既少，應選者多，吏部尙書李韶銓注不行，大致怨嗟；乃更以崔亮爲尙書。亮爲格制，不問士之賢愚，專以停解日月爲斷，沉滯者稱其能。洛陽令薛琡上書曰：「黎元之命，繫於長吏，若選曹唯取年勞，不簡賢否，執簿呼名，一吏足矣，數人而用，何謂銓衡！」銓，量也。衡，平也。所以量度人物而爲之平也。書奏，不報。其後甄琛等繼亮爲尙書，利其便己，踵而行之，魏之選舉失人，自亮始也。

梁馮道根卒

綱　庚子，（五二〇）梁普通元年，魏正光元年。春正月，梁左將軍馮道根卒。

目　梁主春祠二廟，旣出宮，有司以道根訃聞。梁主問中書舍人朱异曰：异音異。「吉凶同日，可乎？」對曰：「昔衞獻公聞柳莊死，不釋祭服而往哭之。左傳文公七年：「衞獻公祭太廟，聞大夫柳莊卒，不釋祭服而往臨之。」道根有勞王室，臨之，臨，哭也。禮也。」梁主卽幸其宅，哭之慟。

魏元乂殺清河王懌

綱　秋七月，魏侍中元乂殺太傅淸河王懌，幽太后于北宮。

目　魏太傅、侍中、淸河王懌，美風儀，胡太后逼而幸之。然素有才能，輔政多所匡益，好學禮士，時望甚重。侍中、領軍將軍元乂，乂妻胡太后妹，拜女侍中。恃寵驕恣，懌每裁之以法。衞將軍劉騰，權傾內外，吏部用其弟爲郡，懌抑而不奏。乂、騰皆怨之，乃使主食胡定自列云：「懌貨定使毒魏主。」魏主時年十一，信之。乂奉魏主御顯陽殿，騰閉永巷門，永巷，宮中長巷。太后不得出。懌入，乂厲聲止之，懌曰：「汝欲反邪！」乂曰：「正欲縛反者耳！」命宗士執懌。騰稱詔集公卿議，論懌大逆；衆畏，無敢異者，乂、騰遂殺懌。詐爲太后詔，自稱有疾，還政魏主。幽太后於北宮，魏主亦不得省見，裁聽傳食而已。太后不免飢寒，乃曰：「養虎得噬，我之謂矣。」乂與騰表裏擅權，乂爲外禦，騰爲內防，常直禁省，威振內外。

綱　冬十月，魏以汝南王悅爲太尉。（汝南國都懸瓠城，亦豫州治，即今河南汝南縣。）

魏汝南王悅爲太尉

目　魏清河王懌死，汝南王悅了無恨元乂之意，以桑落酒候之，桑落酒，熟於桑落之辰，故名。其法以九月九日作，水、麴、米皆以三升爲準。盡其私佞。乂大喜，以悅爲侍中、太尉。

綱　壬寅，（五二二）梁普通三年，魏正光三年。夏五月朔，日食既。

綱　冬十一月，梁西豐侯正德奔魏，（西豐，在今江西臨川縣南。）既而逃歸。

梁正德奔魏逃歸

目　初，梁主養臨川王宏之子正德爲子。（臨川國都臨汝縣，在今江西撫州市西。）及太子統生，正德還本，賜爵西豐侯。怏怏不滿意，常蓄異謀。是歲奔魏，魏人待之甚薄，正德逃歸，梁主泣而誨之，復其封爵。

綱　癸卯，（五二三）梁普通四年，魏正光四年。冬，魏司徒崔光卒。

目　光寬和樂善，終日怡怡，未嘗忿恚。于忠、元乂用事，皆尊敬之，事多咨決，而不能救裴、郭、清河之死，于忠用事，裴植、郭祚皆以無罪賜死。元乂用事，清河王懌濫以謀叛見誅。時人比之張禹、胡廣。且死，薦賈思伯爲侍講。帝從思伯受春秋，思伯傾身下士，或問曰：「公何以能不驕？」思伯曰：「衰至便驕，何常之有！」當世以爲雅談。

綱　十二月，梁鑄鐵錢。

梁鑄鐵錢

爾朱榮結納豪傑

魏元乂解領軍

魏誅元乂

鄭儼

綱 甲辰，（五二四）梁普通五年，魏正光五年。 秋八月，魏秀容人乞伏莫干等反，（秀容縣，在今山西忻定縣西北。魏天興元年封爾朱羽健於秀容川，後改置縣。）酋長爾朱榮討平之。

目 榮，羽健之玄孫也。御衆嚴整。時四方兵起，榮陰散其畜牧資財，招合驍勇，結納豪傑，於是侯景、司馬子如、賈顯度、段榮、竇泰皆往依之。

綱 冬十二月，梁以散騎常侍朱异掌機政。

綱 乙巳，（五二五）梁普通六年，魏孝昌元年。 春二月，魏元乂解領軍。

綱 夏四月，魏太后復臨朝，誅其尚書令元乂，以元順爲侍中，鄭儼、徐紇、李神軌爲中書舍人。

目 乂雖解兵權，猶總內外，侍中穆紹勸太后速去之。潘嬪有寵於魏主，宦官說之云：「乂欲害嬪。」嬪泣訴於魏主曰：「乂非獨欲殺妾，又將不利於陛下。」魏主信之，因乂出宿，解乂侍中。明旦，將入宮，門者不納。太后遂復臨朝攝政，清河國郎中令韓子熙上書爲清河王懌訟寃，乞誅乂等；太后以乂妹夫故，未忍誅。先是黃門侍郎元順，以剛直忤乂意，出爲齊州刺史，（齊州即南朝宋冀州，魏改名，治歷城縣，即今山東濟南市。）太后徵還，爲侍中，侍坐於太后，順曰：「陛下奈何以一妹之故，不正元乂之罪，使天下不得伸其怨憤！」太后默然。未幾，有告「乂謀誘六鎭降戶反於定州」，（治盧奴，即今河北定縣。）乃賜乂死。

初，鄭儼爲司徒胡國珍參軍，（胡國珍，太后父。）私得幸於太后。至是，拜中書舍人，領嘗食典御，晝夜禁中。徐紇初詔事清河王懌，懌死，復詔事元乂。太后以紇爲懌所厚，亦召爲中書舍人。

李神軌

神軌亦得幸於太后，亦領中書舍人，嘗求婚於散騎常侍盧義僖，義僖不許。侍郎王誦謂曰：「昔人不以一女易衆男，晉成都王穎，樂廣之壻也，穎與長沙王乂構難，或譖廣於乂，廣曰：「豈以五男易一女。」卿豈易之邪！」義僖曰：「所以不從，正爲此耳；從之，恐禍大而速。」誦乃堅握義僖手曰：「我聞有命，不敢以告人。」詩唐風揚之水篇卒章之辭，蓋晉桓叔將以傾晉，有命舉事而民爲之隱，故雖聞而不敢以告人也。女遂適他族。婚夕，太后遣中使宣敕停之，內外惶怖，義僖夷然自若。

魏杜洛周反

綱　秋八月，魏柔玄鎮民杜洛周反于上谷，（柔玄鎮，在今內蒙古興和縣境。魏上谷郡治平舒縣，在今山西渾源縣西，接河北蔚縣界。）魏遣兵討之。

目　洛周反，高歡、蔡儁、尉景、段榮、彭樂皆從之。魏以常景爲行臺，與都督元譚討之。

綱　丙午，（五二六）梁普通七年，魏孝昌二年。夏四月，魏以元順爲太常卿。

目　城陽王徽與黃門侍郎徐紇毀侍中元順，（城陽國都城陽縣，在今河南泌陽縣南。）出爲太常卿。順奉辭，時紇侍側，順指之曰：「此魏之宰嚭，（吳大夫宰嚭好讒，吳王夫差信而任之，以至亡國。）魏國不亡，此終不死！」紇脅肩而出，順叱之曰：「爾刀筆小才，正堪供几案之用，豈應汙辱門下，斁我彝倫！」書洪範篇：「彝倫攸斁。」斁，音妒，敗也。因振衣而起。太后默然。

魏幽州民叛降杜洛周

綱　冬十一月，魏幽州民執行臺常景，（幽州治薊縣，在今北京市德勝門外。）叛降杜洛周。

魏稅入市者錢

魏房景伯爲東清河太守

梁主捨身同泰寺

梁克魏東豫州

目 魏盜賊日滋，征討不息，國用耗竭，豫徵六年租調，猶不足，乃罷百官酒肉，稅入市者人一錢，百姓嗟怨。

綱 丁未，（五二七）梁大通元年，魏孝昌三年。春正月，魏以房景伯爲東清河太守。（東清河郡治貝丘縣，在今山東淄博市東北。）

目 魏東清河郡山賊羣起，詔以房景伯爲太守。郡民劉簡虎嘗無禮於景伯，舉家亡去，景伯擒之，署其子爲掾，（掾，官屬。）令諭山賊。賊以景伯不念舊惡，相帥出降。景伯母崔氏，通經，有明識。貝丘婦人列其子不孝，景伯白其母，母曰：「民未知禮義，何足深責！」乃召其母，與之對榻共食，使其子侍立堂下，觀景伯供食。未旬日，悔過求還。崔氏曰：「此雖面慙，其心未也，且置之。」凡二十餘日，其子叩頭流血，母涕泣乞還，然後聽之，卒以孝聞。

綱 三月，梁主捨身於同泰寺。

綱 冬十月，梁將湛僧智、夏侯夔圍魏廣陵，（廣陵城，即魏東豫州治，即今河南息縣。）克之。

目 湛僧智圍魏東豫州刺史元慶和於廣陵，魏將軍元顯伯救之，梁司州刺史夏侯夔引兵助僧智。（梁司州時治關南，在今河南信陽市平靖、武勝兩關南。）慶和舉城降。夔以讓僧智，僧智曰：「慶和欲降公，僧智今往，必乖其意。且僧智所將應募烏合之人，不可御以法；公持軍素嚴，必無侵暴，受降納附，深得其宜。」夔乃登城，拔魏幟，建梁幟；慶和束兵而出，吏民安堵。

綱鑑易知錄卷三八

梁紀　附北魏東西魏

高祖武帝

綱　戊申，（五二八）梁大通二年，魏孝昌四年、敬宗孝莊帝子攸永安元年。春正月，魏大赦。

目　魏潘嬪生女，胡太后詐言皇子，大赦、改元。

綱　魏太后胡氏進毒弒其主詡，而立臨洮王世子釗。（臨洮國都龍城，在今甘肅岷縣西北。）

魏胡太后弒立

目　太后再臨朝以來，嬖倖用事，政事縱弛，盜賊蠭起，封疆日蹙。魏主年浸長，太后自以所爲不謹，凡魏主所愛信者，輒以事去之，務爲壅蔽，不使知外事。由是母子之間，嫌隙日深。

劉貴薦高歡於爾朱榮

是時，車騎將軍、六州大都督爾朱榮兵彊，劉貴、段榮、尉景、蔡儁皆歸之。貴屢薦高歡於榮，榮見其憔悴，未之奇也。廄有悍馬，命歡翦之。（翦，整齊馬鬣也。）歡不加羈絆而翦之，馬絡頭曰羈，縶足曰絆。竟不蹄齧，起，謂榮曰：「御惡人亦由是矣。」榮奇其言，坐之牀下，屏左右，訪以時事。歡曰：「聞公有馬十二谷，數饒不可計算，故以山谷多少言之。色別爲羣，畜此竟何用也？」榮曰：「但言爾意！」歡曰：「今天子闇弱，太后淫亂，嬖孽擅命，朝政不行。以明公雄

高歡說爾朱榮

武，乘時奮發，討鄭儼、徐紇之罪，以清帝側，霸業可舉鞭而成，此賀六渾之意也。」（高歡小字賀六渾。）榮大悅，自是每參軍謀。

并州刺史元天穆與榮善，榮兄事之。常與天穆及賀拔岳密謀舉兵入洛，（賀拔，複姓。）內誅嬖倖，外清羣盜，二人皆勸成之。表請不聽，遂舉兵塞井陘。（井陘關，在今河北石家莊市西井陘山上。）魏主亦惡儼、紇等，逼於太后，不能去，密詔榮舉兵內向，欲以脅太后。榮以高歡爲前鋒，至上黨，（上黨郡治壺關，在今山西長治市東南。）魏主復以私詔止之。儼、紇恐禍及己，陰與太后謀酖魏主，殺之。僞立皇子爲帝，既而下詔曰：「潘嬪所生，實皇女也。臨洮世子釗，高祖之孫，可立。」遂迎釗即位。生三年矣，太后欲久專政，故立之。爾朱榮聞之，大怒，謂元天穆曰：「吾欲赴哀山陵，翦誅姦佞，更立長君，何如？」天穆曰：「如此，則伊、霍復見於今矣。」（伊，伊尹。霍，霍光。）

魏爾朱榮沉太后幼主及殺朝士

綱 三月，魏爾朱榮舉兵晉陽。（太原郡治，在今山西太原市西北。）夏四月，至河陽，（縣名，在今河南孟縣西北。）立長樂王子攸，而沉太后胡氏及幼主釗于河，殺王公以下二千人。自爲都督中外諸軍事，封太原王，（爾朱榮舉兵太原晉陽，故封太原王。）遂入洛陽。

目 爾朱榮與元天穆議，以彭城武宣王有忠勳，（彭城王勰謚武宣，立宣武帝，故云有忠勳。彭城國治彭城縣，即今江蘇徐州市。）其子長樂王子攸，素有令望，欲立之。遣從子天光告之，子攸許之；榮乃起兵發晉陽。太后用徐紇計，遣李神軌帥衆拒之，別將鄭先護、鄭季明守河橋。

（卽河陽橋，在今河南孟縣南。）四月，子攸潛自高渚渡河，會榮於河陽。濟河，卽位，以榮爲都督中外諸軍事，封太原王。先護、季明開城納之，將軍費穆亦降。徐紇、鄭儼皆亡走，太后落髮出家。榮召百官奉璽綬備法駕迎於河橋。遣騎執太后及幼主，至河陰，（縣名，在今河南孟津縣東。）沉之河。榮至陶渚，（卽陶河，卽孟津，在今河南孟縣南。）引百官集於行宮西北，列胡騎圍之，責以天下喪亂，肅宗暴崩，朝臣貪虐，不能匡弼之罪，因縱兵殺之，自丞相高陽王雍、司空元欽、儀同三司元略以下，死者二千餘人。

魏元諶爭遷都

榮所從胡騎殺朝士既多，不敢入洛，榮乃議欲遷都；其將汎禮固諫，乃奉魏主入城，大赦。榮猶執遷都議，都官尙書元諶爭之，榮怒曰：「河陰之役，君應知之。」諶曰：「天下事當與天下論之，奈何以河陰之酷恐元諶乎！諶，國之宗室，位居常伯，正使今日碎首流腸，亦無所懼！」榮大怒，欲抵諶罪；諶顏色自若，乃捨之。後數日，榮與魏主登高，見宮闕壯麗，列樹成行，乃歎曰：「元尙書之言，不可奪也。」由是罷議。

魏立肅宗嬪爾朱氏爲后

綱　五月，魏立肅宗嬪爾朱氏爲后。（肅宗卽孝明帝。）

目　榮女先爲肅宗嬪，榮欲魏主納以爲后。魏主疑之，黃門侍郎祖瑩曰：「昔文公在秦，懷嬴入侍；（左傳僖公十七年，晉惠公夷吾太子圉質於秦，秦以嬴氏妻之；二十一年，子圉逃歸，是爲懷公，故嬴氏號懷嬴。二十三年，晉公子重耳奔秦，秦伯納女五人，懷嬴與焉。懷嬴，文公之姪婦也。）事有反經合義，陛下獨何疑焉！」遂從之，榮甚悅。

綱　爾朱榮還晉陽。以元天穆爲侍中、錄尚書事，兼領軍將軍。

目　榮令元天穆入洛陽，朝廷要官，悉用其腹心爲之。

綱　秋九月，魏爾朱榮自爲大丞相。

梁立元顥爲魏王

綱　冬十月，梁立元顥爲魏王，（元顥，魏北海王，四月奔梁。）遣將軍陳慶之將兵納之。

魏元顥稱皇帝

綱　己酉，（五二九）梁中大通元年，魏永安二年。夏四月，魏王顥拔滎城，（即堂城，在今河南寧陵縣西北。）稱皇帝。

綱　五月，魏王顥取梁國、滎陽、虎牢。（梁國即北梁郡，治考城，在今河南蘭考縣東。滎陽即今河南滎陽縣，虎牢在滎陽縣西。）

綱　魏主子攸奔河內。（河內郡治野王，即今河南沁陽縣。）

綱　顥入洛陽，以陳慶之爲車騎大將軍。

天柱大將軍

綱　閏六月，魏爾朱榮渡河。魏王顥走，死。陳慶之走，歸梁。魏主子攸歸洛陽，榮自爲天柱大將軍。

綱　秋七月，魏以高道穆爲中尉。

目　魏主之姊壽陽公主行犯清路，（壽陽，即今安徽壽縣。）道穆擊破其車。公主泣訴之，魏主曰：「中尉清直，（高道穆爲御史中尉。）豈可以私責之！」道穆見魏主，魏主勞之；道穆免冠謝，魏主曰：「朕愧卿，卿何謝也。」

永安五銖錢　梁主再捨身同泰寺　講涅槃經　魏以宇文泰爲將軍　魏誅爾朱榮

【綱】魏始鑄永安五銖錢。

【綱】九月，梁主捨身于同泰寺。

【目】梁主幸同泰寺，設大會。釋御服，持法衣，行清淨大捨，素牀瓦器，乘小車，役私人。親爲四衆講涅槃經。釋氏經云，比丘、比丘尼，此出家二衆也。優婆塞、優婆夷，此在家二衆也。比丘，僧也。梵語比丘，華言乞士，謂上於諸佛乞法，資益惠命；下於施主乞食，資益色身。比丘尼，女僧。優婆塞，亦梵語也，秦言善宿男，唐曰近事男，一名清信士。優婆夷，梵語夷者，華言女也。梵語涅槃，華言示寂也。佛以人死其精神常存，佛之死，示寂滅而已，非眞死也。楞伽經云：「乃不生不死之地，一切脩行之所依歸也。」羣臣以錢一億萬奉贖，十萬曰億。表請還宮；三請，乃許。

【綱】庚戌，（五三〇）梁中大通二年，魏永安三年、主曄建明元年。秋七月，魏以宇文泰爲征西將軍，行原州事。（原州治高平，即今甘肅固原縣。行原州事，謂爲州刺史也。）

【目】宇文泰從賀拔岳入關，以功遷征西將軍，行原州事。時關、隴彫弊，（關謂關中，隴謂隴右，即今陝西、甘肅地。）泰撫以恩信，民皆感悅，曰：「早遇宇文使君，吾輩豈從亂乎！」

【綱】九月，長星見。

【綱】魏爾朱榮至洛陽，與太宰元天穆皆伏誅。

【目】魏爾朱榮雖居外藩，遙制朝政；魏主性勤政事，數親覽詞訟，理冤獄，榮聞之，不悅。城陽王徽、侍中李彧，（城陽王徽，見卷三十七魏孝明帝孝昌二年目。李彧，李延寔子。）勸魏主除榮。

侍中楊侃、僕射元羅、膠東侯李侃晞亦預其謀。（膠東縣，在今山東濰坊市東。）會榮請入朝，徽等勸因其入，刺殺之。魏主疑未定，而謀頗泄。爾朱世隆疑有變，（爾朱世隆，榮從弟，時爲僕射。）乃爲匿名書，云「天子欲殺天柱」，以白榮。榮恃其彊，不以爲意。九月，至洛陽，魏主卽欲殺之，以元天穆在并州，恐爲後患，故忍未發。并召天穆；天穆至，榮與天穆俱入，坐。李侃晞等抽刀從東戶入，榮卽起趨御坐，魏主先橫刀膝下，遂手刃之，天穆亦死。內外喜譟，百僚入賀。魏主登門大赦。是夜，爾朱世隆帥榮部曲，走屯河陰。

魏爾朱世隆等立長廣王爲魏主

綱 魏僕射爾朱世隆反，與汾州刺史爾朱兆立長廣王曄于長子。（汾州治西河縣，卽今山西汾陽縣。長廣，卽今山東平度縣。長子，在今山西長治市西。）冬十二月，入洛陽，遷其主子攸于晉陽而弑之。

爾朱兆使高歡統六鎭

綱 魏紇豆陵步蕃大破爾朱兆于秀容；（紇豆陵步蕃，紇豆陵姓，步蕃名，河西賊帥。初，魏主殺爾朱榮，詔步蕃襲秀容。（秀容縣，在今山西忻定縣西北。）兆及晉州刺史高歡擊殺之。兆使歡統六鎭。（魏太武帝置，一武川鎭，二撫冥鎭，三懷朔鎭，四懷荒鎭，五柔遠鎭，六禦夷鎭。）

魏爾朱世隆立廣陵王

綱 辛亥，（五三一）梁中大通三年，魏節閔帝恭普泰元、主朗中興元年。春二月，魏樂平王爾朱世隆廢其主曄而立廣陵王恭。是爲節閔帝。（樂平，在今山西陽泉市東南。廣陵，卽今河南息縣。）

目 爾朱世隆兄弟密議，以魏主曄疏遠，無人望，欲立近親。廣陵王恭，羽之子也，（廣陵王羽，魏孝文帝之弟。）好學有志度，以元乂擅權，陽得瘖疾。瘖音因，瘂也。郎中薛孝通說爾朱

魏節閔閉口八年乃言

天光曰：「廣陵，高祖猶子，（高祖即孝文帝。）夙有令望，沉晦不言，多歷年所，若奉以爲主，則天人允協矣。」天光使爾朱彥伯潛往脅之，恭乃曰：「天何言哉！」世隆等大喜，乃廢曄而立之。邢子才爲赦文，敍敬宗枉殺爾朱榮之狀，（敬宗即孝莊帝。）魏主曰：「永安手翦強臣，（永安，敬宗年號。）非爲失德，直以天未厭亂，（直，但也。）故逢成濟之禍耳。」（成濟弒曹魏高貴鄉公，見卷二十九魏景元元年。）魏主閉口八年，至是乃言，中外欣然，以爲明主。

【綱】魏河北大使高乾起兵信都，以冀州迎高歡。（冀州治信都，在今河北衡水縣西。）

【目】乾與前河內太守封隆之等襲信都，奉隆之行州事，爲敬宗舉哀，誓衆，移檄州郡共討爾朱氏。高歡屯壺關，（在今山西長治市西。）聲言討信都。衆懼，高乾曰：「吾聞高晉州雄略蓋世，（爾朱榮以高歡爲晉州刺史，故稱高晉州。）其志不居人下。且爾朱無道，弒君虐民，正是英雄立功之會；今日之來，必有深謀，吾當輕馬迎之，諸君勿懼。」乃潛謁歡於滏口，（滏音輔。）（滏口，陘名，太行八陘之一，在今河北磁縣東北。）說之，（說以討爾朱氏。）歡大悅。

李元忠載箏酒迎高

初，趙郡太守李元忠好酒，（此南趙郡，治廣阿，在今河北內丘縣東北。李元忠，南趙郡人，河南太守李顯甫子。）無政績。及爾朱兆弒敬宗，元忠棄官歸，謀舉兵討之。會高歡東出，元忠乘露車，載素箏濁酒以迎歡，歡未即見。元忠下車獨酌，謂門者曰：「今聞國士到門，不吐哺、輟洗，（周公一飯三吐哺以待士，漢高帝輟洗以見酈食其。）其人可知，還吾刺，（書姓名於奏白曰刺。）勿通也！」門者以告，歡遽見之。引入，觴再行，取箏鼓之，長歌慷慨，歌闋，（曲終曰闋，音闕。）謂歡曰：「天下形勢

此君天遺來

高歡爲渤海王

昭明太子

昭明好讀書屬文

可見，公猶事爾朱邪？」歡曰：「富貴皆彼所致，敢不盡節！」元忠曰：「非英雄也！」歡曰：「趙郡醉矣。」使人扶出。長史孫騰曰：「此君天遺來，不可違也。」歡乃復留與語，元忠慷慨流涕，歡亦悲不自勝。元忠因進策曰：「殷州小，（殷州治廣阿，在今河北內丘縣東北，即南趙郡。）無糧、仗，仗，兵器。不足以濟大事。若向冀州，高乾兄弟必爲明公主人。謂高乾及弟敖曹。殷州便以賜委。冀、殷既合，滄、瀛、幽、定自當彌服矣。」（滄州治饒安縣，在今河北交河縣東南。瀛州治趙都軍城，在今河北河間縣境內。幽州治薊，在今北京市德勝門外。定州治盧奴縣，即今河北定縣。）歡急握元忠手而謝焉。歡至信都，封隆之、高乾納之。

綱 魏封其故主曄爲東海王。

綱 魏以高歡爲渤海王。（渤海國即渤海郡，治臨濟城，在今山東博興縣西北。）

目 魏封歡爲渤海王，徵之，不至；乃以爲東道大行臺、冀州刺史。

綱 夏四月，梁太子統卒。

目 統寬和容衆，喜怒不形於色。好讀書屬文，引接才俊，不蓄聲樂，每霖雨積雪，遣左右周行閭巷，視貧者賑之。天性孝謹，及卒，朝野惋愕，謚曰昭明。

綱 梁主立子綱爲太子。六月，封孫歡爲豫章王，譽爲河東王，詧爲岳陽王。詧音察。（豫章國都南昌，即今江西南昌市。河東國都蒲坂，在今山西芮城縣西北。）

目 初，昭明太子葬丁貴嬪，太子母。有道士云：「此地不利長子，請厭之。」厭，鎮也。乃爲臘鵝及諸物，埋於墓側。宮監鮑邈之密啓梁主云：「太子有厭禱。」梁主遣檢掘，得鵝物，大驚，將窮其事，徐勉固諫而止。及太子卒，梁主欲立其長子華容公歡爲嗣，銜其舊事，（銜，恨也。）猶豫久之，竟不立。

既而立太子母弟晉安王綱爲太子。朝野多以爲不順，侍郎周弘正，以嘗爲綱主簿，乃奏記曰：「謙讓道廢，多歷年所。願殿下抗目夷之義，（目夷卽司馬子魚，春秋宋桓公庶子，而太子茲父庶兄也。桓公疾，茲父請曰：「目夷長且仁，君其立之。」公命子魚，子魚辭曰：「能以國讓，仁孰大焉，臣不及也。」遂走而退。）執子臧之節，（春秋晉厲公執曹宣公，諸侯立曹公子臧，子臧辭不受，見左傳成公十三年。）改澆競之俗，以大吳國之風。」（吳太伯、仲雍讓國於季歷，後季札又讓國於諸樊。）綱不能從。

徐摛

綱以徐摛爲家令，兼管記，摛文體輕麗，春坊學之，（東宮官，有左右二春坊。）時人謂之「宮體」。梁主聞之，怒，召摛欲加誚責。及見應對明敏，意更釋然，因問經史及釋教，摛商校從橫，梁主深歎異之，寵遇日隆。朱异不悅，謂所親曰：「徐叟漸來見逼，我須早爲之所。」遂乘閒白梁主曰：（乘閒，乘空閒處。）「摛老，愛泉石，意在一郡。」梁主謂摛眞欲之，乃謂曰：「新安大好山水。」（新安郡治西垣縣，卽今河南汲縣治。）遂出爲守。尋以人言不息，封歡、譽、詧等，以慰其心。

高歡起兵討爾朱氏

綱　魏冀州刺史高歡起兵討爾朱氏。

高歡立元朗

綱　冬十一月，魏高歡立渤海太守元朗，自爲丞相，敗爾朱兆等軍于廣阿。

【綱】壬子，（五三二）梁中大通四年，魏普泰二年、中興二年、孝武帝脩永熙元年。春正月，梁封西豐侯正德爲臨賀王。正德自結於朱异，异言正德失職，故王之。（西豐，在今江西臨川縣南。臨賀，即今廣西賀縣。）

【綱】魏丞相歡克相州，（治鄴縣，在今河北磁縣西。）以楊愔爲行臺右丞。

【綱】三月，魏主朗入居于鄴，（即上相州治。）高歡自爲太師。

【綱】閏月，魏爾朱天光等會兵攻鄴，爾朱天光自長安，爾朱兆自晉陽，爾朱度律自洛陽，爾朱仲遠自東郡，皆會於鄴。高歡擊破之。兆還晉陽，仲遠奔東郡，度律、天光走洛陽。

【綱】夏四月，魏將軍斛斯椿執爾朱天光、度律送鄴。斛斯，複姓。世隆伏誅，仲遠奔梁。

高歡廢立自爲大丞相

【綱】高歡入洛陽，廢其主恭及朗，而立平陽王脩，孝文帝孫，是爲孝武帝。（平陽國即平陽郡，治禽昌縣，即今山西臨汾縣。）自爲大丞相。

【綱】魏爾朱度律、天光伏誅。

【綱】五月，魏封其故主朗爲安定王。（安定郡治安定縣，在今甘肅涇川縣北。）

【綱】魏主脩弑其故主恭。

高歡據晉陽

【綱】秋七月，魏大丞相歡討爾朱兆，走之，北走秀容。遂據晉陽。

【綱】冬十一月，魏主脩弑安定王朗、東海王曄。

【綱】十二月，魏立后高氏。歡之女。

【綱】癸丑，（五三三）梁中大通五年，魏永熙二年。春正月，魏大丞相歡襲秀容，殺爾朱兆。

賀拔勝爲荆州刺史　賀拔岳爲雍州刺史　高歡奇宇文泰

綱　魏以賀拔勝爲荆州刺史。（荆州時治沘陽縣，卽今河南唐河縣。）

綱　秋八月，魏以賀拔岳爲雍州刺史。（雍州時治長安，在今陝西西安市西北。）

目　初，賀拔岳遣行臺郎馮景詣晉陽，高歡與景歃盟，約與岳爲兄弟。景還，言於岳曰：「歡姦詐有餘，不可信也。」府司馬宇文泰請使晉陽，以觀歡之爲人，歡奇其狀貌，曰：「此兒視瞻非常。」將留之，泰固求復命；歡旣遣而悔之，發驛急追，至關不及而返。泰至，謂岳曰：「歡所以未篡者，正憚公兄弟耳；侯莫陳悅之徒，（侯莫陳，三字姓。悅爲魏秦州刺史。）非所忌也。公但潛爲之備，圖歡不難。」岳大悅，復遣詣洛陽請事，密陳其狀。魏主喜，以岳爲都督二十州軍事、雍州刺史。（二十州，雍、華、東華、岐、南岐、豳、原、河、渭、涇、夏、東夏、秦、南秦、梁、南梁、東梁、巴、益、東益。）岳遂引兵西屯平涼。（平涼郡治鶉陰平涼城，在今甘肅平涼市西南。）岳以夏州被邊要重，（夏州治巖綠縣，在今陝西米脂縣西。）欲求良刺史，衆舉宇文泰，岳曰：「左丞，（左丞，官名，謂宇文泰。）吾左右手，何可廢也！」沉吟累日，卒表用之。

綱　甲寅，（五三四）梁中大通六年，魏永熙二年，東魏孝靜帝善見天平元年。是歲魏分爲二，凡三國。春正月，魏秦州刺史侯莫陳悅殺賀拔岳，（秦州治上邽縣，卽上封，在今甘肅天水市西南。）魏以宇文泰統其軍。

綱　夏四月，魏宇文泰討侯莫陳悅，誅之，遂定秦、隴。（秦、隴，謂關中與隴右。）魏以泰爲關西大都督。

魏主脩奔長安

梁武跣走脩禳

東魏拓跋善見立

決事。綱 六月，魏大丞相歡舉兵反。秋七月，魏主脩奔長安。歡入洛陽，推清河王亶承制決事。魏主以宇文泰爲大將軍、尙書令。

目 高歡舉兵向闕，中軍將軍王思政言於魏主曰：「高歡之心，昭然可知。洛陽非用武之地，宇文泰乃心王室，今往就之，還復舊京，何慮不克？」魏主深然之，遣侍郞柳慶見泰於高平。（縣名，卽今寧夏回族自治區固原縣。）泰請奉迎輿駕。

時東郡太守裴俠帥兵詣洛，（東郡治滑臺，卽今河南滑縣。）王思政問以西巡之計，俠曰：「宇文泰已操戈矛，寧肯授人以柄！雖欲投之，恐無異避湯入火也。」思政曰：「然則何如而可？」俠曰：「圖歡有立至之憂，西巡有將來之慮，且至關右徐思其宜耳。」思政然之，乃進俠於魏主，授左中郞將。七月，魏主西奔長安。歡遂入洛陽，殺僕射辛雄以下數人，推清河王亶爲大司馬，承制決事。宇文泰備儀衞迎魏主，謁見於東陽驛；魏主遂入長安，以泰爲大將軍、雍州刺史，兼尙書令。

先是，熒惑入南斗，去而復還，留止六旬。梁主以諺云「熒惑入南斗，天子下殿走」，乃跣而下殿以禳之。及聞魏主西奔，慙曰：「虜亦應天象邪！」

綱 冬十月，魏大丞相歡立清河世子善見于洛陽。是爲東魏。

目 歡集百官耆老，議所立，時清河王亶出入已稱警蹕，歡醜之，遂立其世子善見爲帝，謂亶曰：「欲立王，不如立王之子。」善見卽位，時年十一。

東魏遷鄴

西魏拓跋寶炬立

蘇綽

蘇綽制計帳戶籍法

綱　魏以宇文泰爲大丞相。

綱　十一月，東魏遷于鄴。高歡還晉陽。

綱　閏十二月，魏大丞相泰進毒弒其君脩。

綱　乙卯，（五三五）梁大同元年，魏文帝寶炬大統元年，東魏天平二年。春正月朔，魏大丞相泰立南陽王寶炬。是爲西魏。（南陽國即南陽郡，治宛，即今河南南陽市。）

綱　魏大丞相泰自爲都督中外諸軍事，封安定公。

綱　魏立后乙弗氏。后仁恕節儉，不妒忌，魏主重之。

綱　東魏大丞相歡自爲相國，假黃鉞，加殊禮；復辭不受。

綱　魏大丞相泰以蘇綽爲行臺左丞。

目　宇文泰用蘇綽爲行臺郎中，居歲餘，未之知也，而臺中皆稱爲能，有疑事皆就決之。泰與僕射周惠達論事，惠達請出議之。以告綽，綽爲之區處，惠達入白之，泰稱善，曰：「誰與卿爲此議者？」惠達以綽對，且稱綽有王佐之才。泰召綽，問天地造化之始，歷代興亡之跡，綽應對如流。遂留至夜，問以政事，臥而聽之；綽陳爲治之要，泰起，整衣危坐，不覺膝之前席，語達曙不厭。曙，曉也。詰朝，明旦也。謂惠達曰：「蘇綽眞奇士，吾方任之以政。」即拜左丞，參典機密，自是寵遇日隆。綽始制文案程式朱出、墨入，及計帳、戶籍之法，後人多遵用之。

梁世賢相稱范徐

東魏封高洋太原公

陶弘景

綱 夏五月，魏大丞相泰自加柱國。

綱 冬十一月，梁侍中徐勉卒。

目 勉雖骨鯁不及范雲，（世以謇諤爲骨鯁，謂直言難受如骨之鯁。）（范雲見卷三十七梁武帝天監二年正月綱。）亦不阿意苟合，故梁世言賢相者稱范、徐云。

綱 東魏封高洋爲太原公。

目 洋，歡之子也，內明決而外如不慧，衆皆嗤鄙之；（嗤音鴟，笑也。）獨歡異之，謂長史薛琡曰：「此兒識慮過吾。」幼時，歡嘗欲觀諸子意識，使各治亂絲，洋獨抽刀斬之，曰：「亂者必斬！」

綱 丙辰，（五三六）梁大同二年，魏大統二年，東魏天平三年。春二月，東魏大丞相歡遣其世子澄入鄴輔政，東魏以爲尚書令、京畿大都督。

綱 東魏大丞相歡以陳元康爲功曹。

目 高季式薦元康於高歡曰：（季式時爲濟州刺史。）「是能夜中闇書，快吏也。」歡召之，一見，卽授功曹，掌機密。時軍國多務，元康問無不知。與功曹趙彥深同知機密，而元康性柔謹，歡甚親之，曰：「此人天賜我也。」

綱 梁處士陶弘景卒。

目 弘景博學，好養生。仕齊爲奉朝請，棄官，隱居茅山。（在今江蘇句容縣東南，卽句曲山。）

梁脩長干塔

宇文泰敗高歡

梁主早與之遊，及卽位，恩禮甚篤，每得其書，焚香虔受。屢以手敕招之，弘景不出。國家每有大議，必先諮之，時人謂之「山中宰相」。將沒，爲詩曰：「夷甫任散誕，平叔坐論空。（王衍字夷甫，何晏字平叔，見卷三十晉惠帝永熙七年「以王戎爲司徒」目。）豈悟昭陽殿，遂作單于宮！」時士大夫競談玄理，不習武事，故弘景詩及之。

綱　夏四月，梁以江子四爲右丞。

目　子四上封事，極言得失，梁主詔曰：「古人有言：『屋漏在上，知之在下。』朕有過失，不能自覺，子四所言，尙書時加檢括，速以啓聞。」

綱　丁巳，（五三七）梁大同三年，魏大統三年，東魏天平四年。秋八月，梁脩長干塔。

目　梁主脩長干寺阿育王塔，在長干寺中，阿育王所造，藏佛爪、髮、舍利。（長干寺，在今江蘇南京市南。）出佛爪、髮、舍利。釋迦佛既化，弟子阿難等焚其身，有骨子如五色珠，光瑩堅固，名曰舍利子。幸寺，設無礙食，大赦。

綱　閏九月，東魏大丞相歡侵魏。冬十月，魏大丞相泰迎戰渭曲，大敗之。泰大破東魏兵，歡馳去。李穆曰：「高歡破膽矣，速追之可獲。」泰不聽，還軍渭南，於戰所人種柳一株，以旌武功。（渭曲，在今陝西大荔縣東南。）

綱　戊午，（五三八）梁大同四年，魏大統四年，東魏元象元年。春正月朔，日食。二月，東魏遣行臺侯景治兵虎牢，復取汾、潁、豫、廣四州。（東魏南汾州治北屈，在今山西鄉寧縣東北。潁州治長社，在今河南長葛縣西。豫州治廣陵，在今河南息縣。廣州治魯陽，即今河南魯山縣。）

綱 魏廢其后乙弗氏，立柔然女郁久閭氏爲后。柔然，北狄國名。（即蠕蠕，在今甘肅敦煌、張掖間。）

綱 秋七月，梁大赦。

目 以得如來舍利也。本覺曰如，今覺曰來，故名如來。

綱 冬十二月，東魏改停年格。（魏孝明帝神龜二年立停年格，不問賢愚，以停解日月爲斷。）

綱 己未，（五三九）梁大同五年，魏大統五年，東魏興和元年。春正月，梁以何敬容爲尚書令。

綱 夏五月，東魏立后高氏。歡之女。

魏置紙筆求言

綱 冬十月，魏置紙筆于陽武門以求言。

綱 魏制禮樂。

綱 庚申，（五四〇）梁大同六年，魏大統六年，東魏興和二年。春二月，柔然侵魏，魏主殺其故后乙弗氏。

魏置屯田

綱 辛酉，（五四一）梁大同七年，魏大統七年，東魏興和三年。秋九月，魏省官員，置屯田，頒六條。

魏六條詔書

目 宇文泰欲革時政，爲強國富民之法，度支尚書蘇綽贊成其事，減官員，置二長，幷置屯田，以資軍國。又爲六條詔書：一曰清心；二曰敦教化；三曰盡地利；四曰擢賢良；五曰恤獄訟；六曰均賦役。泰常置諸坐右，令百司習誦之，非通六條及計帳者不得居官。

（計帳見上大統元年。）既而又益新制十二條。

綱　冬十二月，東魏大稔。

綱　壬戌，（五四二）梁大同八年，魏大統八年，東魏興和四年。秋八月，東魏以侯景爲河南大行臺。

綱　冬十二月，梁盧子略作亂，廣州參軍陳霸先討平之。（梁廣州治南海，即今廣東廣州市。）

梁陳霸先平叛

目　孫冏、盧子雄討李賁。去年十二月交州李賁反，梁主遣交州刺史武林侯諮與高州刺史孫冏、新州刺史盧子雄將兵擊之。以春瘴方起，請待至秋；武林侯諮趣之。（武林，縣名，在今廣西平南縣東南。）衆潰而歸。諮誣奏冏及子雄逗留，賜死。子雄弟子略及杜僧明、周文育等帥衆攻廣州。參軍吳興陳霸先帥精甲三千擊破之，（吳興即今浙江湖州市。）擒僧明、文育。霸先以二人驍勇過人，釋之，以爲主帥。詔以霸先爲直閤將軍。

綱　癸亥，（五四三）梁大同九年，魏大統九年，東魏武定元年。夏四月，魏以侯景爲司空。

綱　冬十二月，東魏築長城于肆州。

東魏築長城

綱　甲子，（五四四）梁大同十年，魏大統十年，東魏武定二年。春三月，東魏以高澄爲大將軍，領中書監。

鄴中四貴

目　高歡多在晉陽，委孫騰、司馬子如、高岳、高隆之以朝政，鄴中謂之「四貴」，權勢熏灼，專恣驕貪。歡欲損奪其權，故以澄領中書監，移門下機事總歸中書，文武賞罰皆稟於澄。

綱 夏四月，梁尚書令何敬容有罪，免。

目 敬容復爲太子詹事。太子嘗於玄圃自講老、莊，（老子、莊子。）敬容謂人曰：「昔西晉祖尚玄虛，使中原淪於胡羯。今東宮復爾，江南亦將爲戎乎？」

綱 五月，魏大都督、琅邪公賀拔勝卒。

目 宇文泰常謂人曰：「諸將對敵，神色皆動，唯賀拔公臨陳如平時，眞大勇也！」

綱 秋七月，東魏以崔暹爲中尉，宋遊道爲左丞。

目 魏自正光以後，（正光，魏孝明帝年號。）政刑弛縱，在位多貪汙。高歡啓以宋遊道爲御史中尉，澄請以崔暹爲之，以遊道爲尚書左丞。謂曰：「卿一人處南臺，一人處北省，（南臺，御史臺。北省，尚書省。）當使天下肅然。」暹選畢義雲等爲御史，時稱得人。澄與諸公出，之東山，（時魏都鄴，東山在鄴東。）遇暹於道，前驅爲赤棒所擊，澄回馬避之。尚書令司馬子如，太師咸陽王坦，貪黷無厭；暹彈之，削其官爵，其餘死黜者甚衆。遊道奏駁尚書違失數百條，省中豪吏並鞭斥之。高隆之誣遊道有不臣之言，罪當死。黃門侍郎楊愔曰：「畜狗求吠；今以數吠殺之，恐將來無復吠狗。」遊道竟坐除名。然暹實巧詐。高澄納魏琅邪公主，意暹必諫；暹入諮事，不復假以顏色。居三日，暹懷刺墜之於前。（刺，名刺。）澄問：「何爲？」暹悚然曰：「未得通公主。」澄大悅，把暹臂入見之。崔季舒語人曰：「崔暹常忿吾佞，及其自作，乃過於吾。」

綱 乙丑，（五四五）梁大同十一年，魏大統十一年，東魏武定三年。春正月，東魏作晉陽宮。高歡作，在晉陽。

綱　三月，魏遣使如突厥。

（魏遣使如突厥）

目　突厥本西方小國，姓阿史那氏，世居金山之陽，（突厥，匈奴別種，本居平涼，後魏武帝滅北涼，其酋阿史那奔蠕蠕，世居金山。金山即阿爾泰山，在今新疆阿勒泰縣北。）其酋長土門始彊大，頗侵魏西邊。至是，魏使至，其國人皆喜曰：「大國使者至，吾國其將興矣。」

綱　冬，梁散騎常侍賀琛上書論事，詔詰責之。

（梁賀琛啓陳四事）

目　琛啓陳四事。一曰：今北邊稽服，正是生聚教訓之時，而天下戶口減落，關外彌甚，郡不堪州之控總，縣不堪郡之裒削，民不堪命，各務流移，此豈非牧守之過歟！東境戶口空虛，皆由使命繁數，篤困拱手，聽其漁獵，黠吏因之，重為貪殘，雖年降復業之詔，屢下蠲賦之恩，而民不得反其居也。二曰：今守宰所以貪殘，良由風俗侈靡使之然也。今之燕喜，相競誇豪，積果成丘，列肴如綺，而賓主之間，裁取滿腹。又畜妓之夫，無有等秩，淫侈成俗，日見滋甚，欲使人守廉白，安可得邪！誠宜嚴為禁制，道以節儉，糾奏浮華，變其耳目。三曰：陛下憂念四海，不憚勤勞，至於百司，莫不奏事，但斗筲之人，詭競求進，不論國之大體，惟務吹毛求疵，以深刻為能，以繩逐為務，迹雖似於奉公，事更成其威福。誠願責其公平之效，黜其讒慝之心，則下安上謐，無僥倖之患矣。四曰：今天下無事，而猶且不暇給，宜省事息費，養民聚財。應內省職掌，各簡所部，有宜除除之，有宜減減之，興造有非急者，徵求有可緩者，皆宜停省，以息費休民。夫畜其財者，將以大用之也；養其民者，將以大役之也。若言小事不足害財，則終年不息矣；以小役不足妨民，則終年不止矣；如此則難可以語富彊而圖遠大矣。啓奏，梁主大怒，召主書於前，口授敕書詰責之。琛但謝過而已，

梁主同泰寺講三慧經

同泰浮圖災

禁用短錢

魏遷石經

不敢復言。

梁主爲人孝慈恭儉，博學能文，勤於政務，冬月視事，執筆觸寒，手爲皴裂。皴音村，中寒皮細起也。自天監中，天監，梁武帝年號。用釋氏法，長齋一食，惟菜羹、糲飯而已。糲，麤米。身衣布衣，木綿皁帳，一冠三載，一衾二年，後宮衣不曳地。性不飲酒，非祭祀、饗宴及諸法事，未嘗作樂。雖居暗室，恆理衣冠小坐，盛暑未嘗褰袒，褰音牽，揭衣。袒，露臂。對內豎小臣，如遇大賓。然優假士人太過，牧守多侵漁百姓，使者干擾郡縣。又好親任小人，頗傷苛察。多造塔廟，公私費損。江南久安，風俗奢靡，故琛啓及之。

梁主年老，又持佛戒，每斷重罪，則終日不懌。或謀反逆事覺，亦泣而宥之。由是王侯益橫，或白晝殺人，暮夜剽掠，梁主深知其弊，而溺於慈愛，不能禁也。

綱 丙寅，（五四六）梁中大同元年，魏大統十二年，東魏武定四年。春三月，梁主講佛書于同泰寺。（在今江蘇南京市內。）夏四月，同泰浮圖災，浮圖，塔也。復作之。

目 梁主幸同泰寺，講三慧經。四月，解講。是夕，浮圖災，梁主曰：「此魔也，更宜廣爲法事。」遂起十二層浮圖；將成，值侯景亂，乃止。

綱 秋七月，梁禁用短錢。短數之錢，或以八十爲百，或以七十爲百，或以九十爲百；梁主下詔禁之，而人不從，後遂以三十五爲百云。

綱 八月，東魏遷石經于鄴。（此爲漢靈帝熹平四年蔡邕所書石經，立在洛陽者，凡五十二碑。）

魏韋孝寬守玉壁

綱 魏以韋孝寬爲幷州刺史，守玉壁。（幷州治晉陽，在今山西太原市西北。玉壁城，在今山西稷山縣西南。）

綱 冬十月，梁以岳陽王詧爲雍州刺史。（雍州治襄陽，卽今湖北襄樊市。）

目 詧以梁主衰老，朝多秕政，秕，不成粟也，以喻政之不成。遂蓄財下士，招募勇敢，左右至數千人。以襄陽形勝，梁業所基，武帝爲雍州刺史，起兵襄陽。可圖大功。乃克己爲政，撫循士民，數施恩惠，延納規諫，所部稱治。

高歡圍玉壁

魏韋孝寬守玉壁

綱 十一月，東魏大丞相歡侵魏，圍玉壁，不克而還。

目 東魏高歡悉山東之衆伐魏，至玉壁，圍而攻之，晝夜不息。魏韋孝寬隨機拒之，歡無如之何，乃使祖珽說之使降。孝寬曰：「攻者自勞，守者常逸，孝寬關西男子，必不爲降將軍也！」歡乃解圍去。

綱 東魏大將軍澄如晉陽。

目 高歡病，使太原公洋鎭鄴，而徵澄赴晉陽。

蘇綽卒

綱 魏度支尙書蘇綽卒。

目 綽性忠儉，常以喪亂未平爲己任，薦賢拔能，紀綱庶政。宇文泰推心任之，或出遊，常預署空紙以授綽，有須處分，隨事施行。綽常謂：「爲國之道，當愛人如慈父，訓人如嚴師。」每與公卿論議，自晝達夜，事無巨細，若指諸掌，積勞成疾而卒，泰深痛惜之，謂公

宇文泰酹酒祝蘇綽

卿曰：「蘇尙書平生廉讓，吾欲全其素志，則恐悠悠之徒，有所未達；如厚加贈謚，又乖宿昔相知之心；何爲而可？」令史麻瑤越次進曰：「儉約，所以彰其美也。」泰從之。歸葬武功，（在今陝西興平縣西北。）載以布車一乘，泰與羣公步送之，酹酒言曰：酹音類。「爾知吾心，吾知爾志，方欲共定天下，遽捨吾去，奈何！」因舉聲慟哭，不覺卮落於手。卮音支，酒器。

綱 丁卯，（五四七）梁太清元年，魏大統十三年，東魏武定五年。春正月朔，日食。不盡如鉤。

綱 梁以湘東王繹爲荊州刺史。（湘東國都臨烝，即今湖南衡陽縣。荊州治江陵，即今湖北江陵縣。）

高歡卒

綱 東魏大丞相渤海王高歡卒。

高歡不貴慕容紹宗

目 歡性深密，終日儼然，人不能測。馭軍嚴肅，聽斷明察。雅尙儉素，刀劍鞍勒，無金玉之飾。病篤，謂世子澄曰：「侯景專制河南十四年矣，常有飛揚跋扈之志，（跋扈見卷二十三漢質帝本初元年「此跋扈將軍也」注。）顧我能畜養，非汝所能駕御也。今四方未定，勿遽發哀。庫狄干、斛律金，庫狄干，澄姑之壻。斛律金，時爲大司馬。並性遒直，終不負汝。堪敵侯景者，唯有慕容紹宗，初爲爾朱兆長史，魏孝武帝永熙二年高歡殺兆，紹宗降。我故不貴之，留以遺汝。」又曰：「段孝先忠亮仁厚，智勇兼備，軍旅大事，宜共籌之。」遂卒。澄祕不發喪，唯行臺丞陳元康知之。

東魏侯景以河南降魏

綱 東魏大行臺侯景以河南降魏。

目 景右足偏短，弓馬非其所長，而多謀算。諸將高敖曹、彭樂等，皆勇冠一時，景常輕之。嘗言於高歡：「願得兵三萬，橫行天下，要須濟江縛取蕭衍老公，以爲太平寺主。」歡使將兵十萬，專制河南。景素輕高澄，嘗曰：「高王在，（謂高歡。）吾不敢有異；王沒，吾不能與鮮卑小兒共事矣。」（鮮卑小兒，謂高澄。）及聞歡疾篤，用其行臺郎王偉計，擁兵自固。歡卒，遂以河南降魏。魏以景為太傅、大行臺。

魏除宮刑

綱　二月，魏除宮刑。

侯景復以河南叛附于梁

綱　侯景復以河南叛附于梁。梁封景為河南王，遣兵援之。

目　景又遣郎中丁和奉表於梁，請舉河南十三州內附。梁主召羣臣廷議。僕射謝舉等皆曰：「頃與魏和，邊境無事，不宜納其叛臣。」梁主曰：「機會難得，豈宜膠柱！」（謂執一不通者。）先是正月乙卯，梁主夢中原牧守，皆以地來降，旦見朱异告之，异曰：「此宇內混一之兆也。」及丁和至，稱景定計，實以正月乙卯，梁主愈神之，然意猶未決。嘗獨言：「我國家如金甌，無一傷缺，今忽受景地，詎是事宜？脫致紛紜，悔之何及！」朱异揣知梁主意，對曰：「今景分魏土之半以來，自非天誘其衷，（天默誘其心。）何以至此！若拒而不納，恐絕後來之望。願陛下無疑。」梁主乃以景為大將軍，封河南王，都督河南、北諸軍事。（謂督黃河南北諸郡。）遣司州刺史羊鴉仁督桓和、湛海珍等，（司州時還治義陽，在今河南信陽縣南。桓和時為兗州刺史，湛海珍為仁州刺史。）將兵三萬趣懸瓠以應之。（懸瓠城，即今河南汝南縣。）平西諮議周弘正善占候，前此謂人曰：「國家數年後，當有兵起。」及聞納景，曰：「亂階在此矣。」

梁主捨身同泰寺

綱　三月，梁主捨身于同泰寺。

侯景聞慕容紹宗有懼色

杜弼移梁檄文

綱 秋七月，東魏大將軍澄入鄴，幽其主于宮中，殺侍讀荀濟等而還。

目 東魏主多力，善射，好文學，時人以爲有孝文風烈，高澄深忌之，使崔季舒察魏主動靜。澄嘗侍飲，舉大觴屬魏主，魏主不勝忿，曰：「自古無不亡之國，朕亦何用此生爲！」澄怒罵，使季舒拳毆魏主，奮衣而出。魏主不堪憂辱，詠謝靈運詩曰：「韓亡子房奮，秦帝魯連恥。」侍講荀濟知魏主意，乃與祠部郎中元瑾、華山王大器等謀誅澄。（華山國即華山郡，治華陰縣，即今陝西大荔縣。）事覺，澄幽魏主於含章堂，烹濟等於市，遂還晉陽。

綱 九月，梁堰泗水以攻東魏之彭城。堰，壅也。（古泗水自今山東單縣東南流入江蘇境，經徐州市至淮陰市入淮。彭城即徐州市。）冬十一月，東魏行臺慕容紹宗擊敗之，獲蕭淵明。

目 梁主命侍中羊侃與淵明堰泗水於寒山以灌彭城，（寒山，在今徐州市東南。）俟得彭城，乃進軍與景掎角。（掎角，謂當前、亢下也。）堰成，東魏遣大都督高岳救彭城，欲以潘樂爲副。陳元康曰：「樂緩於機變，不如慕容紹宗；且先王之命也。」乃以紹宗爲東南道行臺，與岳、樂偕行。景聞紹宗來，叩鞍有懼色，曰：「誰教鮮卑兒解遣紹宗來！解，曉也。若然，高王定未死邪！」紹宗帥衆十萬據橐駝峴。山名。羊侃勸淵明乘其遠來擊之，不從，侃乃帥所領出屯堰上。紹宗將卒掩擊之，梁兵大敗，淵明爲所虜，羊侃結陳徐還。

初，高澄以杜弼爲軍司，問以政要，弼曰：「天下大務，莫過賞罰。賞一人使天下之人喜，罰一人使天下之人懼，二事不失，自然盡善。」澄大悅。至是使弼作檄移梁朝，略曰：「侯

慕容紹宗縱侯景

韋黯納侯景

景以鄙俚之夫，遭風雲之會，位班三事，（三事謂三公，三公主天、地、人之事也。）邑啓萬家，而離披不已，（披，散亂貌。）意亦可見。彼乃授之以利器，誨之以慢藏，（易繫辭「慢藏誨盜」。）使其勢得容姦，時堪乘便。終恐倔彊不掉，（倔彊，彊梁梗戾，不柔服也。掉，持也。）狠戾難馴，（狼性貪而暴戾，故稱。馴，順也。）橫使江、淮士子，荆、揚人物，死亡矢石之下，夭折霧露之中。彼梁主者，輕險有素，老耄及之。用舍乖方，廢立戾所，矯情動俗，飾智驚愚。毒螫滿懷，（螫音釋。）妄敦戒業，躁競盈胸，謬治清淨。災異降於上，怨讟興於下，傳險躁之風俗，任輕薄之子孫，朋黨路開，兵權在外。必將禍生骨肉，釁起腹心，彊弩衝城，長戈指闕；徒探雀鷇，（探雀鷇，趙武靈王事，見卷六周赧王二十年。鷇，雛鳥。）無救府藏之虛，空請熊蹯，（蹯音煩，熊掌。）詎延晷刻之命。（左傳文公元年，楚成王欲立王子職而黜太子商臣。商臣以宮甲圍成王，王請食熊蹯而死，弗聽，王遂縊。杜注：「熊蹯難熟，冀久將有外救至也。」）外崩中潰，今實其時。」其後梁室禍敗，皆如弼言。

綱 戊辰，（五四八）梁太清二年，魏大統十四年，東魏武定六年。春正月，東魏慕容紹宗擊侯景；景衆潰走，襲據壽春。（今安徽壽縣。）梁以爲南豫州牧。（南豫州治壽陽，即壽春。）

目 慕容紹宗以鐵騎五千夾擊侯景，景衆大潰，景與數騎濟淮，稍收散卒，得步騎八百人，晝夜兼行，追軍不敢逼。使謂紹宗曰：「景若就擒，公復何用！」紹宗乃縱之。景走壽陽，夜至城下，監州事韋黯開門納景，景遣其將分守四門。梁朝聞景敗，咸以爲憂。詹事何敬容言於太子曰：「得景遂死，深爲朝廷之福。」太子失色問故，敬容曰：「景翻覆

蕭介諫寵侯景

東魏求成于梁

梁傅岐諫和東魏

陳霸先討平李賁

叛臣，終當亂國。」

景以敗，乞自貶，梁主不許，以景爲南豫州牧。光祿大夫蕭介諫曰：「臣聞凶人之性不移，天下之惡一也。侯景以凶狡之才，荷高歡卵翼之遇，歡墳土未乾，卽還反噬之。力不逮，乃復逃死關西，宇文不容，故復投身於我。陛下前者所以受之，正欲比屬國降胡，冀獲一戰之效耳；今既亡師失地，直是境上之匹夫。陛下愛匹夫而棄與國，臣竊不取。若猶待其歲暮之效，則彼棄鄉國如脫屣，背君親如遺芥，豈知遠慕聖德，爲江、淮之純臣乎！」梁主不能用。

綱 二月，東魏求成于梁。

目 高澄數遣書求好於梁，梁未之許。澄謂蕭淵明曰：「若梁主不忘舊好，諸人並卽遣還，侯景家屬，亦當同遣。」淵明遣人奉啓還梁，梁主與朝臣議之。朱异等皆以爲便，司農卿傅岐獨曰：「此高澄設閒，欲令侯景自疑而作亂耳。若許通好，正墮其計中。」异等固執宜和，梁主亦厭用兵，乃許之。使還過壽陽，侯景知之，攝問具服。攝，捕也。景乃詐爲鄴中書，鄴，東魏都。求以淵明易景，梁主復書曰：「貞陽旦至，（蕭淵明封貞陽侯。貞陽卽湞陽，在今廣東英德縣東。）侯景夕返。」景謂左右曰：「我固知吳老公薄心腸！」梁都江南，故以吳稱。王偉說景曰：「今坐聽亦死，舉大事亦死，唯王圖之！」於是始爲反計。

綱 三月，梁交州司馬陳霸先討李賁平之。（交州治龍編，在今越南民主共和國河內境。）詔以霸先

侯景反

梁蕭正德大喜報侯景

正德遣船密濟侯景

正德稱帝

爲西江督護、高要太守、督七郡諸軍事。

綱　秋八月，梁侯景反壽陽，梁主遣邵陵王綸督諸軍討之。（邵陵國治邵陵縣，即今湖南邵陽市。）

目　景知臨賀王正德屢以貪暴得罪，陰養死士，幸國家有變，遣徐思玉致牋曰：「天子年尊，姦臣亂國，大王屬當儲貳，中被廢黜，景雖不敏，實思自效。」正德大喜，報之曰：「僕爲其內，公爲其外，何有不濟？機事在速，今其時矣。」景遂反於壽陽，以誅中領軍朱异等爲名。梁主詔以鄱陽王範、封山侯正表、司州刺史柳仲禮、散騎常侍裴之高爲四道都督，（鄱陽國都鄱陽縣，即今江西鄱陽縣。封山縣，在今廣東合浦縣西北。）邵陵王綸持節，兼督衆軍以討景。

綱　冬十月。梁臨賀王正德叛，引侯景兵渡江；梁主命宣城王大器、將軍羊侃督軍禦之。

目　侯景引兵臨江，梁主以正德督諸軍屯丹陽，（屯丹陽郡督京師軍。）正德遣大船數十艘，艘。船之總名。詐稱載荻，密以濟景，景乃濟江。至慈湖，（慈湖鎮，在今安徽當塗縣北。）建康大駭，（梁都建康，即南京。）梁主悉以內外軍付太子，以宣城王大器都督城內諸軍事，羊侃爲軍師將軍副之。

綱　蕭正德引侯景圍梁臺城。（在今南京市內。）十一月，景以正德稱帝。

目　太子猶未知正德之情，使守宣陽門；俄而景至，正德帥衆迎之，景軍乘勝至闕下，

湘東遣兵赴援

列兵繞臺城。十一月朔，正德卽帝位，以景爲丞相。

綱 梁荆州刺史湘東王繹，移檄遣兵赴援。

綱 梁邵陵王綸還軍赴援，侯景擊之，大潰。

綱 十二月，梁鄱陽王範、南康王會理將兵入援。（南康國都南康縣，卽今江西南康縣。）

綱 梁將軍羊侃卒。城中益懼。

綱 梁散騎常侍韋粲及東西道都督裴之高、柳仲禮等，各以兵入援，推仲禮爲大都督。

綱 己巳，（五四九）梁太清三年，魏大統十五年，東魏武定七年。春正月，侯景襲梁援軍，韋粲死之。柳仲禮擊景，敗之。

綱 梁中領軍朱异卒。

目 朝野以侯景之禍，共尤朱异，尤，歸咎也。异慚憤發疾卒。梁主痛惜，特贈僕射。

梁以侯景爲大丞相

綱 二月，梁以侯景爲大丞相，與之盟，敕止援軍。湘東王繹次于武城。

目 初，臺城之閉也，公卿以食爲念，男女貴賤並出負米，取諸府藏錢帛，聚德陽堂，而不備薪、芻、魚、鹽。至是壞尚書省爲薪；撤薦，剉以飼馬；軍士或煮鎧、熏鼠、捕雀而食之。鎧，甲也。侯景衆亦飢，東城有米，（卽東府城，台城附近。）可支一年，援軍斷其路，景甚患之。王偉請僞求和，以緩其勢。景從之，拜表求和；太子白梁主，報許之。梁主敕諸軍不得復進，詔以景爲大丞相、豫州牧，遣僕射王克與王偉等盟。旣盟，而景圍不解；了無去志。

侯景廢正德

梁主常蔬食，至是蔬茹皆絕，乃食雞子，邵陵王綸乃因使上雞子數百枚。湘東王繹軍於郢州之武城，（郢州治江夏，即今湖北武漢市武昌城。武城一名武口城，在今湖北黃陂縣東南。）淹留不進。

綱　三月，侯景陷梁臺城，自稱大都督、錄尚書事。邵陵王綸奔會稽，（即今浙江紹興市。）柳仲禮等叛降景。景廢蕭正德，以爲大司馬。

目　三月，侯景復攻城，晝夜不息，城陷。梁主安臥不動，歎曰：「自我得之，自我失之，亦復何恨！」景入，見於太極東堂，以甲士五百人自衞，稽顙殿下，典儀引就三公榻。梁主神色不變，問曰：「卿在軍中日久，無乃爲勞！」景不敢仰視，汗流被面，退謂王僧貴曰：「吾常跨鞍對陳，矢刃交下，而意氣安緩，了無怖心；今見蕭公，使人自慴，慴同懾。豈非天威難犯！吾不可以再見之。」於是矯詔大赦，自加大都督中外諸軍、錄尚書事。邵陵王綸奔會稽，柳仲禮及羊鴉仁、王僧辯、趙伯超並開營降賊。景更以正德爲大司馬。正德入見梁主，拜且泣。梁主曰：「啜其泣矣，啜音拙，泣貌。何嗟及矣！」詩王風篇辭。

綱　夏五月，梁主衍殂，太子綱立。

目　梁主爲侯景所制，所求多不遂志，飲膳亦爲所裁節，憂憤成疾，口苦，索蜜不得，再曰「荷荷！」荷荷，憤怒聲。遂殂，年八十六。太子即位，立宣城王大器爲太子。

綱　梁湘東王繹自稱假黃鉞大都督、中外諸軍承制。

侯景殺正德

【綱】六月，侯景殺蕭正德。

【目】正德怨侯景賣己，密書召鄱陽王範，使以兵入；景遮得其書，縊殺之。

【綱】梁永安侯確謀討侯景，永安侯確，邵陵王綸之子。（永安縣，即今雲南保山縣。）不克而死。

【目】景愛永安侯確之勇，常置左右。邵陵王綸潛遣人呼之，確曰：「景輕佻，輕佻，不持重也。一夫力耳，我欲手刃之，恨未得其便，卿還啓家王，勿以確爲念。」景與確遊鍾山，（在今南京市內。）確引弓射鳥，因欲射景；弦斷，不發，景覺而殺之。

陳霸先討誅元景仲

【綱】秋七月，梁廣州刺史元景仲謀反，西江督護陳霸先討誅之。

【目】霸先欲起兵討侯景，景使人誘景仲，許奉以爲主，使圖霸先。霸先馳檄討之，景仲衆潰，縊死。霸先迎定州刺史蕭勃鎮廣州，（南定州治信安縣，在今湖北麻城縣東北。）勃以霸先監始興郡事。（始興郡治曲江縣，即今廣東韶關市。）

膳奴蘭京殺高澄

【綱】盜殺東魏大將軍渤海王高澄于鄴。

【目】澄獲衡州刺史蘭欽子京，（衡州治含洭，在今廣東英德縣西。）以爲膳奴，京屢自訴，澄杖之曰：「更訴，當殺汝！」京與其黨六人謀作亂。一日與陳元康、楊愔、崔季舒屏左右，謀受禪。京進食，置刀盤下，殺之。元康以身蔽澄，亦被傷而卒。澄弟太原公洋聞之，入討羣賊，斬而臠之，祕不發喪。勳貴以重兵皆在并州，勸洋早如晉陽，洋從之。晉陽舊臣、宿將素輕洋；及至，大會文武，神彩英暢，言辭敏洽，衆皆大驚。澄政令有不便者，洋皆改之。

侯景陷吳興張嵊

綱 九月，侯景陷吳興，梁太守張嵊、御史中丞沈浚死之。

目 景使侯子鑒寇吳興。吳興兵力寡弱，張嵊書生，不閑軍旅，或勸嵊效袁君正迎降，（袁君正，梁吳郡太守，以郡叛附侯景。）嵊歎曰：「袁氏世濟忠貞，不意君正一旦隳之。（隳音灰。）吾豈不知此難久全，但以身許國，有死無貳耳！」戰敗還府，整服安坐，子鑒執送建康。景欲活之，嵊曰：「吾忝任專城，朝廷傾危，不能匡復，速死爲幸。」景猶欲存其一子，嵊曰：「吾一門已在鬼錄，不就爾虜求恩！」景怒，盡殺之，并殺沈浚。

綱 梁岳陽王詧攻江陵，湘東王繹遣兵襲襄陽；詧遁還，繹使竟陵太守王僧辯攻湘州。（竟陵郡治竟陵縣，在今湖北天門縣西北。湘州治臨湘，即今湖南長沙市。）

梁岳陽王乞師於魏

綱 冬十一月，梁湘東王繹遣兵攻襄陽。岳陽王詧乞師于魏，魏遣開府楊忠率師救之。

目 詧遣使求援於魏，請爲附庸。湘東王繹使柳仲禮鎮竟陵，以圖詧。詧懼，遣其妃王氏及世子嶚爲質於魏。（嶚音聊。）宇文泰欲經略江、漢，（見卷三周孝王十三年「江、漢水」注。）以楊忠都督三荆諸軍，（三荆即三楚，謂郢爲西楚，彭城爲東楚，廣陵爲南楚。）鎮穰城。（在今河南鄧縣境。）仲禮帥衆趣襄陽，泰遣忠及僕射長孫儉將兵擊仲禮，以救詧。

陳霸先起兵討侯景

綱 十二月，梁始興太守陳霸先起兵討侯景。

目 霸先結郡中豪傑，欲討侯景。郡人侯安都、張偲等各帥衆千餘人歸之。霸先遣杜

東魏盡有淮南地

僧明將二千人頓於嶺上。（嶺卽大庾嶺，一名梅嶺，在今廣東南雄縣北，江西大庾縣南。）廣州刺史蕭勃遣人止之。霸先曰：「京都覆沒，君辱臣死。君侯體則皇枝，任重方岳，不能赴援，遣僕一軍，猶賢乎已，而更止之乎！」乃遣使閒道詣湘東王繹受節度。閒道，微道也。時南康土豪蔡路養起兵據郡，勃乃以譚世遠爲曲江令，與路養相結，同遏霸先。

綱 東魏取梁司州。

目 於是東魏盡有淮南之地。

綱鑑易知錄卷三九

梁紀　附西魏北齊北周

太宗簡文帝

名綱，武帝第三子，在位二年爲侯景所弑，壽四十九歲。

【綱】庚午，（五五〇）梁太宗簡文帝綱大寶元年，魏大統十六年，東魏武定八年，齊顯祖文宣帝高洋天保元年。是歲東魏亡，齊代。春正月，東魏高洋自爲丞相、都督中外諸軍、錄尚書事，封齊王。

高洋封齊王

【綱】梁以陳霸先爲交州刺史。

【目】霸先發始興，至大庾嶺，（始興、大庾嶺，並見卷三十八梁太清三年七月、十二月注。）蔡路養拒之。其黨蕭摩訶，年十三，單騎出戰，無敢當者。霸先擊之，路養敗走。進軍南康，（今江西南康縣。）湘東王繹承制授霸先交州刺史。（交州治龍編，在今越南民主共和國河內境。）

陳霸先進軍南康

【綱】夏四月，梁湘東王繹移檄討侯景。

【目】繹以天子制於賊臣，不肯從大寶之號，猶稱太清四年。下令大舉討侯景，移檄遠近。

【綱】五月，齊王洋稱皇帝，是爲北齊顯祖文宣帝。廢東魏主爲中山王。（中山郎今河北定縣。）

齊王洋稱帝東魏亡

【目】東魏徐之才、宋景業善圖讖，因高德政勸齊王洋受魏禪。洋以告婁太妃，太妃曰：

婁太妃大義責高洋

「汝父如龍，汝兄如虎，猶以天位不可妄據，終身北面；汝獨何人，欲行舜、禹之事乎！」洋以告之才，之才曰：「正爲不及父兄，故宜早升尊位耳。」洋鑄像卜之而成，元魏故事，凡欲立皇后、皇子，必先以金鑄其像而占之，以鑄成者爲吉，不成則不得立也。乃發晉陽。

洋至鄴，（東魏都，在今河北磁縣西。）使侍中張亮等見東魏主，逼以禪位。魏主斂容曰：「推挹已久，挹，讓也。謹當遜避。」乃下御坐，步就東廊，詠范曄漢獻帝贊，曄音葉。范曄，宋文帝時人，作後漢書。贊云：「獻生不辰，身播國屯，終我四百，永作虞賓。」遂遷於北城，（在鄴。）遣彭城王韶等奉璽綬禪位於齊。齊王洋即皇帝位於南郊，封東魏主爲中山王。追尊獻武王、文襄王皆爲皇帝。（高歡爲獻武王，高澄爲文襄王。）

綱 齊立子殷爲太子。

魏立蕭詧爲梁王

綱 魏立蕭詧爲梁王。

目 魏人欲令岳陽王詧發哀嗣位，詧辭；乃遣使册命詧爲梁王，建臺置百官。

侯景稱漢王

綱 秋九月，侯景自稱漢王。

目 景又自加宇宙大將軍，天地四方曰宇，往古來今曰宙。都督六合諸軍事，六合亦天地四方也。梁主驚曰：「將軍乃有『宇宙』之號乎！」

魏初作府兵

綱 冬十月，魏初作府兵。

目 魏宇文泰始籍民之才力者爲府兵，身、租、調、庸，有田則有租，有家則有調，有身則有庸；租

陳霸先討誅李遷仕　西魏廢帝拓跋欽　侯景稱帝

出穀，庸出絹，調出繒纊布麻。一切蠲之，以農隙講閱戰陳，馬畜糧備，六家供之；合爲百府，每府一郎將主之，分屬二十四軍。

綱　辛未，（五五一）梁大寶二年，魏大統十七年，齊天保二年。春二月，梁陳霸先討李遷仕，殺之。

目　李遷仕擊南康，李遷仕，梁高州刺史，去年反。陳霸先遣杜僧明等擒斬之。湘東王繹使霸先進兵取江州，以爲江州刺史。

綱　三月，魏主寶炬殂，太子欽立。

綱　秋八月，侯景廢梁主綱，殺太子大器，而立豫章王棟。（棟，昭明太子之孫。豫章，即今江西南昌市。）

綱　冬十月，侯景弒梁主綱。

綱　侯景廢梁主棟，自稱漢帝。

綱　十二月，齊主洋弒中山王。

世祖孝元帝 名繹，武帝第七子，眇一目。初封湘東王，及簡文被弒，乃即位於江陵。在位三年，西魏兵入，遂被殺，壽四十七歲。

綱　壬申，（五五二）梁世祖孝元帝繹承聖元年，魏主欽元年，齊天保三年。春二月，梁湘東王繹遣王僧辯、陳霸先討侯景。

綱　三月，梁王僧辯、陳霸先擊敗侯景，景亡走吳。（即今江蘇蘇州市。）王僧辯帥百官上表勸進

羊鵾殺侯景

偉作檄文甚佳

齊辛術爲吏部尚書

於湘東王，且迎都建業，不許。獲王偉，送建康。僧辯啓陳霸先鎮京口。

【綱】梁湘東王繹殺豫章王棟。

【綱】夏四月，侯景伏誅。

【目】羊侃之子鵾，爲景都督，（侯景納羊侃女，以其兄鵾爲庫直都督。）殺之。送尸建康，（梁舊都，在今江蘇南京市南。）傳首江陵，（即今湖北江陵縣。）截其手送於齊。暴景屍於市，士民爭取食之，并骨皆盡；溧陽公主亦預食焉。（溧陽公主，簡文帝女，侯景娶之。溧陽縣，在今江蘇溧陽縣西北。）景五子在北齊，皆殺之。

【綱】盜竊梁傳國璽，歸之于齊。

【綱】梁以王僧辯爲司徒，陳霸先爲征虜將軍、開府儀同三司。

【綱】王偉等伏誅。

【目】湘東王誅王偉等於市。（梁太清二年王偉說侯景反，三年偉爲景僞求和，王僧辯獲之。）初，偉於獄中上詩，士愛其才，欲宥之；有言於王者曰：「偉作檄文甚佳。」王求得之，見其有「湘東一目」之語，（湘東王眇一目，王偉所作檄文有「項羽重瞳，尚有烏江之敗；湘東一目，寧爲四海所歸」之句。）乃怒誅之。

【綱】齊以辛術爲吏部尚書。

【目】自魏遷鄴以來，（魏，東魏。）大選之職，知名者數人，互有得失：高澄少年高朗，所蔽者疎；袁淑德沉密謹厚，所傷者細；楊愔風流辯給，取士失於浮華；惟術性尙貞明，取士必以才器，循名責實，新舊參舉，管庫必擢，管，鎖也。庫，物所藏。左傳晉文子舉管庫士，蓋以其賢，不以其位之卑。門閥不遺，門，家世也。閥，積功也。考之前後，最爲折衷。

綱　冬十一月，梁主繹立。即位於江陵。

魏作九命九秩

綱　甲戌，（五五四）梁承聖三年，魏恭帝廓元年，齊天保五年。春正月，魏作九命、九秩之典。後世以九敍品始此。

目　宇文泰始作九命之典，周禮春官大宗伯「以九儀之命，正邦國之位：一命受職，再命受服，三命受位，四命受器，五命賜則，六命賜官，七命賜國，八命作牧，九命作伯。」以敍內外官爵，改流外品爲九秩。

魏復姓拓跋氏

綱　魏宇文泰廢其主欽而立齊王廓，復姓拓跋氏。（魏孝文帝太和二十年，改拓拔氏爲元氏。）

綱　三月，齊主殺其尙書左丞盧斐、李庶。

魏收撰魏書

目　齊中書令魏收撰魏書，頗用愛憎爲褒貶，每謂人曰：「何物小子，敢與魏收作色！舉之則使升天，按之則使入地！」既成，中書舍人盧潛、左丞盧斐、李庶皆言其誣罔不直。收啓齊主云：「臣旣結怨彊宗，將爲刺客所殺。」齊主怒，於是斐、庶皆坐謗史，鞭二百，配甲坊，軍器監，掌繕甲弩，以時輸武庫。總署二：一曰弩署，一曰甲坊。潛亦坐繫獄，斐、庶死獄中。然時人終不服，謂之「穢史」。

穢史

綱　夏四月，梁以陳霸先爲司空。

魏伐梁

梁主停講戒嚴

百官戎服聽講老子

梁焚圖書

文武之道今夜盡

【綱】魏宇文泰弒其故主欽。

【綱】秋八月，梁主講老子于龍光殿。其父講佛書于同泰寺，未幾而有侯景之亂；其子復講老子于龍光殿，未幾亦有江陵之禍。

【綱】冬十月，魏遣柱國于謹帥師伐梁。十一月，入江陵。十二月，執梁主繹，殺之。

【目】魏遣柱國于謹、中山公宇文護、大將軍楊忠將兵五萬伐梁。武寧太守宗均告魏兵且至，（武寧郡治武寧縣，在今湖北荊門縣北。）領軍胡僧祐、黃羅漢曰：「二國無隙，必應不爾。」乃復使王琛使魏。于謹至樊、鄧，（樊卽樊城，在今湖北襄樊市漢水北岸。鄧卽鄧城，在今襄樊市東北。）梁王詧帥衆會之。梁主乃停講，停講老子。戒嚴。整兵也。琛至石梵，（在今湖北武漢市漢陽城東漢水口。）馳報羅漢曰：「境上帖然，前言皆兒戲耳。」梁主乃復講，百官戎服以聽。

徵王僧辯爲大都督，去年遣還建康。命陳霸先徙鎭揚州。（去年遣霸先還京口，今年命徙鎭揚州。揚州治建康。）十一月，魏軍濟漢。漢水。梁主出城行柵，插木爲之，周六十里。魏軍至柵下，于謹令築長圍，中外遂絕。梁主巡城，猶口占爲詩，占，隱度也。隱度其辭，口以授人曰口占。羣臣亦有和者。梁主又裂帛爲書，趣王僧辯曰：趣同促。「吾忍死待公，可以至矣！」魏悉衆攻柵，反者開西門納魏師，梁主退保金城。日暝，聞城陷，梁主乃焚古今圖書十四萬卷，以寶劍擊柱折之，歎曰：「文武之道，今夜盡矣！」命御史中丞王孝祀作降文。梁主遂白馬素衣出門，詧使鐵騎擁之入營，囚於烏幔之下。或問梁主：「何意焚書？」梁主曰：「讀書萬卷，猶有今日，故

梁王詧稱帝

後梁

方智立爲梁王

魏免梁俘數千口

焚之！」十二月，魏人殺梁主及愍懷太子元良等。

【綱】魏取襄陽，（即今湖北襄樊市。）徙梁王詧使稱帝于江陵，屯兵守之。

【目】魏立詧爲皇帝，是爲後梁宣帝。取其雍州之地，（雍州治襄陽。）而資以荆州，（荆州治江陵。）延袤三百里，延，遠也。袤音茂，長也。又置防主，將兵居西城，名曰助防，實以制詧也。

【綱】梁王僧辯、陳霸先奉晉安王方智承制。（晉安即晉安郡，治晉安縣，在今福建南安縣西。）

敬帝 名方智，元帝第九子，在位二年，陳霸先廢而弒之，壽十六歲。

【綱】乙亥，（五五五）梁敬帝方智紹泰元年，魏恭帝二年，齊天保六年，後梁中宗宣帝蕭詧天定元年。凡四國。春正月，梁王詧始稱帝。詧，梁武帝孫，昭明太子第三子。魏嘗欲立詧爲梁帝矣，詧不肯帝，立爲梁王，蕭繹既亡，復使稱帝。

【目】梁王詧即位改元於江陵，是爲後梁。賞罰制度並同王者，惟上疏於魏則稱臣，奉其正朔。

【綱】齊遣梁貞陽侯淵明還梁稱帝，梁武帝兄子。（貞陽，在今廣東英德縣東。）以兵納之。

【綱】二月，梁王方智立。

【目】晉安王自尋陽入建康，（尋陽即今江西九江市。）即梁王位，時年十三。以王僧辯爲中書監、錄尚書、驃騎大將軍、都督中外軍事，加陳霸先征西大將軍。

【綱】三月，魏免梁俘數千口。（俘，俘虜也。）

目 魏宇文泰得庾季才，梁散騎郎，曉天文，去年魏未伐梁之前言於梁主曰：「臣恐建子之月，有大兵入江陵。」厚遇之，令參掌太史。季才散私財，購親舊之爲奴婢者，購，以財求也。去年十二月，魏殺梁主繹，盡俘王公以下，及選百姓男女數萬口爲奴婢，分賞三軍。泰問其故，對曰：「僕聞克國禮賢，古之道也。今郢都覆沒，郢都，謂江陵。其君信有罪矣；搢紳何咎，皆爲皁隸！鄙人羇旅，羇，寄也。旅，客也。不敢獻言，誠竊哀之，故私購之耳。」泰乃悟曰：「吾之過也！微君，遂失天下之望！」因出令，免梁俘數千口。

綱 夏五月，梁王僧辯奉淵明歸建康，以梁王方智爲太子。

齊築長城

綱 六月，齊築長城。

目 齊發民一百八十萬築長城，自幽州夏口西至恆州九百餘里。（夏口即下口，居庸關下口，在今北京市昌平區居庸關上。恆州治秀容城，在今山西忻定縣西北。）

齊以道士爲沙門

綱 秋八月，齊以道士爲沙門。

目 齊主以佛、道二教不同，欲去其一，集二家學者論難於前，遂敕道士皆剃髮爲沙門；僧也。有不從者，殺四人，乃奉命。

梁陳霸先殺王僧辯

綱 九月，梁陳霸先殺王僧辯，廢淵明；冬十月，復立方智，稱藩于齊。

目 初，王僧辯與陳霸先共滅侯景，情好甚篤，僧辯去石頭城，（在今江蘇南京市西南。）霸先在京口。（在今江蘇鎮江市東南。）及僧辯納淵明，霸先遣使爭之，不從。霸先歎曰：「武帝子

方智爲梁帝

魏初建六官

齊大治宮室

李集諫齊王

孫甚多，唯孝元能復讎雪恥，誅侯景。其子何罪，而忽廢之！吾與王公並處託孤之地，而王公一旦改圖，外依戎狄，指齊。援立非次，其志欲何爲乎！」乃舉兵襲僧辯，殺之。淵明遜位，就邸。十月，方智卽皇帝位。告齊以「僧辯陰圖簒逆，仍請稱藩於齊」；封淵明爲建安公。

綱　梁陳霸先自爲尚書令、都督中外諸軍事。

綱　丙子，（五五六）梁太平元年，魏恭帝三年，齊天保七年。春正月，魏初建六官，以宇文泰爲大冢宰。泰依周禮定六官，謂大冢宰、大司徒、大宗伯、大司馬、大司寇、大司空。

綱　夏五月，梁建安公淵明卒。

綱　六月，齊大治宮室。

目　齊發丁匠三十餘萬脩廣三臺宮殿。齊主初立，留心政術，務存簡靖，又能以法馭下，內外肅然。每臨行陳，親當矢石，所向有功。數年之後，漸以功業自矜，遂嗜酒淫泆，肆行狂暴。一日，典御丞李集面諫，比之桀、紂。齊主令縛置流中，久之，引出，謂曰：「吾何如桀、紂？」集曰：「彌不及矣！」又令沉之，引出，更問，如此數四，集對如初。齊主大笑曰：「天下有如此癡人，方知龍逄、比干未是俊物！」遂釋之。頃之，入見，似有所諫，竟斬之。

綱　秋八月，齊主如晉陽。（在今山西太原市西南。）

綱　九月，梁陳霸先自爲丞相、錄尚書事。

【綱】冬十月，魏太師、大冢宰、安定公宇文泰卒，（安定，即安定郡，治安定，亦即涇州治，見下涇州注。）世子覺嗣。

【目】時，泰北渡河，還至牽屯山而病，驛召中山公護至涇州，（護，宇文泰兄子。）（涇州治安定縣，在今甘肅涇川縣北。）謂曰：「吾諸子皆幼，外寇方彊，天下之事，屬之於汝，宜努力以成吾志。」遂卒。世子覺嗣位，為太師、柱國、大冢宰、安定公，出鎮同州，（治武鄉，即今陝西大荔縣。）時年十五。

【綱】十二月，魏太師覺自為周公。（封岐州地為周公，以周興於岐周，故以為號。宇文覺蓋自比周公輔成王。岐州，在今陝西鳳翔縣南。）

右梁四主，合五十四年。

右魏十三主，合一百四十九年，而分為東、西魏，東魏一主，凡十七年；西魏三主，合二十二年。

陳紀　附北齊周

高祖武帝 姓陳，名霸先，吳興人，仕梁為陳公，進爵為王，遂篡梁，在位三年，壽五十九歲。陳祖自少俶儻，不事生業，明孤虛、遁甲之術。嘗遊義興，館於許氏，夢天開數丈，有朱衣四人出捧日至，納之帝口，吞之，覺而腹內猶熱也。及討侯景，景望之，密謂左右曰：「此軍上有紫氣。」未幾破景。

【綱】丁丑，（五五七）梁太平二年，魏恭帝四年，齊天保八年，陳高祖武帝陳霸先永定元年，周孝愍帝宇文覺元

西魏亡

年，九月以後世宗明帝毓元年。是歲梁、魏皆亡，陳、周代，并齊三大國，後梁一小國，凡四國。春正月，周公覺稱天王，是爲北周孝愍帝。廢魏主爲宋公。宇文護自爲大司馬。

綱　二月，周宇文護自爲大冢宰。周冢宰護弒宋公。

四柱錢

綱　夏四月，梁鑄四柱錢，一當二十。禁細錢。

陳霸先封陳公

綱　秋九月，梁丞相霸先自爲相國，封陳公，（陳，陳郡，治項縣，在今河南項城縣東北。）加九錫。

綱　周冢宰護弒其君覺及其柱國李遠，而立寧都公毓。覺之庶兄，是爲世宗明帝。（寧都，在今江西寧都縣東北。）

陳霸先稱帝

綱　冬十月，梁陳公霸先進爵爲王，遂稱皇帝，廢梁主爲江陰王。（江陰國即江陰郡，治江陰縣，即今江蘇江陰縣。）

綱　戊寅，（五五八）陳永定二年，周明帝二年，齊天保九年。夏四月，陳主霸先弒江陰王。

陳主捨身大莊嚴寺

綱　五月，陳主捨身于大莊嚴寺。

綱　己卯，（五五九）陳永定三年，周武成元年，齊天保十年。春正月，周主始親政。

殺魏宗室二十五家

綱　夏五月，齊主殺魏宗室二十五家。

目　齊太史令奏：「今年當除舊布新。」齊主問於彭城公元韶曰：（彭城，今江蘇徐州市。）「漢光武何故中興？」對曰：「爲誅諸劉不盡。」於是齊主誅始平公世哲等二十五家，囚韶等十九家。韶幽於地牢，絶食而死。

韋敻　寇儁　陳霸先卒　齊盡誅元氏　玉碎瓦全

【綱】六月，霖雨。

【綱】周王賜處士韋敻號「逍遙公」。敻音迥。徵魏將軍寇儁入見。

【目】敻，孝寬之兄也，志尙夷簡，魏、周之際，十徵不屈。太祖重之，（太祖，宇文泰廟號。）不奪其志，周王禮敬尤厚，號曰「逍遙公」。晉公護延之至第，訪以政事；敻仰視歎曰：「甘酒嗜音，峻宇彫牆，有一于此，未或不亡。」（尙書五子之歌辭。）護不悅。

驃騎大將軍、開府儀同三司寇儁，少有學行。家人嘗賣物，多得絹五匹，儁知之，曰：「得財失行，吾所不取。」訪主還之。自大統中，（大統，魏文帝年號。）稱老疾，不朝謁；王欲見之，儁不得已入見。王引與同席，問以舊事；以御輿送之。

【綱】陳主霸先殂，兄子臨川王蒨立。（臨川國都南城，即今江西南城縣。）

【目】陳主臨戎制勝，英謀獨運，而爲政務崇寬簡，非軍旅急務，不輕調發。性儉素，常膳不過數品，後宮無金翠之飾。及殂，子昌、頊，頊音旭。皆以江陵之陷，沒於長安，西魏都。羣臣奉臨川王蒨嗣位。

【綱】齊主滅元氏之族。

【目】齊主盡誅諸元，前後死者凡七百二十一人。定襄令元景安，（定襄，縣名，在今山西忻定縣東北。）欲請改姓高氏，其從兄景皓曰：「安有棄其本宗而從人之姓者乎！丈夫寧可玉碎，何能瓦全！」景安以其言白齊主，齊主誅景皓，賜景安姓高氏。

周王稱帝
高洋卒
齊演自立爲帝
陳春夏不斷死刑
王晞

綱　秋八月，周王始稱皇帝。

綱　冬十月，齊主洋殂，太子殷立。是爲廢帝。

目　齊主嗜酒成疾，謂李后曰：「人生必有死，何足惜！但憐正道尚幼，殷字正道。人將奪之耳！」又謂常山王演曰：演，齊主弟。（常山，在今河北正定縣西南。）「奪則任汝，愼勿殺也！」召尙書令楊愔等受遺詔輔政。十月，殂於晉陽，太子殷卽位。

世祖文帝　名蒨，高祖之姪。高祖殂，子昌、頊皆在北周，羣臣迎蒨卽位。在位七年，壽四十五歲。

綱　庚辰，（五六〇）陳世祖文帝蒨天嘉元年，周武成二年，齊主殷乾明元年，肅宗孝昭帝演皇建元年。春二月，齊太傅常山王演殺尙書令楊愔等，自爲丞相、都督中外諸軍事。齊主還鄴，常山王演、長廣王湛俱從，楊愔、侍中宋欽道等奏李太后，謀出二王，二王襲執愔等殺之。

綱　三月，齊丞相常山王演如晉陽。齊主詔：「軍國之政，皆申晉陽，稟大丞相規算。」

綱　夏四月，周冢宰護進毒弒其君毓，毓弟魯公邕立。是爲高祖武帝。

綱　秋八月，齊常山王演廢其主殷爲濟南王而自立。卽位於晉陽，是爲肅宗孝昭帝。

綱　冬十二月，陳制春、夏不斷死刑。

綱　齊以王晞爲侍郎，不受。

目　齊主欲以司馬王晞爲侍郎，苦辭不受。或勸之，晞曰：「我少年以來，閱要人多矣，得志少時，鮮不顚覆。且吾性實疎緩，不堪時務，人主恩私，何由可保！萬一披猖，披猖，縱裂貌。求退無地。非不好作要官，但思之爛熟耳。」

綱 辛巳，（五六一）陳天嘉二年，周高祖武帝邕保定元年，齊世祖武成帝湛太寧元年。春正月，周太師護自加都督中外諸軍事。

綱 秋七月，周更鑄錢。

目 文曰「布泉」，皆錢之別名。周禮：錢行之曰布，藏之曰泉。一當五，與五銖並行。

綱 九月，齊主演弑濟南王。

目 初，齊主許以長廣王湛爲太弟；以共誅楊愔等故也。（長廣國都膠東城，即今山東平度縣。）既而立太子百年，湛心不平。齊主在晉陽，湛守鄴。散騎常侍高元海典機密。齊主以斛律羨爲領軍，分湛權。湛不聽羨視事。是時，濟南閔悼王在鄴，望氣者言：「鄴中有天子氣。」平秦王歸彥恐王復立，（平秦即後魏平秦郡，後改名岐山，在今陝西鳳翔縣南。）勸齊主除之。齊主使歸彥至鄴，徵濟南王。湛內不自安，問計於高元海。元海曰：「有三策，請殿下從數騎入晉陽，見太后、主上，請去兵權，不干朝政，此上策也。不然，表請青、齊刺史，沉靖自居，此中策也。」更問下策，曰：「發言即恐族誅。」固逼之，元海曰：「濟南世嫡，主上奪之。今集文武，示以徵濟南之敕，執斛律豐樂，斛律羨字豐樂。斬高歸彥，尊立濟南，號令天下，以順討逆，此萬世一時也。」湛大悅，然未能用。林慮令潘子密曉占候，（林慮縣，即今河南林縣。）潛謂湛曰：「殿下當爲天下主。」湛乃送濟南王於晉陽，齊主殺之。

陳寶應臥聽讀漢書

綱 冬十一月，齊主演殂，弟長廣王湛立，是爲世祖武成帝。廢太子百年爲樂陵王。（樂陵國都樂陵縣，在今山東商河縣西北。）

目 齊主演出畋，馬驚墜地，絕肋。婁太后視疾，問濟南所在者三，齊主不對。太后怒曰：「殺之邪？不用吾言，初太后戒演曰：「勿令濟南有他也。」死其宜矣！」遂去，不顧。齊主乃徵湛立之。又與書曰：「百年無罪，可以樂處置之，勿效前人。」遂殂。湛馳赴晉陽，即位，立百年爲樂陵王。

綱 壬午，（五六二）陳天嘉三年，齊河清元年，周保定二年，後梁世宗歸天保元年。春閏二月，陳遣兵討其江州刺史周迪于臨川。（江州治豫章，即豫章郡治，見下。臨川見上臨川國。）

目 初，陳主徵迪出鎮湓城，（即湓口城，即今江西九江市。）不至。豫章太守周敷獨先入朝，（豫章郡治豫章縣，即今江西南昌市。）進號安西將軍，還豫章。迪不平，陰與縉州刺史留異相結，（縉州在今浙江境。）遣兵襲敷；敷與戰，破之。閩州刺史陳寶應亦陰與異合。（閩州治東侯官縣，即今福建福州市。）虞寄流寓閩中，常從容諷以逆順，寶應輒引他語以亂之。寶應嘗使人讀漢書，臥而聽之，至蒯通說韓信曰：「相君之背，貴不可言。」蹶然起坐，蹶然，喜躍之貌。曰：「可謂智士！」寄曰：「通一說殺三士，走田橫，烹酈生，致信不能終。何足言智！豈若班彪王命，（班彪王命論，見卷二十漢光武帝建武六年「隗囂降蜀」目。）識所歸乎！」寄知寶應不可諫，恐禍及己，乃著居士服，山服也。居東山寺，陽稱足疾。寶應使人燒其屋，寄安臥不動；縱火者自救之。陳主乃以吳

鵝眼錢改鑄五銖錢　後梁蕭巋立　陳宣帝陳頊　周杜杲對陳主　齊青州言河水清　周主養老

明徹爲江州刺史，督黃法氍、周敷共討周迪。氍音渠。

綱　陳改鑄五銖錢。

目　梁末喪亂，鐵錢不行，（梁武帝普通四年鑄鐵錢。）民間私用鵝眼錢。至是，改鑄五銖錢，銖，二十四分兩之一。一當鵝眼之十。

綱　後梁主詧殂，太子巋立。是爲世宗。

綱　三月，陳安成王頊自周歸于陳。初，高祖子昌、頊皆在長安，屢請之於周，周不遣，至文帝天嘉元年二月周遣昌還，文帝使侯安都殺之於江，至是周又歸頊於陳。（頊，文帝弟。安成國都在今廣西賓陽縣東。）

目　周遣杜杲送頊南歸，杲音稿。陳以爲中書監。陳主謂杲曰：「家弟蒙禮遣，實周朝之惠；然魯山不返，去年陳以魯山郡賂周。（魯山郡治魯山縣，即今河南魯山縣。）亦恐未能及此。」杲對曰：「安成，長安一布衣耳，（謂頊在周都與平民等。）而陳之介弟也，介，大也。其價豈止一城而已哉！本朝敦睦九族，恕己及物，上遵太祖遺旨，（太祖，宇文泰廟號。）下思繼好之義，是以遣之南歸。今乃云以尋常之土易骨肉之親，非使臣之所敢聞也。」陳主甚慙，曰：「前言戲之耳。」待杲有加。頊妃柳氏及子叔寶猶在穰城，（穰縣，在今河南鄧縣境。）陳主復遣毛喜如周請之，周人皆歸之。

綱　夏四月，齊青州言河水清。齊主遣使祭之，改元。（青州治東陽，即今山東益都縣。）

綱　癸未，（五六三）陳天嘉四年，周保定三年，齊河清二年。夏四月，周主養老于太學。（老即三老，見卷二十一漢明帝永平二年「以李躬爲三老」注。）

三思而言九慮而行

目　周主將視學，以太傅燕國于謹爲三老，遂幸太學。謹入，升席，南面憑几而坐。周主北面立而訪道。謹起，立於席後，對曰：「木受繩則正，后從諫則聖。明王虛心納諫以知得失，天下乃安。」又曰：「去食去兵，信不可去；願陛下守信勿失。」又曰：「有功必賞，有罪必罰，則爲善者日進，爲惡者日止。」又曰：「言行者，立身之基，願陛下三思而言，九慮而行，勿使有過。天子之過，如日月之食，人莫不知，願陛下愼之。」周主再拜受言，謹答拜，禮成而出。

綱　甲申，（五六四）陳天嘉五年，周保定四年，齊河清三年。春三月，周初令百官執笏。

齊主殺兄子

綱　夏六月，白虹貫日，齊主湛殺其兄之子樂陵王百年。虹，螮蝀也。凡日傍氣色白而純者，名爲白虹貫日。白虹，兵象，日爲君，故齊主殺百年以厭之。

周封李昞爲唐公

綱　秋九月，周封李昞爲唐公。（唐即晉州，即今山西臨汾縣。）

目　以追錄佐命元功封。昞，虎之子也。

綱　乙酉，（五六五）陳天嘉六年，周保定五年，齊後主緯天統元年。夏四月，彗星見。

北齊後主高緯立

綱　齊主湛傳位于太子緯，自稱太上皇帝，以祖珽爲祕書監。珽有文無行，與和士開共爲姦謟。會彗星見，上書言：「陛下宜傳位東宮，以上應天道。」齊主從之，傳位於緯，於是羣公上尊號爲太上皇帝，珽拜祕書監，大被親寵。

北周改函谷關爲通洛防

孔奐

刺閨

投籤階石鎗然有聲

綱 冬十月，周殺其中州刺史賀若敦。（中州治函谷關城，即今河南新安縣。）

目 周以函谷關城爲通洛防，以賀若敦爲中州刺史鎮之。敦恃才負氣，以湘州之役，（湘州治臨湘，即今湖南長沙市。）全軍而返，謂宜受賞，翻得除名，陳文帝天嘉元年八月，陳侯瑱攻湘州，周遣軍司馬賀若敦、獨孤盛救之，軍於湘州。二年正月，湘州降陳，敦乃自拔北歸。宇文護以敦失地無功，除名爲民。對臺使出怨言。宇文護怒，徵還，逼令自殺。臨死，謂其子弼曰：「吾志平江南，今而不果；汝必成吾志！吾以舌死，汝不可不思。」因引錐刺弼舌出血以誡之！

綱 丙戌，（五六六）陳天康元年，周天和元年，齊天統二年。夏四月，陳以孔奐爲太子詹事。

目 陳主不豫，以太子伯宗柔弱，謂安成王頊曰：「吾欲遵太伯之事。」頊拜泣，固辭。陳主又謂僕射到仲舉、尚書孔奐等曰：「今三方鼎峙，峙，立也。四海事理，宜須長君。卿等宜遵此意。」孔奐流涕對曰：「皇太子聖德日躋，躋，升也。安成王足爲周旦。周公旦。若有廢立之心，臣誠不敢奉詔。」陳主曰：「古之遺直，復見於卿。」乃以奐爲太子詹事。

綱 陳主蒨殂，太子伯宗立。

目 陳主起自艱難，知民疾苦。性明察儉約，每夜刺閨取外事分判者，刺閨，宮中職名，就閨中刺取外事，故名。前後相續。敕傳更籤於殿中者，傳，遞；籤，籌也。五更傳五籤。必投籤於階石之上，令鎗然有聲，鎗音鏘。曰：「吾雖眠，亦令驚覺。」

綱 五月，陳以安成王頊爲司徒、錄尚書事，徐陵爲吏部尚書。

齊始用士人爲令

綱　冬十二月，齊始用士人爲縣令。

目　魏末以來，縣令多用廝役，因是士流恥爲之。齊僕射元文遙以爲縣令治民之本，遂請革選，密擇貴游子弟，發敕用之；悉召集神武門，令趙郡王叡宣旨慰諭而遣之。（趙郡治平棘，在今河北寧晉縣西北。）齊之士人爲縣令，自此始。

廢帝名伯宗，文帝太子，在位二年，安成王頊廢爲臨海王，尋薨，壽十九歲。

綱　丁亥，（五六七）陳主伯宗光大元年，周天和二年，齊天統三年。春正月朔，日食。

綱　二月，陳安成王頊殺中書舍人劉師知，又殺僕射到仲舉。自是國政盡歸於頊。

周隋公卒

綱　戊子，（五六八）陳光大二年，周天和三年，齊天統四年。秋七月，周隋公楊忠卒。（隋本作「隨」，以隨從辵，有奔走不寧之意，遂去辵作「隋」。隨卽隨郡，治隨縣，卽今湖北隨縣。）

楊堅襲爵隋公

目　忠子堅爲小宮伯，宇文護欲引以爲腹心。忠曰：「兩姑之閒難爲婦，汝其勿往！」堅乃辭之。至是，忠卒，堅襲爵。

綱　冬十一月朔，日食。

綱　陳安成王頊廢其主伯宗爲臨海王，（臨海國都章安，卽今浙江臨海縣。）而殺始興王伯茂。伯宗弟。（始興國卽始興郡，治曲江縣，卽今廣東韶關市。）

綱　齊主湛殂。

目　齊上皇疾作，驛追徐之才，初，上皇有疾，僕射徐之才善醫，療之，既愈，中書監和士開欲得次遷，乃出之才爲兗州刺史而代之。未至，疾亟，以後事屬和士開，握其手曰：「勿負我！」遂殂。

高宗宣帝 名頊，文帝弟，初封安成王，廢臨海王而自立，在位十四年，壽五十二歲。

綱 己丑，（五六九）陳高宗宣帝頊太建元年，周天和四年，齊天統五年。春正月，陳主頊立。

廣州刺史反

綱 秋八月，陳廣州刺史歐陽紇反。（廣州治南海，即今廣東廣州市。）

馮僕母

綱 庚寅，（五七〇）陳太建二年，齊武平元年，周天和五年。春二月，陳人討歐陽紇，斬之。封陽春太守馮僕母冼氏爲石龍太夫人。（陽春郡治陽春縣，即今廣東陽春縣。石龍郡治石龍縣，在今廣東化縣東北。）

目 歐陽紇召陽春太守馮僕至南海，即廣州治。誘與同反。僕遣使告其母冼夫人。夫人曰：「我忠貞兩世，洗氏夫馮寶，梁時爲高涼太守。簡文帝大寶元年，梁高州刺史李遷仕反，冼氏將千餘人，寶從之，襲擊遷仕，大破之，故云。今不能惜汝而負國也。」遂發兵拒境，帥諸酋長迎章昭達。擊紇，擒之，斬於建康市。

蕭引

紇之反也，士人流寓者皆惶駭。前著作佐郎蕭引獨恬然，曰：「管幼安、袁曜卿，管寧字幼安，初依公孫度，後卒還鄉里。袁曜卿名渙，三國魏人，劉備舉渙茂才，避地江、淮，後歸曹操。亦但安坐耳。君子直己以行義，何憂懼乎！」至是，陳主徵以爲侍郎。

馮僕以其母功，封信都侯，（信都，縣名，在今安徽境。）遷石龍太守。遣使持節册命冼氏爲石龍太夫人，賜以繡幰安車，幰音顯，車上張繒曰幰。車以蒲裹輪行，故安。鼓吹、麾、節，鼓吹，軍中樂，於馬上奏之。麾，大將之旗。節，符節。鹵簿如刺史之儀。鹵簿，出行儀衞。

【綱】秋七月，齊以和士開爲尚書令。

【目】士開威權日盛，朝士不知廉恥者，或爲之假子。士開傷寒，醫云：「應服黃龍湯。」士開有難色。有候之者請先嘗之，一舉而盡。

【綱】辛卯，（五七一）陳太建三年，齊武平二年，周天和六年。夏六月，齊太宰段韶圍周定陽，克之，獲汾州刺史楊敷。（周西汾州治定陽縣，在今山西鄉寧縣西北。）

【目】齊段韶引兵圍定陽，周汾州刺史楊敷固守不下。韶令壯士千餘人伏於東南澗口。城中糧盡，敷走，伏兵擊擒之，遂取汾州。

敷子素，少多才藝，以其父守節陷齊，未蒙贈謚，申理再三。周主大怒，命左右斬之。素大言曰：「臣事無道天子，死其分也！」周主壯其言，贈敷大將軍，謚曰忠壯。素漸見禮遇，命爲詔書，下筆立成，詞義兼美，周主曰：「勉之，勿憂不富貴。」素曰：「但恐富貴來逼臣，臣無心圖富貴也。」

【綱】秋，齊琅邪王儼殺和士開。（琅邪國即琅邪郡，治即丘縣，在今山東臨沂市東南。）

【綱】壬辰，（五七二）陳太建四年，齊武平三年，周建德元年。春三月，周主討其太師宇文護，殺之。周主親政，以其弟齊公憲爲大冢宰，衞公直爲大司徒。（齊，齊郡，治益都，即今山東益都縣。衞即衞郡，治朝歌，即今河南汲縣東北朝歌鎮。）

周太子納妃楊氏

齊殺張雕等

綱 癸巳，（五七三）陳太建五年，齊武平四年，周建德二年。春三月，周獲白鹿。

目 周太子獲白鹿以獻，周主詔曰：「在德不在瑞。」

綱 秋八月，周太子贇納妃楊氏。

目 妃，隋公堅之女也。太子好昵近小人，左宮正宇文孝伯言於周主曰：「皇太子春秋尚少，志業未成，請妙選正人爲其師友，調護聖質。如或不然，悔無及矣！」周主斂容曰：「正人豈復過卿！」乃復以尉遲運爲右宮正。周主嘗問萬年丞樂運曰：（萬年縣，即今陝西西安市舊長安縣。）「太子何如人？」對曰：「中人。」周主問運中人之狀。對曰：「如齊桓公是也，管仲相之則霸，豎貂輔之則亂，（事見卷四周襄王七年、九年。）可與爲善，可與爲惡。」周主曰：「我知之矣。」乃妙選宮官以輔之，太子不悅。

綱 冬十月，齊主殺其侍中張雕、崔季舒。

目 齊國子祭酒張雕，以經授齊主，因與寵胡何洪珍相結。洪珍薦雕爲侍中，大見委信。雕欲立效以報恩，論議抑揚，無所回避，省宮掖不急之費，禁約左右驕縱之臣。貴幸側目，陰謀陷之。左丞封孝琰、侍中崔季舒，皆祖珽所厚。（祖珽時出爲北徐州刺史。）嘗謂：「珽爲衣冠宰相。」近習惡之。會齊主將如晉陽，季舒與雕議，以爲：「壽陽被圍，（陳吳明徹攻壽陽。）（即今安徽壽縣。）大軍出拒，信使往還，須稟節度。且道路相驚，以爲大駕畏避南寇，則人情必致駭動。」遂與從駕文官，連名進諫。韓長鸞言於齊主曰：「諸漢官連名總署，未必不反。」齊主悉召已署名者，集合章殿，斬雕、季舒等六人，遂如晉陽。

綱　甲午，（五七四）陳太建六年，齊武平五年，周建德三年。春正月，周詔齊公憲等皆進爵爲王。

綱　三月，周太后叱奴氏殂。

周武終喪

目　周叱奴太后殂。周主居倚廬，（倚廬，見卷三十一晉元帝大興元年「斬衰居廬」注。）朝夕進一溢米。二十四分升之一曰溢。禮喪大記「朝一溢米，莫一溢米」，謂朝暮各用一溢米爲粥也。及葬，周主跣行至陵所，跣，徒足履地。詔曰：「三年之喪，達於天子。但軍國務重，須自聽朝。衰麻之節，苫廬之禮，（苫廬，苫塊倚廬也。苫，草席；塊，土塊。苫塊，謂居喪寢苫枕塊。）率遵前典，以申罔極。詩小雅蓼莪篇：『欲報之德，昊天罔極。』註：『罔，無；極，窮也。言父母之恩，欲報之以德，而其恩之大如天無窮，不知所以爲報也。』百僚宜依遺令，既葬而除。」公卿固請依權制，周主不許，卒申三年之制。五服之內，亦令依禮。

周廢佛道二教

綱　夏五月，周廢佛、道教，毀淫祠。

目　初，周主定三教先後：以儒爲先，道爲次，釋爲後。至是，遂禁佛、道二教，經像悉毀，沙門、道士並還俗。諸淫祠，非祀典所載者盡除之。

五行大布錢

綱　周更鑄五行大布錢。

目　一當十，與布錢並行。

綱　周立通道觀。

目　以壹聖賢之教也。

綱　乙未，（五七五）陳太建七年，齊武平六年，周建德四年。春三月，周使開府儀同三司伊婁謙如齊，齊人留之。

目　齊主言語澀吶，不喜見朝士，非寵私昵狎，未嘗交語。好自彈琵琶，爲無愁之曲，民閒謂之「無愁天子」。於華林園立貧兒村，自衣藍縷之服，（藍縷，同襤褸，敝衣也。）行乞其閒以爲樂。濫得富貴者，殆將萬數，乃至狗馬及鷹亦有儀同、郡君之號，皆食其祿。周主謀伐之，使開府儀同三司伊婁謙聘於齊以觀釁。其參軍高遵以情告齊人，齊人留謙等不遣。

綱　夏四月，陳焚文錦于雲龍門。

目　陳監豫州陳桃根，（豫州治壽陽。）得青牛以獻，陳主還之。又表上織成羅文錦被，詔於雲龍門外焚之。

綱　丙申，（五七六）陳太建八年，齊隆化元年，周建德五年。夏六月，陳太子詹事江總免。

目　初，陳太子叔寶欲以江總爲詹事，孔奐曰：（時爲吏部尚書。）「江有潘、陸之華，（潘、陸，謂潘岳、陸機，晉惠帝爲太子，潘、陸皆爲東宮官，而並有才華。）而無園、綺之實，（園、綺，謂漢高帝時東園公及綺里季，羽翼太子盈，高帝遂不易太子。）不可。」太子深以爲恨，自言於陳主，許之。總遂與太子爲長夜之飲，養良娣陳氏爲女。太子亟微行，（私出也。）遊總家。陳主怒，免總官。

綱　冬十月，周主伐齊，取平陽。（在今山西臨汾縣西南。）十一月，齊主攻之，不克。十二月，周主復伐齊，齊主大敗，走晉陽，遂奔鄴。晉陽人立安德王延宗以守，周主拔而執之。

周滅齊

綱 丁酉，（五七七）陳太建九年，齊幼主恆承光元年，周建德六年。是歲齊亡，陳、周二大國，後梁一小國，凡三國。春正月朔，齊主緯傳位于太子恆。周師圍鄴。緯出走，周主入鄴。齊丞相高阿那肱引周師追緯及恆，獲之，遂滅齊。

齊傅伏降周

綱 三月，齊東雍州行臺傅伏降周。（東雍州治正平縣，即柏壁城，在今山西絳縣西北。）

骨親肉疎

目 初，周主招齊東雍州刺史傅伏，不從。周主自鄴還，至晉州，（治白馬城，即今山西臨汾縣。）遣高阿那肱等百餘人臨汾水，（在今山西臨汾縣城西。）召伏。伏隔水問：「至尊何在？」阿那肱曰：「已被擒矣。」伏仰天大哭，帥衆入城，於聽事前北面哀號，聽事，中庭也。良久，然後出降。周主見之曰：「何不早下？」伏流涕對曰：「臣三世爲齊臣，食齊祿，不能自死，羞見天地！」周主執其手曰：「爲臣當如此。」乃以所食羊肋骨賜伏曰：「骨親肉疎，所以相付。」遂引使宿衞，授上儀同大將軍。

綱 夏四月，周主至長安，封高緯爲溫公。

綱 五月，周主毀其宮室之壯麗者。

周焚九尾狐

綱 秋八月，周獲九尾狐，焚之。

目 鄭州獲九尾狐，白虎通：「德至鳥獸，則九尾狐見。」吳越春秋：「禹娶塗山，乃有白狐九尾應之。」（鄭州治長社，即今河南許昌市。）已死，獻其骨。周主曰：「瑞應之來，必彰有德。今無其時，恐非實錄。」命焚之。

周夷高緯族

周主初服常冠

周立后楊氏

周作刑經聖制

綱 冬十月，周主殺溫公高緯，夷其族。

綱 十一月，周省後宮妃嬪之數。

右北齊六主，合二十八年。

綱 戊戌，（五七八）陳太建十年，周宣帝贇宣政元年。春三月，周主初服常冠。此後世襆頭之始。

目 其制以皁紗全幅，向後襆髮，襆音僕，同幞。乃裁爲四脚。

綱 夏五月，周主邕伐突厥，有疾而還。六月，殂，太子贇立。是爲宣帝。以鄭譯爲內史中大夫。太子即位，即逞奢欲，曾無戚容，捫其杖痕大罵曰：「死晚矣！」閱視宮人，逼而淫之。超拜鄭譯爲內史中大夫，委以朝政。

綱 周主贇殺其叔父齊王憲。

目 周主以齊王憲屬尊望重，忌之。乃與于智、鄭譯等謀，密使智告憲有異謀，召憲入殿，伏壯士執之。憲自辯理，周主使智證之。憲目光如炬，與智相質，既而歎曰：「死生有命，寧復圖存！但老母在堂，恐留茲恨耳！」因擲笏於地，遂縊之。周主召憲僚屬，使證成憲罪。參軍李綱，以死自誓，終無撓辭，撫棺號慟，躬自瘞之，瘞音意，埋也。哭拜而去。

綱 閏月，周立后楊氏。秋七月，周以楊堅爲上柱國、大司馬。楊堅，后父。

綱 己亥，（五七九）陳太建十一年，周靜帝闡大象元年。春正月，周作刑經聖制。

目 周主初立，以高祖刑書要制爲太重而除之。高祖，武帝。建德六年十一月，周頒刑書要制，羣

大貨六銖錢

永通萬國錢

周稅入市者

楊堅爲大丞相

盗贓一匹，及正長隱五丁、若地頃以上，皆死。既而民輕犯法，又自以奢淫多過失，惡人規諫，欲爲威虐攝服羣下，乃更爲刑經聖制，用法益深。

綱 二月，周治洛陽宮。周以洛陽爲東京，發山東諸州兵四萬人，治其宮室。

綱 周主贇傳位于太子闡，是爲靜帝。自稱天元皇帝。

綱 周徙石經還洛陽。東漢靈帝立石經于洛陽太學門外，東魏孝靜帝定武三年，遷石經于鄴。

綱 夏五月，周諸王皆就國。

綱 秋七月，陳初用大貨六銖錢。以一當五銖之十，與五銖並行，後復當一，人皆不便，乃相與謡言六銖錢有不利縣官之象，未幾宣帝崩，竟至陳亡。

綱 冬十月，周主贇復道、佛像。天元與二像並坐，大陳雜戲，令士民縱觀。

綱 十一月，周鑄永通萬國錢。一當千。

綱 庚子，（五八〇）陳太建十二年，周太象二年。春正月，周稅入市者人一錢。

綱 夏五月，周主贇殂，隋公楊堅自爲大丞相，假黃鉞，居東宮。徵諸王還長安。

目 天元昏暴滋甚。后父隋公堅，位望隆重，天元忌之，嘗因忿謂后曰：「必滅爾家！」天元不豫，堅稱受詔居中侍疾，天元遂殂。周主入居天臺，尊楊后爲皇太后，以楊堅爲大丞相、假黃鉞、都督中外諸軍事，以正陽宮爲丞相府。時衆情未壹，堅引司武上士盧賁置左右，潛令部伍仗衞，因召公卿，謂曰：「欲求富貴者宜相隨。」至東宮，門者拒不納，賁叱之，

周復佛道二教

尉遲迥討楊堅

楊堅進爵隋王

堅乃得入。賁遂典丞相府宿衞。以鄭譯爲長史，劉昉爲司馬，李德林爲府屬。內史下大夫高熲明敏有器局，熲音憬。習兵事，多計略，堅欲引之，遣楊惠諭意。熲欣然許之，曰：「縱令公事不成，熲亦不辭滅族。」乃以爲司錄。堅革宣帝苛酷之政，更爲寬大，删略舊律，作刑書要制，奏而行之；躬履節儉，中外悅之。堅夜召太史中大夫庾季才，問曰：「天時人事何如？」季才曰：「天道精微，難可意測。以人事卜之，符兆定矣。」獨孤夫人亦謂堅曰：「騎虎之勢，必不得下，勉之！」

綱 周復佛、道二教。堅意也。堅將有他志，以是求福干響。

綱 周相州總管蜀公尉遲迥舉兵相州，（相州治安陽，即今河南安陽市。周明帝武成元年改都督爲總管，管軍事。）討丞相堅；堅遣韋孝寬將兵擊之。

綱 秋八月，周尉遲迥兵敗，自殺。周丞相堅以高熲爲司馬。

綱 周丞相堅以其世子勇爲洛州總管。（洛州治洛陽，即今河南洛陽市。）

綱 冬十一月，周相州總管鄖公韋孝寬卒。（鄖，鄖州，治安陸縣，即今湖北安陸縣。）

綱 十二月，周丞相堅自爲相國，進爵隋王，加九錫。

隋王堅稱帝

綱鑑易知錄卷四十

陳紀　附隋

高宗宣帝

綱　辛丑，(五八一)陳太建十三年，周大象三年，二月以後隋高祖文帝楊堅開皇元年。是歲周亡，隋代，凡三國。春二月，隋王堅稱皇帝。

目　周主遜居別宮，隋王卽皇帝位。竇毅之女聞周主禪，自投堂下，撫膺太息曰：「恨我不爲男子，救舅氏之患！」毅及襄陽公主掩其口曰：「汝勿妄言，滅吾族！」由是奇之。及長，以適唐公李淵。淵，昞之子也。(周保定四年封李昞爲唐公。唐卽晉州，卽今山西臨汾縣。)

綱　隋追尊考爲武元帝。卽楊忠。

綱　隋立后獨孤氏。

目　后家世貴盛，而能謙恭，雅好讀書，言事多與隋主意合，甚寵憚之，宮中稱爲「二聖」。

綱　隋立世子勇爲太子，諸子皆爲王。廣爲晉王，俊爲秦王，秀爲越王，諒爲漢王。

綱　隋廢周主闡爲介公，(介，古介國，在今山東膠縣南。)改封周太后楊氏爲樂平公主。(周太

隋盡滅宇文氏

隋徵蘇威

隋主有并吞江南之志

后，楊堅女。欒平，縣名，在今山西陽泉市東南。）

綱 隋主盡滅宇文氏之族。

目 虞慶則勸隋主盡滅宇文氏，李德林固爭，以爲不可，隋主作色曰：「君書生，不足與議此！」於是周太祖以下子孫皆死，而德林品位遂不進。

綱 隋徵蘇威爲太子少保。

目 威，綽之子也，（蘇綽見卷三十八魏文帝大統十二年「魏度支尚書蘇綽卒」目。）少有令名，周宇文護強以女妻之。威見護專權，恐禍及己，屏居山寺，以諷讀爲娛。周高祖聞其賢，（周高祖，周武帝。）除車騎大將軍，辭疾不拜。隋主爲丞相，高熲薦之，隋主召見，與語，大悅；居月餘，聞將受禪，遁歸田里。熲請追之，隋主曰：「此不欲預吾事耳，置之。」及受禪，徵拜太子少保，追封綽爲邳公，（邳，邳州，治邳縣，在今江蘇邳縣北。）以威襲爵。

綱 三月，隋以賀若弼爲吳州總管，（吳州後改爲揚州，治江都，即今江蘇揚州市。）韓擒虎爲廬州總管。（廬州治合肥，即今安徽合肥市。）

目 隋主有并吞江南之志，問將於高熲，熲薦弼與擒虎，故以弼鎮廣陵，（郡名，即吳州。）擒虎守廬江，（郡名，即廬州。）使潛爲經略。

綱 隋以蘇威爲納言。

目 初，蘇綽在西魏，以國用不足，爲征稅法頗重，既而歎曰：「今所爲者，正如張弓，非

蘇威以父言爲己任

平世法也。後之君子，誰能弛之！」威聞其言，每以爲己任。至是，奏減賦役，務從輕簡。隋主從之，謂朝臣曰：「楊素才辯無雙。（楊素見卷三十九周天和六年「獲汾州刺史楊敷」目。素，敷子。）至於斟酌古今，助我宣化，非威之匹也。威若逢亂世，南山四皓，（漢高祖時東園公、綺里季、夏黃公、角里先生隱於商山，鬚髮皓白，稱爲商山四皓。商山在長安南，又名南山。）豈易屈哉！」威嘗言於隋主曰：「臣先人每戒臣云：『唯讀孝經一卷，足以立身治國，何用多爲！』」隋主深然之。

綱　夏五月，隋主堅弑介公闡。

隋定服色

綱　秋七月，隋定服色。

目　隋主始服黃，後世皇帝服黃始此。百僚畢賀。

綱　九月，隋僕射高熲督諸軍侵陳。

隋五銖錢

綱　隋鑄五銖錢。

目　背面肉好，肉，錢形。好，錢孔。皆有周郭，每一千重四斤二兩。

綱　隋上柱國鄭譯有罪，除名。

目　譯自以被疎，陰呼道士醮章祈福，醮，祭；章，表也。謂奏表於天以達誠款。婢告以爲巫蠱；譯又與母別居，爲憲司所劾，除名。隋主下詔曰：「譯若留之於世，在人爲不道之臣；戮之於朝，入地爲不孝之鬼。宜賜以孝經，令其熟讀。」仍遣與母共居。

隋行新律

綱　冬十月，隋初行新律。

隋遷于新都　隋詔求遺書　隋罷郡爲州

目　初，周法比於齊律，煩而不要。隋主命裴政等更加脩定。始制死刑二，絞、斬；流刑三，自二千里至三千里；徒刑五，自一年至三年；杖刑五，自六十至百；笞刑五，自十至五十。此後世以笞、杖、徒、流、死定罪始此。

綱　十二月，隋聽民出家，賦錢寫書造像。書，佛書。像，造佛像。

右北周五主合二十五年。

綱　壬寅，（五八二）陳太建十四年，隋開皇二年。春正月，陳主頊殂，始興王叔陵作亂，（始興即今廣東韶州市。）叔陵，陳主次子。伏誅。太子叔寶立。

後主　名叔寶，宣帝太子，在位六年，爲隋所滅，卒於仁壽四年，壽五十二歲。

綱　癸卯，（五八三）陳後主叔寶至德元年，隋開皇三年。春三月，隋遷于新都。隋以長安城狹小，改作新都於龍首山，遷焉。（龍首山，在今陝西西安市北，今已成平地。）

綱　隋詔求遺書。

目　祕書監牛弘上表曰：「典籍屢經喪亂，率多散逸。周氏聚書，僅盈萬卷，平齊所得，裁益五千。興集之期，屬膺聖世，爲國之本，莫此爲先。」隋主從之。詔獻書一卷，賚縑一匹。賚音賴，予也。縑音兼，并絲絹也。

綱　冬十一月，隋罷郡爲州。

綱　甲辰，（五八四）陳至德二年，隋開皇四年。春正月朔，日食。

綱 秋九月，隋詔公私文翰並宜實錄。

李諤請黜浮華

目 隋主不喜辭華，故有是詔。時泗州刺史司馬幼之文表華豔，（泗州治宿預縣，在今江蘇宿遷縣南。）詔付所司治罪。治書侍御史李諤亦上書曰：「魏之三祖，（北魏太祖平文帝、高祖昭成帝、世祖太武帝。）崇尚文詞，遂成風俗。江左、齊、梁，其弊彌甚：競一韻之奇，爭一字之巧；連篇累牘，不出月露之形，積案盈箱，唯是風雲之狀。世俗以之相高，朝廷以之擢士。以儒素爲古拙，以詞賦爲君子。故其文日繁，其政日亂，良由棄大聖之軌模，構無用以爲用也。今朝廷雖有是詔，而州縣仍踵弊風，躬仁孝之行者，不加收齒，（收，采取。齒，記錄。）工輕薄之藝者，舉送天朝。請加采察，送臺推劾。」詔以其奏頒示四方。

陳起三閣

綱 冬十一月，陳起臨春、結綺、望仙閣。（三閣故址，俱在今江蘇南京市內。）

女學士

狎客

目 陳主起三閣，各高數十丈，連延數十間，皆以沉檀爲之，金玉珠翠爲飾，珠簾、寶帳、服玩瑰麗，近古未有。其下積石爲山，引水爲池，雜植花卉。上自居臨春，張貴妃居結綺，（張貴妃名麗華。）龔、孔二貴嬪居望仙，複道往來。以宮人袁大捨等爲女學士。江總雖爲宰輔，不親政務，日與尚書孔範、散騎王瑳等文士十餘人，侍宴後庭，謂之「狎客」。使諸妃嬪及女學士與狎客共賦詩，采其尤豔麗者，被以新聲，其曲有玉樹後庭花、臨春樂等，大略皆美諸妃嬪之容色。君臣酣歌，自夕達旦。

綱 乙巳，（五八五）陳至德三年，隋開皇五年。春正月朔，日食。

隋初置義倉

綱　夏五月，隋初置義倉，貌閱戶口，（貌閱猶言案比，謂案驗以比之也。）作輸籍法。

目　度支尚書長孫平奏：「令民間每秋家出粟麥一石以下，貧富爲差，儲之當社，委社司檢校，以備凶年，名曰『義倉』。」隋主從之。

隋作輸籍法

時民間多妄稱老、小以免賦役，隋主命州縣大索貌閱，以防容隱。高熲又言：「民間課輸無定簿，難以推校，請爲輸籍法。」隋主從之。

綱　梁主巋殂，太子琮立。

隋築長城

綱　秋八月，隋築長城。

目　東距河，西至綏州，（後改爲上州，治上縣，即今陝西綏德縣。）綿歷七百里。

綱　丁未，（五八七）陳禎明元年，隋開皇七年，是歲梁亡，凡二國。春正月，隋制諸州歲貢士三人。

隋滅梁

綱　秋九月，隋滅梁，以其主蕭琮爲莒公。（莒，莒州，治東莞，即今山東沂水縣。）

綱　冬十一月，陳臨平湖開。

高熲取陳之策

目　隋主問取陳之策於高熲，對曰：「江北田收差晚，江南水田早熟。量彼收穫之際，微徵士馬，聲言掩襲，彼必屯兵守禦，廢其農時。彼既聚兵，我便解甲。再三如此，彼以爲常；後更集兵，彼必不信。猶豫之頃，我乃濟師，（濟師，謂濟江也。）登陸而戰，兵氣益倍。江南土薄，舍多茅竹，儲積皆非地窖，當密遣人因風縱火，待彼脩立，復更燒之，不出數年，財力俱盡矣。」隋主用其策，陳人始困。

投柹於江

隋主謂高熲曰：「我爲民父母，豈可限一衣帶水不拯之乎！」命大作戰船。人請密之，隋主曰：「吾將顯行天誅，何密之有！」使投其柹於江，（柹音費，作船削下木片。）曰：「若彼懼而能改，吾復何求！」時江南妖異特衆，臨平湖草久塞，忽然自開。陳主惡之，乃自賣於佛寺爲奴以厭之。（厭，鎮也。）

綱　戊申，（五八八）陳禎明二年，隋開皇八年。春三月，隋下詔伐陳。

隋伐陳

綱　冬十月，隋以晉王廣爲淮南行省尚書令、行軍元帥，（晉王廣，隋文帝子。晉卽晉州，治白馬城，卽今山西臨汾縣。淮南後改壽州，治壽陽，卽今安徽壽縣。）帥師伐陳。

目　隋命晉王廣、秦王俊、清河公楊素，（秦王俊，隋文帝子。秦卽秦州，治上邽，在今甘肅天水市西南。楊素見上。清河卽清河郡，治清河縣，在今河南商城縣東。）皆爲行軍元帥。廣出六合，（今河南開封附近。）俊出襄陽，（今湖北襄陽縣。）素出永安，（卽白帝城，在今四川奉節縣東。）廬州總管韓擒虎出廬州，吳州總管賀若弼出廣陵，凡總管九十，兵五十一萬八千，皆受晉王節度。旌旗舟楫，橫亙數千里。以高熲爲元帥長史，王韶爲司馬，軍事皆取決焉。

秦王俊督諸軍屯漢口，（漢水與溳水合流入江處，（卽今湖北武漢市漢陽城。）爲上流節度。陳以周羅睺督諸軍拒之。楊素帥水軍東下，舟艫被江，旌甲曜日。陳之鎭戍相繼以聞，中書舍人施文慶、沈客卿並抑而不言。及隋軍臨江，僕射袁憲等奏請防備再三。陳主從容謂侍臣曰：「王氣在此。（王音旺。）齊兵三來，周師再來，無不摧敗。彼何爲者邪！」孔範曰：「長江天塹，

長江天塹

塹，遶城水也。）限隔南北，今日虜軍豈能飛渡邪！」陳主以爲然，故不爲深備，奏伎、縱酒、賦詩不輟。

右陳五主合三十二年。

隋紀

高祖文皇帝 姓楊名堅，小字那羅延，華陰人。父忠，仕魏及周，封隋公；堅襲封，進爵爲王，遂篡周。尋滅陳，南北爲一，都長安。在位十六年，爲太子廣所弒，壽六十四歲。帝生而紫氣充庭，有尼來自河東，謂其母曰：「此兒所從來甚異，不可於俗間處之。」尼乃將帝舍於別館，躬自撫養。一日尼出，付其母抱之，忽見頭上角出，偏體鱗起。母大驚，墜之地。尼心動，亟還，曰：「驚我兒，致令晚得天下。」

綱 己酉，隋高祖文皇帝開皇九年，（五八九）春正月，總管賀若弼、韓擒虎進軍滅陳，獲其主叔寶。

目 正月朔，陳主會朝，大霧四塞。是日，賀若弼自廣陵引兵濟江，韓擒虎自橫江濟采石，（橫江浦，在今安徽和縣東南，與馬鞍山市采石山相對。采石在江東。）守者皆醉，遂克之。陳主以蕭摩訶、樊毅、魯廣達並爲都督，司馬消難、施文慶並爲大監軍，遣樊猛帥舟師出白下。（白下城，在今江蘇南京市西北。後亦謂南京爲白下。）既而賀若弼拔京口，（京口，在今江蘇鎮江市東南。）韓擒虎拔姑孰。（姑孰，即今安徽當塗縣。）於是弼自北道，擒虎自南道並進，緣江諸戍，望風盡走。弼進據鍾山。（在今江蘇南京市內。）晉王廣遣總管杜彥與韓擒虎合軍，屯於新林。（新林浦，在今江蘇南京市西南，晉至六朝皆爲屯軍要地。）陳人大駭，降者相繼。陳主使魯廣達陳於白土岡，（白土岡即鍾山南麓，在今南京市內。）任忠、樊毅、孔範、蕭摩訶軍以次而北，亙二十里，首尾進退不相知。韓擒虎自新林進軍，任忠帥數騎迎降於石子岡，（即今南京市內雨花臺。）引擒虎軍直入朱雀門。陳主皇遽，從宮人十餘出景陽殿，（在今江蘇南京市內古臺城內。）自投於井。即景陽井，一名胭脂井，後人名爲辱井。既而軍人窺井，以繩引之，驚其太重，及出，乃與張貴妃、孔貴嬪同束而上。賀若弼乘勝至樂遊苑，（在今江蘇南京市北覆舟山南。）燒門而入。弼恥功在擒虎後，欲令叔寶作降箋歸己，不果。

景陽井

綱　晉王廣入建康，（陳都，在今江蘇南京市南。）誅陳都督施文慶等五人。

目　高熲先入建康，晉王廣使人馳告之，令留張麗華，即張貴妃。熲曰：「昔太公蒙面以斬妲己，世說：「武王令軍士斬紂妃妲己，及臨刑，一笑百媚，軍士釋然。太公以帛蒙其面而斬之。」此豈可留也！」斬之。廣聞之變色曰：「昔人云『無德不報』，我必有以報高公矣！」由是恨熲。尋入建康，以施文慶諂佞，沈客卿聚斂，與陽慧朗、徐哲暨慧景皆爲民害，斬之以謝三吳。（三吳，見卷三十二晉成帝咸和三年「詔諭三吳」注。）

高熲斬張麗華

綱　以許善心爲散騎常侍。

目　帝使以陳亡告許善心，初，陳遣許善心使隋，而爲隋所留。善心衰服號哭於西階之下，藉草東向坐三日；敕書唁焉。弔失國曰唁。明日，就館，拜散騎常侍。上曰：「我平陳，唯獲此

置鄉正里長

高熲讓功

人。既能懷其舊君，卽我之誠臣也。」

綱 二月，置鄉正、里長。

目 蘇威奏請五百家置鄉正，使治民，簡辭訟。上從之，乃以百家爲里，置里長一人。

綱 夏四月，晉王廣班師，班，還也。俘陳叔寶至京師，獻于太廟。論功行賞有差。

目 進楊素爵爲越公、賀若弼宋公。（越卽越州，治會稽縣，卽今浙江紹興市。宋，宋州，治睢陽縣，在今河南商丘縣南。）弼與韓擒虎爭功於帝前。弼曰：「臣在蔣山死戰，蔣山卽鍾山。破其銳卒，擒其驍將，擒蕭摩訶。震揚威武，遂平陳國。」擒虎曰：「臣以輕騎五百，直取金陵，卽建康。執陳叔寶；弼夕方至，臣啓關納之，安得與臣比！」帝曰：「二將俱爲上勳。」於是進擒虎上柱國，高熲爵齊公。從容命熲與弼論平陳事，熲曰：「弼先獻十策，後苦戰破賊。臣文吏耳，焉敢與之論功！」帝大笑，嘉其有讓。初，上嘗使熲問方略於李德林，至是，賞其功，授柱國，封郡公。已宣敕，或說熲曰：「今歸功德林，諸將必當憤惋，而公亦爲虛行矣。」熲入言之，乃止。賀若弼撰其所畫策上之，謂之御授平陳七策。帝弗省，曰：「我不求名，公可自載家傳。」卽家乘，今族譜也。後突厥來朝，（突厥見卷三十八魏大統十一年「遣使如突厥」注。）帝謂之曰：「汝聞江南有陳國乎？」因召左右引突厥詣韓擒虎前曰：「此是執得陳國天子者。」擒虎厲色顧之，突厥惶恐，不敢仰視。龐晃等短高熲，帝怒，皆黜之，親禮逾密。因謂熲曰：「公猶鏡也，每被磨瑩，皎然益明。」

復故陳境十年

詔除毁兵仗

不許封禪

詔定雅樂

辛公義治岷州

辛公義治并州

【綱】復故陳境十年，餘州一年。復，除其賦役也。

【綱】以陳江總、袁憲等爲開府儀同三司。

【目】以江總、袁憲、蕭摩訶、任忠爲開府儀同三司。帝嘉袁憲雅操，下詔，以爲江表稱首。初，陳散騎常侍韋鼎聘於周，遇帝而異之，謂曰：「公當大貴；貴則天下一家。歲一周天，歲星十二年一周天。老夫當委質於公矣。」質，身也。委質，猶言致身。及歸，盡賣田宅，或問其故，鼎曰：「江東王氣，盡於此矣！」至是，召爲上儀同三司。

【綱】詔除毁兵仗。

【綱】秋七月，羣臣請封禪，不許。

【綱】冬十二月，詔定雅樂。

【綱】以辛公義爲岷州刺史。（岷州治溢樂縣，即今甘肅岷縣。）

【目】岷俗畏疫，一人病，闔家避之，病者多死。公義命皆輿置廳事，暑月，廳廊皆滿，公義設榻，晝夜處其閒，以秩祿具醫藥，身自省問。病者既愈，乃召其親戚諭之曰：「死生有命，豈能相染。若能相染，吾死久矣！」皆慙謝而去。其後人有病者，爭就使君，其家親戚固留養之，始相慈愛，風俗遂變。

後遷并州刺史，（并州治晉陽，在今山西太原市西北。）下車，先至獄中露坐驗問。不設幃帳而坐。十餘日閒，決遣咸盡。還領新訟事，皆立決；有須禁者，公義卽宿廳事，終不還閤。或諫曰：

楊素討平江南　蘇威作五教

「公事有程，何自苦！」公義曰：「刺史無德，不能使民無訟，豈可禁人在獄而安寢於家乎！」罪人聞之，咸自歎服。後有訟者，鄉閭父老遽曉之曰：「此小事，何忍勤勞使君！」訟者多兩讓而止。

綱　庚戌，十年，（五九〇）春二月，殺楚州參軍李君才於殿內。（楚州治山陽縣，即今江蘇淮安縣。）

目　帝性猜忌，不悅學，既任智以獲大位，因以文法自矜，明察臨下，恆令左右覘視內外，覘，窺也。有過失則加以重罪。又患令史贓汙，私使人以錢帛遺之，得犯立斬。每於殿廷捶人，揮楚不甚，楚猶杖也。即命斬之。李君才言：「帝寵高熲過甚。」帝怒，命杖之，而殿內無杖，遂以馬鞭捶殺之。未幾，怒甚，又於殿廷殺人；兵部侍郎馮基固諫，不從。尋悔，宣慰基而怒羣臣之不諫者。

綱　冬十一月，江南亂，以楊素爲行軍總管，討平之。

目　江表自東晉以來，刑法疏緩，世族陵駕寒門；平陳之後，盡反其政。蘇威復作五教，五倫之教。使民誦之，士民嗟怨。民閒復訛言隋欲徙之入關，遠近驚駭。於是越州高智慧、蘇州沈玄懀皆舉兵反，懀音穢。（蘇州治吳縣，即今江蘇蘇州市。）自稱天子，攻陷州縣。陳之故境，大抵皆反，執縣令殺之，曰：「更能使儂誦五教邪！」儂音農，吳語我也。詔遣楊素討之。素帥舟師自楊子津入擊賊。（楊子津，在今江蘇鎮江市西北，瓜州對岸，古爲江濱津要。）玄懀敗走，追擒之。

智慧據浙江東岸爲營。（浙江東岸，浙東地，時智慧據其地起兵。）子總管來護兒曰：（子總管猶言小總管，裨將也。）「吳人輕銳，利在舟楫，必死之賊，難與爭鋒，公宜嚴陳以待之，勿與接刃。請假奇兵數千潛度，掩破其壁，（軍壘。）使退無所歸，進不得戰，此韓信破趙之策也。」素從之。大破智慧。智慧走保閩越，素分兵追捕，密令人說賊帥王國慶，使斬送智慧以自贖。餘黨悉降，江南大定。

劉曠異政

綱 辛亥，十一年，（五九一）春二月，以劉曠爲莒州刺史。

目 平鄉令劉曠有異政，（平鄉，縣名，在今河北鉅鹿縣南。）以義理曉諭訟者，皆引咎而去，獄中草滿，庭可張羅；高熲薦之，故有是命。

蘇威罷

綱 壬子，十二年，（五九二）秋七月，蘇威以開府就第，尚書盧愷除名。

目 博士何妥與蘇威爭議事，積不相能。（不相善也。）威子夔與妥議樂，（議脩正雅樂。）復不同；議者以威故，同夔者什八九。妥恚，遂奏威與盧愷、薛道衡、王弘、李同和等共爲朋黨。帝大怒，威免官爵，以開府就第；盧愷除名。

威好立條章，每歲責民閒五品不遜，（書舜典：「五品不遜。」五品，五倫之名位等級也。遜，順也。）答者或云：「管內無五品之家。」其不相應領，（謂不答所問。）類如此。又爲餘糧簿，欲使有無相贍；民部侍郎郎茂以爲煩迂不急，皆奏罷之。

茂，嘗爲衞國令，（衞國，縣名，後改觀城縣，在今山東范縣西。）有民張元預，兄弟不睦，丞尉請加嚴刑，茂曰：「元預兄弟，本相憎疾，又坐得罪，彌益其忿，非化民之意也。」乃徐諭之以義。元預等各感悔，頓首請罪，遂相親睦。

綱 冬十月，新義公韓擒虎卒。

以楊素高熲掌朝政

綱 十二月，以楊素爲僕射，與高熲專掌朝政。領軍大將軍賀若弼除名。

目 賀若弼自謂功名出朝臣之右，當爲宰相。及楊素爲僕射，不平形於言色，由是免官，怨望愈甚。久之，上下弼獄，公卿奏弼罪當死。上謂弼曰：「臣下守法不移，公可自求活理。」弼曰：「臣將八千兵擒陳叔寶，竊以此望活。」上曰：「此已格外重賞。」弼曰：「臣今還格外望活。」上低回者數日，特令除名。歲餘，復其爵位。

作仁壽宮

綱 癸丑，十三年，（五九三）春二月，作仁壽宮。（在今陝西鳳翔縣東北。）

行新樂

綱 甲寅，十四年，（五九四）夏四月，行新樂。

目 太常卿牛弘使協律郎祖孝孫參定雅樂，復附帝意，銷毀前代金石，以息異議。又作武舞，以象功德。至是，樂成，詔行之。樂工萬寶常聞新樂，萬寶常妙達鍾律，造諸樂器，其聲雅淡，不爲時人所好。泫然泣曰：「淫厲而哀，天下不久盡矣！」寶常竟餓死。且死，悉取其書燒之，曰：「用此何謂！」

綱 秋七月，以蘇威爲納言。

關中饑

綱 關中旱，饑。八月，帝如洛陽。

帥民就食洛陽

目　上遣左右視民食，得豆屑雜糠以獻。上流涕以示羣臣，深自咎責，爲之不御酒肉者朞年。至是，帥民就食於洛陽，敕斥候不得驅迫。斥，度；候，望也；所以望烽燧。男女參廁於仗衞之閒，廁音次，雜也。遇扶老攜幼者，輒引馬避之，至艱險處，見負擔者，背曰負，肩曰擔。令左右扶助。

王劭上皇隋靈感志

綱　冬十月，散騎侍郎王劭上皇隋靈感志。

目　帝好禨祥小數，禨祥。吉凶之先見也。劭前後上表言上受命符瑞甚衆，又採歌謠讖緯，（讖緯，見卷二十三漢順帝陽嘉三年「儒者爭學圖讖」注。）捃摭佛書，捃摭，拾取也。曲加誣飾，撰皇隋靈感志三十卷奏之，上令宣示天下。

綱　乙卯，十五年，（五九五）春正月，帝東巡，祀天于泰山。（在今山東泰安市北。）

目　以歲旱謝愆咎也。

綱　二月，收天下兵器。

綱　三月，還宮。

仁壽宮成

綱　仁壽宮成，以封德彝爲內史舍人。

目　仁壽宮成，幸之。時天暑，役夫死者相次於道，楊素悉焚除之，帝不悅。及至，見制度壯麗，大怒曰：「楊素爲吾結怨天下。」素聞之，慮獲譴。封德彝曰：「公勿憂，俟皇后至，必有恩詔。」明日，帝果召素入對，后勞之曰：「公知吾夫婦老，無以自娛，盛飾此宮，豈非忠

焚綾文布於朝堂

韋世康

工商不得仕進

律外決杖

盜一錢一瓜卽死

孝！」賜賚甚厚。素屢薦德彝於帝，擢爲內史舍人。

綱 夏六月，焚相州所貢綾文布於朝堂。

綱 秋七月，納言蘇威免，尋復其位。

目 威坐從祠不敬，免，俄而復位。帝謂羣臣曰：「世人言蘇威詐清，家累金玉，此妄言也。然其性狠戾，不切世要，求名太甚，從己則說，違之必怒，此其大病耳。」

綱 冬十月，以韋世康爲荊州總管。（荊州治江陵，卽今湖北江陵縣。）

目 世康和靜謙恕，爲吏部尚書十餘年，時稱廉平。常有止足之志，謂子弟曰：「祿豈須多，防滿則退；年不待暮，有疾便辭。」因懇乞骸骨。不許，使鎭荊州。

綱 十二月，敕：「盜邊糧升以上，皆斬。」

綱 丙辰，十六年，（五九六）夏六月，初制工商不得仕進。

綱 秋八月，詔：「死罪三奏，然後行刑。」

綱 丁巳，十七年，（五九七）春三月，詔諸司論屬官罪，聽律外決杖。唐世簿尉不免箠楚，則自此始。

目 帝以所在屬官不敬憚其上，事難克舉，故有是詔。於是上下相驅，迭行捶楚。又以盜賊繁多，命盜一錢以上皆棄市，或三人共盜一瓜，事發卽死。於是行旅皆晏起早宿，天下懍懍。有數人劫執事而謂之曰：「吾豈求財者邪！但爲枉人來耳。而爲我奏至

趙綽諫殺來曠

甯長眞來朝

置行宮十二所

牛弘

尊：而，汝也。自古立法，未有盜一錢而死也。而不以聞，吾更來，而屬無類矣！」類，種也。帝聞，乃爲停之。

又嘗乘怒，欲以六月杖殺人，大理少卿趙綽固爭，帝曰：「六月雖曰生長，此時必有雷霆；我則天而行，有何不可！」遂殺之。掌固來曠告綽濫免徒囚，（掌固，大理寺屬官。）推驗無實。帝怒，命斬之。綽又固爭，帝拂衣入閤。綽託奏他事復入，再拜曰：「臣有死罪三，不能制馭掌固，使觸天刑，一也；囚不合死，不能死爭，二也；本無他事，妄言求入，三也。」帝意解，曠因免死。

綱　冬，欽州刺史甯長眞來朝。（欽州治欽江縣，在今廣東欽縣北，接廣西南寧市界。）

目　初，散騎侍郎何稠使嶺南，（嶺南，謂大庾嶺以南，即指今廣東。）及還，欽州刺史甯猛力請隨入朝，稠以其疾篤，遣還而卒。帝不懌。稠曰：「猛力與臣約，假令身死，當遣子入侍矣。」猛力臨終，果誡其子長眞，葬畢登路。至是，長眞嗣爲刺史，如言入朝。帝大悅曰：「何稠著信蠻夷，乃至於此。」

綱　戊午，十八年，（五九八）冬十二月，置行宮十二所。

目　自京師至仁壽宮之道也。

綱　己未，十九年，（五九九）秋九月，以牛弘爲吏部尚書。

目　弘選舉先德行而後文才，務在審愼，雖致停緩，而所進用多稱職。侍郎高孝基鑒

賀若弼三太猛

廢太子勇爲庶人

賞機悟，清慎絕倫，然爽俊有餘，迹似輕薄，時宰多以此疑之，弘獨推心任委，得人爲多。

綱 庚申，二十年，（六〇〇）春二月，賀若弼坐事下獄，赦出之。

目 弼復坐事下獄，帝數之曰：「公有三太猛：嫉妒心太猛，自是、非人心太猛，無上心太猛。」既而釋之。他日帝謂侍臣曰：「弼將伐陳，謂高熲曰：『不作高鳥盡、良弓藏邪？』後又語熲曰：『皇太子於己，無所不盡。公終久何必不得弼力，何脈脈邪！』言公後來或得我之力，何故脈脈然不爲我著一語邪！意圖鎮廣陵，又圖荆州，皆作亂之地也。」

綱 冬十月，廢太子勇爲庶人。

目 初，帝使太子勇參決政事，時有損益，帝皆納之。勇性寬厚，率意任情，無矯飾之行。帝性節儉，勇嘗飾蜀鎧，鎧，甲也。帝見而不悅。後遇冬至，百官皆詣勇，勇張樂受賀。帝不悅，下詔停之。自是恩寵始衰，漸生猜阻。

勇多內寵，昭訓雲氏尤幸。其妃元氏無寵，遇疾而薨。獨孤后意其有他，深以責勇。然昭訓自是遂專內政，生儼、裕、筠；諸姬子又數人。后彌不平，遣人伺求勇過。晉王廣知之，彌自矯飾，後庭有子皆不育，后由是數稱廣賢。帝與后嘗幸其第，廣悉屏匿美姬於別室，惟留老醜者，衣以縵綵，無文繒也。給事左右，帝見之喜，由是愛之特異諸子。

司馬張衡爲廣畫奪宗之策。廣問計於安州總管宇文述，（安州治安陸縣，即今湖北安陸縣。）述曰：「廢立大事，未易謀也。能移主上意者，惟楊素耳。」乃結素弟約以白素。約時爲大理少卿。

獨孤后使楊素贊帝廢立

素入侍宴，微稱「晉王孝悌恭儉，有類至尊。」后曰：「公言是也！」素因盛言太子不才。后遂遺素金，使贊帝廢勇立廣。

李綱諫廢太子

勇頗知之，憂懼，計無所出，使人造諸厭勝；（勝，鎮也，禳也。）帝又使素觀勇所爲。素至東宮，還言：「勇怨望，恐有他變。」帝益疑之。十月，使人召勇。帝戎服陳兵，御武德殿，集百官諸親，引勇及諸子列於殿庭，宣詔：「廢勇及其男女並爲庶人。」帝召東宮官屬切責之，皆惶懼無敢對者。洗馬李綱獨曰：（洗馬，東宮官名。）「廢立大事，今文武大臣皆知其不可而莫敢發言，臣何敢畏死，不一爲陛下別白言之乎！太子性本中人，可與爲善，可與爲惡，嚮使陛下擇正人輔之，足以嗣守鴻基。今乃以唐令則爲左庶子，鄒文騰爲家令，二人惟知以絃歌鷹犬娛悅太子，安得不至於是邪！此乃陛下之過，非太子之罪也。」又曰：「自古國家廢立冢嫡，鮮不傾危，願陛下深留聖意，無貽後悔。」帝不悅，罷朝。會尚書右丞缺，有司請人，帝指綱曰：「此佳右丞也！」即用之。

晉王廣爲太子

綱　十一月，立晉王廣爲皇太子；是日，天下地震。

高孝基識房杜

目　初，帝之克陳也，天下皆以爲將太平，監察御史房彥謙私謂所親曰：「主上忌刻而苛酷，太子卑弱，諸王擅權，天下雖安，方憂危亂。」其子玄齡亦密言於彥謙曰：「主上本無功德，以詐取天下，諸子皆驕奢不仁，必自相誅夷，今雖承平，其亡可翹足待。」（翹，舉也。）高孝基名知人，見玄齡，歎曰：「僕閱人多矣，未見如此郎者，異日必爲偉器，恨不見其大成耳。」見

禁毀佛像

王伽縱囚如期而至

隋興晝日漸長

杜杲之兄孫如晦，謂曰：「君有應變之才，必任棟梁之重。」俱以子孫託之。

綱 禁毀佛、天尊及神像。

綱 以王伽爲雍令。（雍，縣名，在今陝西鳳翔縣南。）

目 齊州行參軍王伽，（齊州治歷城縣，即今山東濟南市。）送流囚李參等七十餘人詣京師，行至滎陽，（今河南滎陽縣西南。）謂曰：「卿輩自犯國刑，身嬰縲紲，嬰，繫也。（縲紲，拘囚罪人之繩索。）固其職也；重勞援卒，豈不愧心！」參等辭至京師，悉脫其枷鎖，停援卒，與約曰：「某日當至京師，如致前却，或前或却。吾當爲汝受死。」遂捨之而去。流人感悅，如期而至，一無離叛。帝聞而驚異，召見與語，稱善久之。於是悉召流人宴而赦之。因下詔曰：「使官盡王伽，民皆李參，刑厝其何遠哉！」（厝音錯，一作「措」。刑厝，謂刑罰頓置不用。）乃擢伽爲雍令。

綱 辛酉，仁壽元年，（六〇一）春正月，改元。

目 初，太史令袁充表曰：「京房有言：『太平，日行上道；升平，行次道；霸代，行下道。』（京房別對文。）蓋日去極近則景短而日長，景，日光也。去極遠則景長而日短。今自隋興，晝日漸長，開皇元年，冬至之景長一丈二尺七寸二分；自爾漸短，至十七年，短於舊三寸七分矣。」上臨朝，謂百官曰：「日長之慶，天之祐也。今當改元，宜取此意以爲號。」仍命百工作役，並加程課，丁匠苦之。

綱 以蘇威爲僕射。

廢太學及州縣學

綱　夏六月，廢太學及州縣學，改國子爲太學。

柳述舉韋雲起

綱　壬戌，二年，（六〇二）秋七月，以韋雲起爲通事舍人。

目　兵部尚書柳述，尚蘭陵公主，（蘭陵，在今山東嶧縣東。蘭陵公主，文帝女。）怙寵使氣，自楊素之屬皆下之。帝問符璽直長韋雲起以外間不便事，述時在側，雲起曰：「柳述驕豪，未嘗經事，兵機要重，非其所堪。臣恐物議以爲陛下官不擇賢，專私所愛，斯亦不便之大者。」帝顧謂述曰：「雲起之言，汝藥石也，可師友之。」會詔內外官各舉所知，述舉雲起，除通書舍人。

綱　八月，皇后獨孤氏崩。冬十月，葬獻皇后。

詔楊素三五日入省

綱　十二月，詔楊素三五日一入省，論大事。

梁毗劾楊素

目　素兄弟諸父並爲尚書、列卿，諸子位至柱國、刺史；既廢太子及蜀王，七月徵蜀王秀還京師，是月廢爲庶人。（蜀王秀，文帝子。太子勇廢，晉王廣恐其爲患，令楊素譖之。蜀郡治成都，今四川成都市。）威權愈盛，朝廷莫不畏附。敢與抗者，獨治書侍御史柳彧，時素奏彧交通蜀王，除名爲民，配戍懷遠鎮。及尚書右丞李綱、大理卿梁毗而已。毗見素專權，恐爲國患，乃上封事，密奏皁囊封版，故曰封事。曰：「楊素幸遇愈重，權勢日隆，天下無事，容息異圖；四海有虞，必爲禍始。陛下若以素爲阿衡，伊尹官號。臣恐其心未必伊尹也。」書奏，帝大怒，收毗繫獄，親詰之。毗極言「素擅寵弄權，殺戮無道。又太子及蜀王罪廢之日，百僚無不震悚，惟素揚眉奮肘，喜見容色，利國家有事，以爲身幸。」帝乃釋之。其後帝亦寖疎忌素，乃下詔曰：「僕射，國之宰輔，不可躬親細務，三五日一向省，評論大事。」外示優崇，實奪之權也。

太子嘗問於賀若弼曰：「楊素、韓擒虎、史萬歲，（開元二十年萬歲伐突厥還，楊素忌之，奏寢其功。萬歲見帝，詞氣憤厲；帝怒，殺之。）皆稱良將，其優劣何如？」弼曰：「楊素猛將，非謀將；韓擒虎鬬將，非領將；史萬歲騎將，非大將。」太子曰：「然則大將誰也？」弼拜曰：「惟殿下所擇！」弼意自許也。

綱 癸亥，三年，（六〇三）秋九月，龍門王通獻策，（龍門，縣名，在今山西稷山縣西。）不報。

目 通詣闕獻太平十二策，帝不能用，罷歸。通遂教授於河、汾之間，（河、汾之間，謂龍門縣也，龍門縣在汾水入河處。）弟子自遠至者甚衆，累徵不起。楊素甚重之，勸之仕，通曰：「通有先人之弊廬足以庇風雨，（庇音秘。）薄田足以供餰粥，（餰同饘。）讀書談道足以自樂。願明公正身以治天下，使時和年豐，通也受賜多矣，不願仕也。」或譖通於素曰：「彼實慢公，公何敬焉？」素以問通，通曰：「使公可慢，則僕得矣；不可慢，則僕失矣：得失在僕，公何預焉！」素待之如初。弟子賈瓊問息謗，通曰：「無辨。」問止怨，曰：「不爭。」通嘗稱：「無赦之國，其刑必平；重斂之國，其財必削。」又曰：「聞謗而怒者，讒之囮也；（囮音訛，鳥媒也，以來生鳥。）見譽而喜者，佞之媒也：絕囮去媒，讒佞遠矣。」大業末，（大業，後煬帝年號。）卒於家，門人謚曰文中子。

綱　甲子，四年，（六〇四）春正月，帝如仁壽宮。

綱　秋七月，太子廣弒帝於大寶殿而自立。遂殺故太子勇，流尚書柳述、侍郎元巖于嶺南。

太子廣弒帝

目　四月，帝不豫。七月，疾甚，臥與百僚辭訣，握手歔欷，悲泣氣咽而抽息也。越四日，崩於大寶殿。

高祖性嚴重，令行禁止。勤於政事，雖嗇於財，至於賞賜有功，即無所愛。愛養百姓，勸課農桑，輕徭薄賦。自奉儉素，後宮皆衣澣濯之衣，澣音緩。天下化之。然猜忌苛察，信受讒言，功臣故舊，無始終保全者，乃至子弟，皆如仇敵。

初，文獻皇后既崩，獨孤后。帝以陳高宗女爲宣華夫人，陳高宗，陳宣帝。有寵。及寢疾，僕射楊素、兵部尚書柳述、黄門侍郎元巖皆入閤侍疾，詔太子入居殿中。太子慮帝有不諱，須預防擬，手自爲書，封出問素。素條錄事狀以報；宮人誤送帝所，帝覽而大恚。陳夫人旦出更衣，爲太子所逼；拒之，得免；上怪其神色有異，問故。夫人泫然曰：「太子無禮！」上恚，抵牀曰：「畜生！何足付大事！獨孤誤我！」乃呼柳述、元巖曰：「召我兒！」述等將呼太子，上曰：「勇也。」述、巖出閣爲敕書。素聞，以白太子，矯詔執述、巖繫獄；令右庶子張衡入殿侍疾，盡遣後宮出就別室。俄而上崩，故中外頗有異論。陳夫人聞變，戰栗失色。晡後，晡，申時。（傍晚也。）太子封小金合遣使者賜夫人。合同盒。夫人以爲鴆毒，懼甚，發之，乃同心結

獨孤誤我

張衡入殿侍疾

同心結

以洛陽爲東京

命楊素營東京宮室

心結也。夫人恚而却坐，不肯致謝；諸宮人共逼之，乃拜使者。其夜，太子烝焉。上淫曰烝。明日，發喪，即位。會楊約來朝，約，素弟，時爲伊州刺史。太子遣約入長安，矯稱高祖之詔，賜故太子勇死，縊殺之。追封爲房陵王，（房陵即房州，治竹山縣，即今湖北竹山縣。）不爲置嗣。除述、巖名，徙之嶺南。

綱 冬十月，葬泰陵。（泰陵，在今陝西興平縣西。）

綱 十一月，帝如洛陽。

目 章仇太翼言於帝曰：章仇，複姓。「陛下酉命，雍州爲破木之衡，（雍州謂長安。）不可久居。」又讖云：「脩治洛陽還晉家。」帝以爲然，遂幸洛陽，留晉王昭守長安。

綱 陳叔寶卒。

綱 以洛陽爲東京。

煬帝 名廣，高祖第二子。初封晉王，高祖廢勇立爲太子，尋弒父殺兄而自立。在位十二年，爲宇文化及所弒，壽三十九歲。

綱 乙丑，煬帝大業元年，（六〇五）春正月，立皇后蕭氏。立晉王昭爲皇太子。

綱 二月，以楊素爲尚書令。

綱 三月，命楊素營東京宮室。

目 詔楊素營東京，役丁二百萬人。敕將作大匠宇文愷與內史舍人封德彝等，營顯仁宮，（在今河南洛陽市阜澗。）發江、嶺之間奇材異石，輸之洛陽；又求海內嘉木、異草、珍禽、奇獸，以實苑囿。

開通濟渠　開邗溝　置離宮四十餘所

綱 開通濟渠，（通濟渠即汴河故道，自河南商丘縣南歷安徽宿縣、泗縣入淮，今堙。）引汴水，開邗溝，（邗音寒。春秋時吳王夫差於邗江築城，通溝以達江、淮，因名邗溝。今運河西幹渠自揚州西北達於淮陰，即古邗溝水。）置離宮，造龍舟。

目 命尚書右丞皇甫議發丁百萬，開通濟渠。引汴入泗，以達於淮。又發民十萬，開邗溝，入江。溝廣四十步，傍築御道，樹以柳。自長安至江都，（即今江蘇揚州市。）置離宮四十餘所。遣黃門侍郎王弘等，往江南造龍舟及雜船數萬艘。艘，船之總名。官吏督役嚴急，役丁死者什四五。

築西苑

綱 夏五月，築西苑。（在今河南洛陽市。）

剪綵爲花葉

目 苑周二百里，其內爲海，周十餘里；爲方丈、蓬萊、瀛洲諸山，高百餘尺，臺觀宮殿，羅絡山上。海北有渠，縈紆注海內。緣渠作十六院，門皆臨渠，每院以四品夫人主之，窮極華麗。宮樹凋落，則剪綵爲花葉綴之。沼內亦剪綵爲荷、芰、菱、芡，四角菱曰芰。芡，雞頭也。色渝則易以新者。渝，變也。十六院競以殽羞精麗相高，求市恩寵。上好以月夜從宮女數千騎遊西苑，作清夜遊曲，於馬上奏之。

綱 秋八月，帝如江都。

幸江都御龍舟

始建進士科

楊素卒

目　上幸江都，御龍舟。龍舟四重，高四十五尺，長二百尺，上重有正殿、內殿、朝堂，中二重有百二十房，下重內侍處之。用挽士八萬餘人，舳艫相接二百餘里，舳，音逐，船後持櫂處。艫，船後刺櫂處。騎兵翊兩岸而行。所過州縣，五百里內，皆令獻食，多者一州至百轝，轝音輿，兩手對舉之車。極水陸珍奇；後宮厭飫，將發之際，多棄埋之。

綱　丙寅，二年，（六〇六）春二月，新作輿服儀衛。

目　課州縣送羽毛，民求捕之，殆無遺類。烏程有高樹，（烏程，即今浙江湖州市。）踰百尺，上有鶴巢，民欲取之，不可，乃伐其根；鶴恐殺其子，自拔氅毛投於地，氅音敞，鶴毛。時人或稱以爲瑞。

綱　夏四月，還東京。

綱　六月，以楊素爲司徒。

綱　秋七月，太子昭卒。

綱　始建進士科。後世進士之科始此。

綱　楊素卒。

目　越公素爲帝所猜忌。太史言隋分野有大喪，周禮春官保章氏：「以星土辨九州之地所封，封域皆有分星，以觀妖祥。」乃徙素爲楚公，意楚與隋同分，（楚謂古楚國。隋即隨州，故屬楚，與楚皆同爲翼、軫二星之分野。）欲以厭之。厭，當也。素寢疾，不肯餌藥，曰：「我豈須更活邪！」

置洛口回洛倉

徵天下散樂

改州爲郡

築長城

綱　八月，封孫倓爲燕王，倓音談。侗爲越王，侗音通。侑爲代王。侑音有。（倓、侗、侑皆太子昭子。燕即舊燕郡，治涿，在今河北涿縣北。越見上。代即代州，治鴈門，在今山西平原縣北。）

綱　冬十月，置洛口、回洛倉。（洛口倉，在今河南鞏縣東北，舊洛水入河處。回洛倉，在今河南孟津縣東。）

目　置洛口倉於鞏東南原上，城周二十餘里，穿三千窖。置回洛倉於洛陽北七里，城周十里，穿三百窖。窖皆容八千石。

綱　徵天下散樂。初，齊高緯之世，有魚龍、山車等戲，謂之散樂。帝以啓民可汗將入朝，欲以富樂誇之，於是徵四方散樂大集東京。

綱　丁卯，三年，（六〇七）春正月，突厥啓民可汗來朝。可汗，猶漢言天子。開皇十九年以突厥突利可汗爲啓民可汗，妻以義成公主，處之朔州。

綱　夏四月，詔頒新律。牛弘等所造大業律十八篇也。

綱　改州爲郡。

綱　六月，帝北巡，次楡林郡。（治楡林縣。在今內蒙古托克托縣東北。）啓民可汗及義成公主來朝。吐谷渾、高昌皆入貢。（吐谷渾，其先爲燕慕容廆庶兄，晉末居伏俟城稱可汗，在今青海東部。高昌國，後魏時爲蠕蠕所幷，後復立國，即今新疆吐魯番地。）

綱　秋七月，築長城。

目 詔發丁男百餘萬築長城，西距榆林，東至紫河。（即烏蘭木倫河，在內蒙古和林格爾南。）蘇威諫，不聽。

殺高熲等

綱 殺太常卿高熲、尚書宇文弼、光祿大夫賀若弼。弼音弼。

目 帝之徵散樂也，太常卿高熲諫，不聽，退謂丞李懿曰：「周天元以好樂而亡，（周宣帝禪位於太子，自稱天元皇帝。）殷鑒不遠，安可復爾！」又以帝遇啓民過厚，謂何稠曰：「此虜頗知中國虛實，山川險易，恐爲後患。」宇文弼私謂熲曰：「天元之侈，以今方之，不亦甚乎？」賀若弼亦私議宴可汗太侈。並爲人所奏。帝以爲誹謗朝政，皆殺之。熲有文武大略，明達世務，以天下爲己任；蘇威、楊素、賀若弼、韓擒虎皆熲所薦。及死，天下莫不傷之。

幸啓民帳

綱 八月，帝至金河，（即紫河下游，在內蒙古托克托縣東。）幸啓民可汗帳。

目 車駕發榆林，甲士五十餘萬，旌旗輜重千里不絕。帝幸啓民廬帳，漢書所謂「穹廬」也，顏師古曰：「穹廬，旃帳也。其形穹隆，故曰穹廬。」啓民奉觴上壽，帝大悅。

營晉陽宮

綱 還至太原，營晉陽宮。（今山西太原市西南太原鎮有晉陽宮。）

宴張衡宅

綱 宴御史大夫張衡宅。

目 至濟源，幸衡宅。留宴三日。

綱 遂還東都。卽洛陽。

經略西域

綱 冬，以裴矩爲黃門侍郎，經略西域。

裴矩奏西域圖記

目　西域諸胡，多至張掖交市，（張掖，今甘肅張掖市。）帝使吏部侍郎裴矩掌之。矩知帝好遠略，訪諸商胡，以其國山川、風俗，撰西域圖記三卷，入朝奏之。且云：「今羌、胡之國，並因商人密送誠款，引領翹首，願爲臣妾。若服而撫之，務存安輯，混一戎、夏，其在茲乎！」帝大悅。矩因盛言「胡中多諸珍寶」。帝於是慨然將通西域。以矩爲黃門侍郎，復使至張掖，引致諸胡，啗之以利，（啗音淡，餌之也。）勸令入朝。自是，西域諸胡往來相繼，所經郡縣，糜費以萬萬計，卒令中國疲弊，以至於亡，矩唱之也。

綱鑑易知錄卷四一

隋紀

煬帝

綱 己巳，五年，（六〇九）春正月，改東京爲東都。

綱 禁民間兵器。

目 鐵叉、搭鉤、䂎刃之類皆禁之。䂎音纘，小矟。

巡河右

綱 三月，帝巡河右。即河西。夏四月，遣兵擊吐谷渾，（吐谷渾，見卷四十大業三年「吐谷渾入貢」注。）不克。西域諸國來朝，獻地，置西海等郡。（西海郡治伏俟城，在今靑海東部，即吐谷渾所居。）

綱 冬十一月，還東都。

殺薛道衡

綱 殺司隸大夫薛道衡。

目 道衡以才學有盛名，自潘州刺史召還，（潘州即番州，後爲南海郡，治番禺，即今廣東廣州市。）上高祖頌，帝不悅，曰：「此魚藻之義也。」詩小雅魚藻篇，刺幽王也。言魚以依藻爲得其性，今王政敎衰，羣生不得其所，故思古之武王。煬帝謂道衡之頌高祖，是亦思武王之義。拜司隸大夫，將罪之。司隸刺史房彥謙，勸以杜絕賓客，卑辭下氣，道衡不能用。會議新令，久不決，道衡謂人曰：「向使高熲不死，令決當久。」有人奏之，帝怒，付執法者推之。御史大夫裴蘊奏：「道衡負才悖逆，有無君之心。」縊殺之。

陳百戲

綱　庚午，六年，(六一〇)春正月，諸蕃來朝，陳百戲于端門以示之。

目　帝以諸蕃酋長畢集洛陽，陳百戲於端門街，執絲竹者萬八千人，自昏達旦，終月而罷，所費鉅萬。自是歲以爲常。

酒食不取直　繒帛纏樹

諸蕃請入豐都市交易，許之。先命整飾店肆，盛設帷帳，珍貨充積，人物華盛。胡客過酒食店，悉令邀入，醉飽而散，不取其直，(直，價也。)給之曰：(給，誑也。)「中國豐饒，酒食例不取直。」胡客皆驚歎。其黠者頗覺之，(黠，慧也。)見以繒帛纏樹，曰：「中國亦有貧者，衣不蓋形，何如以此物與之，纏樹何爲？」市人慚不能答。

帝稱裴矩之能，謂羣臣曰：「裴矩大識朕意，凡所陳奏，皆朕之成算而未發者，自非奉國盡心，孰能若是！」

如江都

綱　三月，帝如江都。(江都，今江蘇揚州市。)

綱　除榆林太守張衡名，(榆林郡治榆林縣，在今内蒙古托克托縣東北。)以王世充領江都宮監。

目　初，張衡諫營汾陽宮，(大業四年夏四月營汾陽宮。)帝意不平，乃出爲榆林太守。久之，敕督役江都宮。禮部尚書楊玄感使至江都，(楊玄感，素子。)衡謂之曰：「薛道衡眞爲枉死。」玄感奏之；江都郡丞王世充又奏衡頻減頓具。(頓，頓舍。具，供具。)帝怒，除名爲民，以世充領江

牛弘卒

徵高麗王入朝不至

帝自將擊高麗

都宮監。世充本西域胡人，姓支氏，父收。幼從母嫁王氏，因冒其姓。世充性譎詐，有口辯，頗涉書傳，好兵法，習律令。帝數幸江都，世充能伺候顏色，雕飾池臺，奏獻珍物，由是有寵。

綱 冬十二月，文安侯牛弘卒。（文安縣，在今河北任丘縣境。）

目 弘寬厚恭儉，學術精博，隋室舊臣，始終信任，悔吝不及者，一人而已。弟弼，酗酒，（酗，音虛，去聲，醉怒。）射殺弘駕車牛。弘自外還，其妻迎謂之曰：「叔射殺牛。」弘無所問，直云：「作脯。」坐定，其妻又言，弘曰：「已知之矣。」顏色自若，讀書不輟。

綱 徵高麗王元入朝，不至。

目 帝之幸啓民帳也，高麗使者在啓民所，啓民不敢隱，與之見帝。裴矩說帝曰：「高麗，漢、晉皆爲郡縣；今乃不臣，先帝欲征之久矣。今其使者親見啓民舉國從化，可因其恐懼，脅使入朝。」帝從之。使牛弘宣旨，令使者還語高麗王入朝。至是不至，乃謀討之。

綱 辛未，七年，（六一一）春二月，帝自將擊高麗。夏四月，至臨朔宮，（在幽州薊縣。）徵天下兵會涿郡。（治薊縣，在今北京市境內。）

目 帝御龍舟渡河，遂下詔討高麗。敕幽州總管元弘嗣往東萊海口，（幽州總管治涿郡。東萊郡治掖縣，即今山東掖縣。海口，即今萊州灣。）造船三百艘，官吏督役，晝夜立水中，不敢息，自腰以下皆生蛆，死者什三四。又敕河南、淮南、江南造戎車五萬乘，發江、淮以南民夫及船運黎陽及洛口諸倉米，（黎陽，倉名，在今河南濬縣西南。洛口，倉名，在今河南鞏縣東北。）舳艫千里，往還常數十萬人，晝夜不絕，死者相枕，天下騷動。

綱 冬十月，底柱崩。（底柱山，在今河南三門峽市東北。）

綱 王薄、張金稱、高士達、竇建德等兵起。

王薄等起兵

目 是時，百姓窮困，始相聚爲羣盜。鄒平民王薄擁衆據長白山，（鄒平縣，即今山東鄒平縣孫家鎮。長白山，在今鄒平縣東南。）自稱「知世郎」，言事可知矣；又作無向遼東浪死歌以相感動，（遼東謂漢遼東郡，在今遼寧東南境，遼河之東。高麗故屬遼東，故云。浪死，猶言徒死。）避征役者多往歸之。

無向遼東浪死歌

漳南人竇建德，（漳南縣，在今山東平原縣西北。）少尚氣俠，膽力過人；會募人征高麗，建德以選爲二百人長。同縣孫安祖亦以驍勇選爲征士。縣令笞之，安祖殺令，亡抵建德，建德謂曰：「丈夫不死，當立大功，豈可但爲亡虜邪！」乃集無賴少年，得數百人，使安祖將之，入高雞泊中爲羣盜。（高雞泊，在今山東平原縣西北，舊爲漳水所匯，廣數百里。）時鄃人張金稱聚衆河曲，（鄃縣，即今山東夏津縣。河曲，謂淸河曲處，即大淸河，在夏津縣北。）蓨人高士達聚衆於淸河，（蓨縣，在今河北吳橋縣西北。淸河縣，在今河北南宮縣東南。）郡縣疑建德與賊通，悉收其家屬，殺之。建德帥麾下二百人亡歸士達，士達自稱東海公，以建德爲司兵。頃之，安祖爲金稱所殺，其衆盡歸建德，建德兵至萬餘人。建德能傾身接物，與士卒均勞逸，由是人爭附之，爲之致死。

竇建德起兵

綱 壬申，八年，（六一二）春正月，遣諸軍分道擊高麗。

綱 三月，諸軍度遼水，（遼水即遼河，在今遼寧遼陽市西。）擊敗高麗兵，遂圍遼東。

九軍大敗而還

殺張衡

帝復自將擊高麗

楊玄感起兵黎陽

李密

綱　夏六月，帝至遼東，攻城，不克。

綱　秋七月，將軍宇文述等九軍，大敗於薩水而還。初，九軍度遼，凡三十萬五千人，及還至遼東唯二千七百人，資械蕩盡。（薩水，在今朝鮮民主主義人民共和國平壤西。）

綱　九月，帝還東都，慰撫使劉士龍伏誅，諸將皆除名。

綱　殺張衡。

目　衡旣放廢，帝每令親人覘之。覘，窺視也。及還自遼東，衡妾告衡怨望謗訕，詔賜自盡。衡臨死大言曰：「我爲人作何等事，而望久活！」監刑者塞耳，促令殺之。

綱　癸酉，九年，（六一三）春正月，命代王侑留守西京。

目　以刑部尚書衞文昇輔之。

綱　二月，復宇文述官爵。

綱　三月，帝復自將擊高麗，命越王侗留守東都。

目　帝議復伐高麗，光祿大夫郭榮諫曰：「千鈞之弩，不爲鼷鼠發機，鼷鼠，小鼠也。奈何親辱萬乘以敵小寇乎！」不聽而行。命民部尚書樊子蓋輔侗守東都。

綱　夏四月，帝度遼水，遣諸將擊高麗。

綱　六月，楚公楊玄感起兵黎陽，（在今河南濬縣東北。楊玄感，楊素子。）圍東都。

目　玄感驍勇，便騎射，好讀書，喜賓客，海內知名之士多與之遊。蒲山公李密，襲父蒲

李密乘黃牛讀漢書

山公爵。少有才略，志氣雄遠，輕財好士，爲左親侍。帝見之，謂宇文述曰：「左仗下黑色小兒，瞻視異常，勿令宿衛！」述乃諷密使稱病自免，密遂屏人事，專務讀書。嘗乘黃牛讀漢書，楊素遇而異之，與語大悅，謂玄感等曰：「汝等不及也！」由是玄感與爲深交。

初，玄感以朝政日紊，與諸弟潛謀作亂。至是，帝命玄感於黎陽督運。六月，玄感入黎陽，選運夫少壯者得五千餘人，刑三牲誓衆，且諭之曰：「主上無道，不以百姓爲念，天下騷擾，死遼東者以萬計。今與君等起兵以救兆民之弊，何如？」衆皆踴躍稱萬歲。乃勒兵部分。

先是玄感陰遣召李密。密至，玄感大喜，問計，密曰：「天子出征，遠在遼外，去幽州猶隔千里。公擁兵出其不意，長驅入薊，扼其咽喉。高麗聞之，必躡其後，不過旬日，資糧皆盡，其衆不降則潰，可不戰而擒，此上計也。」玄感曰：「更言其次。」密曰：「關中四塞，（關中，隋西京所在。四塞，謂東有函谷，西有散關，南有武關，北有蕭關也。）天府之國，（天府，天所造之府。）雖有衛文昇，不足爲意。今帥衆鼓行而西，經城勿攻，直取長安，收其豪傑，撫其士民，據險而守之。天子雖還，失其根本，可徐圖也。」玄感曰：「更言其次。」密曰：「簡兵倍道，襲取東都，以號令四方。但恐先已固守，若引兵攻之，百日不克，天下之兵四面而至，非僕所知也。」玄感曰：「不然，今百官家口並在東都，若先取之，足以動其心。且經城不拔，何以示威！公之下計，乃上策也。」遂引兵向洛陽，圍東都。

以李淵爲弘化留守

殺楊玄感黨與

王胄

空梁落燕泥

庭草無人隨意綠

綱 帝引軍還，遣宇文述、來護兒等擊楊玄感。

綱 秋七月，楊玄感引兵趣潼關。（在今陝西渭南縣東，舊華陰縣東。）八月，宇文述等追之，玄感敗死。

綱 以唐公李淵爲弘化留守。（弘化郡治合水縣，即今甘肅慶陽縣。）

目 帝以衛尉少卿李淵爲弘化留守。淵御衆寬簡，人多附之。帝以淵相表奇異，又名應圖讖，忌之。未幾，徵詣行在所，天子乘輿所至曰行在所。淵遇疾未謁。其甥王氏在後宮，帝問曰：「汝舅來何遲？」王氏以疾對，帝曰：「可得死否？」淵聞之，懼，因縱酒納賂以自晦。

綱 殺楊玄感黨與三萬餘人。

目 帝使御史大夫裴蘊等推玄感黨與。謂曰：「玄感一呼而從者十萬，益知天下人不欲多，多即相聚爲盜耳。不盡加誅，無以懲後。」由是所殺三萬餘人，枉死者大半。玄感之圍東都也，開倉賑給百姓。凡受米者，皆阬之於都城之南。

玄感所善文士王胄，坐徙邊，亡命，捕得，誅之。帝善屬文，不欲人出其右。薛道衡死，帝曰：「更能作『空梁落燕泥』否！」胄死，帝誦其佳句曰：「『庭草無人隨意綠』，復能作此語邪！」

帝自負才學，每驕天下之士，帝謂侍臣曰：「天下皆謂朕承藉緒餘而有四海，設令朕與士大夫高選，亦當爲天子。」謂祕書郎虞世南曰：「我性不喜人諫，若位望通顯而諫以求名

徵天下兵伐高麗

巡北邊

李世民

者，彌所不耐。至於卑賤之士，雖少寬假，然卒不置之地上。汝其知之！」

綱　甲戌，十年，（六一四）春二月，徵天下兵伐高麗。三月，帝如涿郡。秋七月，次懷遠鎮。高麗遣使請降。

綱　冬十月，還西京。

綱　十二月，帝如東都，殺太史令庾質。

目　帝將如東都，太史令庾質諫曰：「比歲伐遼，民實勞弊，陛下宜鎮撫關內，使百姓盡力農桑，三五年閒，四海稍豐實，然後巡省，於事爲宜。」帝怒，下質獄，殺之。

綱　乙亥，十一年，（六一五）春二月，孔雀集朝堂，百官稱賀。

目　有二孔雀自西苑飛集朝堂，（西苑，在今洛陽市。）親衛校尉高德儒等十餘人見之，奏以爲鸞，時孔雀已去，無可得驗，於是百官稱賀。拜德儒朝散大夫，賜物百段。

綱　夏四月，帝如汾陽宮。

綱　以李淵爲山西、河東撫慰大使。（山西謂太行山以西，河東謂黄河以東，即今山西中部及南部。）

綱　秋八月，帝巡北邊，突厥始畢可汗入寇。（始畢可汗，啓民可汗子。）帝入鴈門，（鴈門縣，在今山西原平縣東北。）始畢圍之；九月，乃解。

目　帝巡北邊，始畢可汗帥騎數十萬謀襲乘輿，義成公主先遣使者告變。車駕馳入鴈門，突厥圍鴈門。詔天下募兵，守令競來赴難，李淵之子世民，年十六，應募隸屯衛將軍雲定興，說之曰：「始畢敢舉兵圍天子，必謂我倉猝不能赴援故也。宜晝則引旌旗，令數十里不絕，夜則鉦鼓相應，（鉦，鐃也，鐲也，鐃似鈴，鐲似小鐘，鐃以止鼓，鐲以節鼓。）虜必謂救兵大至，望風遁去。」定興從之。諸郡援兵亦至；九月，始畢解圍去。

綱 冬十月，帝還東都。

綱 詔江都更造龍舟。

朱粲起兵

綱 城父朱粲兵起。（城父縣，在今安徽亳縣東南。）

綱 丙子，十二年，（六一六）楚帝林士弘太平元年。春正月，分遣使者發兵擊諸起兵者。

綱 夏四月，大業殿火。五月朔，日食既。

除蘇威名

綱 除納言蘇威名。

目 帝問侍臣盜賊，翊衛大將軍宇文述曰：「漸少。」納言蘇威引身隱柱，帝呼問之，對曰：「臣非所司，不喻多少，但患漸近。」帝曰：「何謂也？」威曰：「他日賊據長白山，（謂王薄，見上大業七年。）今近在汜水。（縣名，在今河南滎陽縣西北。）且往日租賦丁役，今皆何在？豈非其人皆化爲盜乎！」帝不悅。

蘇威獻尙書

屬五月五日，百僚多饋珍翫，威獨獻尙書。或譖之曰：「尙書有五子之歌，威意甚不遜。」帝益怒。頃之，帝問威以伐高麗事，威欲帝知天下多盜，對曰：「今茲之役，願不發兵，但赦羣盜，自可得數十萬，遣之東征，高麗可滅。」帝不懌。威出，裴蘊奏曰：「此大不遜！天下何處有許多賊！」帝曰：「老革多姦，（革，皮也。老革，皮色枯瘁之形。一說：革，兵也。老革，猶言老兵。以賊脇我！」蘊遣河南白衣張行本奏：「威昔典選，濫授人官。」案驗，獄成，詔除名爲民。

如江都

綱 秋七月，帝如江都，命越王侗留守，殺諫者任宗、崔民象、王愛仁。

目 江都龍舟成，送東都。宇文述勸幸江都，帝從之。建節尉任宗上書極諫，卽日於朝堂杖殺之。遂幸江都，命越王侗與光祿大夫段達等總留後事。奉信郎崔民象以盜賊充斥，於建國門上表諫；帝大怒，先解其頤，然後斬之。至汜水，奉信郎王愛仁復上表請還西京，斬之。

綱 冬十月，許公宇文述卒。

目 初，述子化及、智及皆無賴。化及事帝於東宮，帝寵昵之。昵，親近也。從幸榆林，化及、智及冒禁與突厥交市，帝怒，將斬之，既而釋之。述卒，帝復以化及爲右屯衞將軍，智及爲將作少監。

翟讓李密起兵

綱 翟讓、李密起兵攻滎陽，（卽今河南滎陽縣。）張須陁擊之，敗死。陁音駝。

目 韋城翟讓爲東郡法曹，（韋城縣，在今河南滑縣東南。東郡治滑臺，卽今滑縣。）坐事當斬，亡命於瓦崗爲羣盜。同郡單雄信驍健，善馬槊，矛屬。聚少年往從之。離狐徐世勣，（離狐縣，在今河南東明縣東南。）年十七，有勇略，說讓剽行舟商旅，讓貲用豐給，附者益衆，至萬餘人。時又有外黃王當仁、濟陽王伯當、韋城周文舉、雍丘李公逸等，皆擁衆爲盜。（外黃在今河南杞縣東。濟

林士弘稱楚帝
李淵爲太原留守

陽縣，在今山東曹縣西北。雍丘，即今河南杞縣。）

李密自雍丘亡命，初楊玄感兵敗，密被執，以計亡去，聚徒教授，郡縣捕之，又亡抵其妹夫雍丘令丘君明，君明轉寄於遊俠王秀才家。事覺，帝令捕之；值密出外獲免，又亡。往來諸帥閒，說以取天下之策。始皆不信，久之，稍以爲然，相謂曰：「今人皆云楊氏將滅，李氏將興。吾聞王者不死，斯人再三獲濟，斯人謂李密。豈非其人乎！」由是漸敬密。密察諸帥唯翟讓最彊，乃因王伯當以見讓，爲讓畫策，說讓先取滎陽；於是攻滎陽諸縣多下之。帝以張須陁爲滎陽通守以討之。密分兵千餘人伏林閒，掩之，須陁敗死。河南郡縣爲之喪氣。

綱 十二月，鄱陽林士弘稱楚帝，據江南。（鄱陽，即今江西鄱陽縣。）

綱 以李淵爲太原留守，（太原郡治晉陽縣，在今山西太原市西南。）擊甄翟兒，四月，甄翟兒攻太原。破之。

綱 太僕楊義臣擊張金稱、高士達，斬之。竇建德收其衆，取饒陽。（在今河北獻縣西北。）詔罷義臣兵。

目 內史郎虞世基以帝惡聞盜賊，諸將有告敗求救者，皆不以聞，或杖其使者，以爲妄言。由是盜賊徧海內，帝皆弗之知。楊義臣破降河北賊數十萬，列狀上聞，帝歎曰：「我初不聞，賊頓如此，義臣降賊何多也！」世基對曰：「小竊雖多，未足爲慮，義臣克之，擁兵不少，久在閫外，此最非宜。」帝曰：「卿言是也。」遽追義臣，放散其兵，賊由是復盛。

竇建德稱長樂王
劉武周梁師都起兵
李密稱魏公
劉武周爲定楊可汗
梁師都稱梁帝
薛舉稱西秦霸王
裴仁基降李密

綱 帝至江都。詔李淵擊突厥。

綱 丁丑，十三年，（六一七）恭帝侑義寧元年，長樂王竇建德元年，魏公李密元年，定楊可汗劉武周天興元年，梁王梁師都永隆元年，秦王薛舉秦興元年，梁王蕭銑鳴鳳元年。是歲幷楚凡八國。春正月，竇建德稱長樂王。

綱 二月，馬邑校尉劉武周、朔方郎將梁師都，（馬邑郡治善陽，即今山西朔縣。朔方郡治巖綠縣，在今陝西米脂縣西。）各據郡起兵。

綱 翟讓、李密據興洛倉，（在今河南洛陽市北。）擊敗東都兵。讓推密稱魏公，（魏，在今河北大名縣東。）略取河南諸郡。

綱 三月，突厥立劉武周爲定楊可汗，（定楊，謂定揚州也。或以隋帝姓楊，因號定楊。）取樓煩、定襄、鴈門諸郡。（樓煩郡治靜樂縣，在今山西靜樂縣西南。定襄郡治大利縣，在今內蒙古呼和浩特市西。）

綱 梁師都取雕陰、弘化、延安等郡，（雕陰郡治上縣，即今陝西綏德縣。延安郡治膚施縣，在今陝西延安縣東。）自稱梁帝。引突厥寇邊。

綱 流人郭子和起兵榆林，突厥以爲屋利設。突厥俗謂別部典兵者曰設，屋利乃一設之號。

綱 夏四月，金城校尉薛舉起兵隴西，（金城郡治金城縣，在今甘肅蘭州市東南。隴西郡治襄武縣，在今甘肅隴西縣西南。）自稱西秦霸王。

綱 河南討捕使裴仁基以虎牢降李密。密攻東都，入其郛。郛音孚，郭也。

目 密移檄郡縣，數帝十罪，且曰：「罄南山之竹，書罪無窮；決東海之波，流惡難盡。」

李淵起兵太原

劉文靜奇李世民

李世民說父起兵

祖君彥之辭也。（祖君彥，斑之子，密用爲記室。）

綱 五月，李淵起兵太原，殺副留守王威、高君雅。

目 初，淵娶於神武肅公竇毅，（神武，縣名，在今山西寧武縣北。）生四男，建成、世民、玄霸、元吉；一女，適太子千牛備身臨汾柴紹。千牛備身，東宮官名，（臨汾郡治臨汾，即今山西臨汾縣。）世民聰明勇決，識量過人，見隋室方亂，陰有安天下之志，傾身下士，散財結客，咸得其歡心。晉陽宮監裴寂，晉陽令劉文靜，相與同宿，見城上烽火，寂歎曰：「貧賤如此，復逢亂離，何以自存！」文靜笑曰：「時事可知，吾二人相得，何憂貧賤！」文靜見李世民而異之，深自結納，謂寂曰：「此人雖少，命世才也。」寂初未然之。文靜坐與李密連昏，繫獄，世民就省之。文靜曰：「天下大亂，非高、光之才不能定也。」高謂漢高帝，光謂漢光武帝。世民曰：「安知其無，但人不識耳。我來相省，非兒女之情，欲與君議大事也。計將安出？」文靜曰：「今主上南巡江、淮，李密圍逼東都，羣盜殆以萬數。當此之際，有眞主驅駕而用之，取天下如反掌耳。太原百姓皆避盜入城，文靜爲令數年，知其豪傑，一旦收集，可得十萬人，尊公所將之兵復且數萬，一言出口，誰敢不從！以此乘虛入關，號令天下，不過半年，帝業成矣。」世民笑曰：「君言正合我意。」乃陰部署賓客，淵不之知也。世民恐淵不從，久不敢言。淵與裴寂有舊，每相與宴語，文靜欲因寂關說，乃引寂與世民交。世民以其謀告之，寂許諾。

會突厥寇馬邑，世民乘閒屛人說淵曰：「今主上無道，百姓困窮，晉陽城外皆爲戰場；

大人若守小節，下有寇盜，上有嚴刑，危亡無日。不若順民心，興義兵，轉禍爲福，此天授之時也。」淵大驚曰：「汝安得爲此言！」明日世民復說淵曰：「今盜賊徧於天下，大人受詔討賊，賊可盡乎！設能盡賊，則功高不賞，身益危矣！惟昨日之言，可以救禍，此萬全之策也，願大人勿疑。」淵乃歎曰：「吾一夕思汝言，亦大有理。今日破家亡軀亦由汝，化家爲國亦由汝矣！」先是，裴寂私以晉陽宮人侍淵，至是，淵從寂飲，酒酣，寂從容言曰：「二郎陰養士馬，二郎謂李世民。欲舉大事，正爲寂以宮人侍公，恐事覺幷誅耳。衆情已協，公意如何？」淵曰：「事已如此，當復奈何？正須從之耳。」及劉武周據汾陽宮，世民言於淵曰：「大人爲留守，而盜賊竊據離宮，不早建大計，禍今至矣！」淵乃命世民與劉文靜、長孫順德、劉弘基等各募兵，遠近赴集，旬日閒近萬人，仍密遣使召建成、元吉於河東，（河東郡治蒲坂，在今山西芮城縣西北。）柴紹於長安。王威、高君雅見兵大集，疑淵有異志，欲討淵。淵使世民伏兵於晉陽宮城之外，文靜與弘基、順德等共執威、君雅繫獄。會突厥數萬衆寇晉陽，衆以爲威、君雅實召之也，於是斬威、君雅以徇。行示曰徇。突厥大掠而去。

李淵遣使如突厥

綱　六月，李淵遣使如突厥。

目　六月，建成、元吉與柴紹偕至晉陽。劉文靜勸李淵與突厥相結，資其士馬，以益兵勢。淵從之，自爲手啓，卑辭厚禮，遺始畢可汗。始畢復書，欲淵自爲天子，乃以兵馬助之。將佐皆喜，請從突厥之言。淵不可，曰：「諸君宜更思其次。」裴寂等乃請尊天子爲太上皇，

掩耳盜鈴　李世民拔西河　李世民數斬高德儒　李淵自稱大將軍　李淵以書招李密

立代王爲帝，以安隋室；移檄郡縣；改易旗幟，雜用絳白，以示突厥。淵曰：「此可謂『掩耳盜鈴』，然逼於時事，不得不爾。」乃許之，遣使以此告突厥。

綱 李淵遣世子建成及世民擊西河郡，（治隰城縣，即今山西汾陽縣。）拔之，斬郡丞高德儒。

目 西河郡不從淵命，淵使建成、世民將兵擊之。至西河城下，郡丞高德儒閉城拒守，攻拔之。執德儒至軍門，世民數之曰：「汝指野鳥爲鸞，以欺人主，取高官。吾興義兵，正爲誅佞人耳！」遂斬之。自餘不戮一人，秋毫無犯，各慰撫使復業，遠近聞之大悅。建成等引兵還晉陽，往返凡九日。淵喜曰：「以此行兵，雖橫行天下可也。」遂定入關之計。

綱 李淵自稱大將軍，開府置官屬。

綱 秋七月，李淵引兵至霍邑，（在今山西洪洞縣北。）代王侑遣郎將宋老生、將軍屈突通將兵拒之。屈突，複姓。

目 李淵以子元吉爲太原太守，留守晉陽宮。帥甲士三萬發晉陽，誓衆，移檄，諭以尊立代王之意；西突厥阿史那大奈亦帥其衆以從。阿史那，突厥三字姓。淵至西河，慰勞吏民，賑贍貧乏；至賈胡堡，去霍邑五十餘里。代王侑遣郎將宋老生帥精兵二萬屯霍邑，大將軍屈突通將驍果數萬屯河東，以拒淵。會積雨，淵不得進。

劉文靜至突厥，見始畢可汗請兵。

淵以書招李密。密自恃兵彊，欲爲盟主，復書曰：「所望左提右挈，戮力同心，戮力，并力

徐觀蚌鷸之勢

李淵復李密書

也。執子嬰於咸陽，（漢高帝入咸陽降秦王子嬰，此以喻代王侑。）殪商辛於牧野。」（周武王敗商紂於牧野，此以喻隋煬帝。）淵得書，笑曰：「密妄自矜大，非折簡可致。（折簡，擘紙作書也。）吾方有事關中，若遽絕之，乃是更生一敵；不如卑辭推奬以驕其志，使爲我塞成皐之道，（成皐在今河南滎陽縣西北。）綴東都之兵，（綴，止也。東都即洛陽。）我得專意西征。俟關中平定，據險養威，徐觀蚌鷸之勢，以收漁人之功，（蚌，蛤也。鷸，知天將雨鳥也。戰國策，趙伐燕。蘇代爲燕謂趙惠文王曰：「今者臣來過易水，蚌方出曝，而鷸啄其肉，蚌合而拑其喙，鷸謂蚌曰：『今日不雨，明日不雨，即有蚌脯。』蚌亦謂鷸曰：『今日不出，明日不出，必有死鷸。』蚌、鷸不肯相舍，漁人得而并擒之。今趙且伐燕，燕、趙久相支，以敝大衆，臣恐彊秦之爲漁父也。」）未爲晚也。」乃復書曰：「天生烝民，必有司牧，當今爲牧，非子而誰！老夫年逾知命，願不及此。欣戴大弟，攀鱗附翼，唯弟早膺圖籙，（圖讖、符籙。）以寧兆民！宗盟之長，屬籍見容，復封於唐，斯榮足矣。」密得書甚喜，以示將佐曰：「唐公見推，天下不足定矣！」自是信使往來不絕。

李世民不欲北還

雨久不止，淵軍中糧乏；劉文靜未返，或傳突厥與劉武周乘虛襲晉陽；淵欲北還。裴寂等亦以爲「隋兵尚彊，未易猝下。李密姦謀難測，武周唯利是視，不如還救根本，更圖後舉。」李世民曰：「今禾菽被野，何憂乏糧！老生輕躁，一戰可擒。李密顧戀倉粟，未遑遠略。武周與突厥外雖相附，內實相猜。武周雖遠利太原，豈可近忘馬邑！本興大義，奮不顧身以救蒼生，當先入咸陽，號令天下。今遇小敵，遽已班師，（班，還也。）恐從義之徒一朝解體，還守太原一城之地爲賊耳，何以自全！」建成亦以爲然。淵不聽，促令引發。世民將復入諫，會淵已寢；不得入，號哭於外，聲聞帳中。淵召問之，世民曰：「今兵以義動，進戰則克，退還則散；衆散於前，敵乘於後，死亡無日，何得不悲！」淵乃悟，曰：「軍已發，奈何？」世民曰：「右軍嚴而未發，左軍去亦未遠，請自追之。」淵笑曰：「吾之成敗皆在爾，惟爾所爲。」世民乃與建成分道夜追左軍復還。既而太原運糧亦至。

李軌稱涼王

綱　武威司馬李軌起兵河西，（武威郡治姑臧，即今甘肅武威縣。河西，謂黃河以西，今甘肅、青海等地。）自稱涼王。

薛舉稱秦帝

綱　薛舉自稱秦帝，徙據天水。（天水郡治上邽縣，在今甘肅天水市西南。）

綱　八月，李淵與宋老生戰，斬之，遂取霍邑。

綱　李淵克臨汾、絳郡，（絳郡治正平縣，在今山西稷山縣東南。）劉文靜以突厥兵至，遂下韓城。（在今陝西韓城縣西北。）

綱　九月，武陽郡降李密。（武陽郡治貴鄉縣，在今河北大名縣東。）

李密召魏徵掌記室

目　武陽郡丞元寶藏以郡降李密，密以爲上柱國。寶藏使其客鉅鹿魏徵爲啓謝密，（鉅鹿，即今河北鉅鹿縣。）且請帥所部南會諸將取黎陽倉。密喜，即以寶藏爲魏州總管，（魏州即武陽郡。）召徵掌記室。徵少孤貧，好讀書，有大志，落拓不事生業。始爲道士，寶藏召典書記。密愛其文辭，故召之。

綱　李密遣徐世勣取黎陽倉。

徐洪客獻書李密

目 李密遣徐世勣帥麾下五千人濟河，會元寶藏、郝孝德共襲破黎陽倉，據之。開倉恣民就食，浹旬閒，得勝兵三十餘萬。竇建德、朱粲之徒，亦遣使附密。泰山道士徐洪客獻書於密，（泰山，在今山東泰安市北。）以爲「大衆久聚，恐米盡人散，師老厭戰，難可成功。」勸密「乘進取之機，因士馬之銳，沿流東指，直向江都，執取獨夫，號令天下。」密壯其言，以書招之，洪客竟不出，莫知所之。

馮翊降李淵

綱 馮翊太守蕭造降於李淵。（馮翊郡治馮翊縣，即今陝西大荔縣。）淵留兵圍河東，自引軍西。

目 時河東未下，三輔豪傑至者日以千數。（三輔，謂京兆、馮翊、扶風。）淵欲引兵西趣長安，猶豫未決。裴寂曰：「屈突通擁大衆，憑堅城，吾捨之而去，若進攻長安不克，退爲河東所踵，腹背受敵，此危道也。不若先克河東，然後西上。」李世民曰：「不然。兵貴神速，吾席累勝之威，撫歸附之衆，鼓行而西，長安之人望風震駭，智不及謀，勇不及斷，取之若振槁葉耳。若淹留自弊於堅城之下，彼得成謀，脩備以待我，坐費日月，衆心離沮，則大事去矣。且關中蜂起之將，未有所屬，不可不早招懷也。屈突通自守虜耳，不足爲慮。」淵兩從之，留諸將圍河東，自引軍而西。

綱 李淵濟河，遣建成守潼關，（在今陝西渭南縣東南。）世民徇渭北。（謂渭水以北，今陝西中部、北部及甘肅平涼市以東地。）

目 李淵帥諸軍濟河，關中士民歸之者如市。淵遣世子建成、劉文靜帥王長諧等諸軍

于志寧等歸李淵

屯永豐倉，守潼關以備東方兵；世民帥劉弘基等諸軍徇渭北。冠氏長于志寧、安養尉顏師古及世民婦兄長孫無忌，（冠氏縣，即今山東冠縣。安養縣，在今湖北襄陽縣境。李世民婦，長孫晟女。）謁見淵於長春宮。（在今陝西朝邑縣。）志寧、師古皆以文學知名，無忌乃有才略。淵皆禮而用之。

李淵合軍圍長安

綱 柴紹妻李氏及李神通、段綸各起兵以應李淵，關中羣盜悉降於淵。

目 柴紹之赴太原也，其妻李氏歸鄠縣別墅，別墅，田廬也。（鄠縣，在今陝西鄠縣北。）散家貲，聚徒衆。淵從弟神通亦在長安，亡入鄠縣山中，與長安大俠史萬寶等起兵以應淵。神通衆踰一萬，以令狐德棻爲記室。左親衞段綸娶淵女，亦聚徒於藍田，（即今陝西藍田縣。）得萬餘人。各遣使迎淵。淵使柴紹將數百騎迎李氏。關中羣盜皆請降。

娘子軍

綱 冬十月，李淵合諸軍圍長安。

房玄齡歸李世民

目 淵進屯馮翊。世民所至，吏民及羣盜歸之如流，世民收其豪俊以備僚屬，李氏將精兵萬餘會世民於渭北，與柴紹各置幕府，古者出征以幕帳爲府署，故稱。號「娘子軍」。隰城尉房玄齡謁世民於軍門，隰音習。（隰城，西河郡治，即今山西臨汾縣。）世民一見如舊識，署記室參軍，引爲謀主。玄齡罄竭心力，知無不爲。淵引軍西行，十月，至長安，命諸軍進圍城。

蕭銑稱涼王

綱 蕭銑起兵巴陵，銑，後梁宣帝蕭詧曾孫。（巴陵縣，即今湖南岳陽縣。）自稱梁王。

李淵克長安

綱 十一月，李淵克長安，殺留守官陰世師等十餘人。

約法十二條

李淵立代王侑爲帝　李世民爲秦公

堯君素守河東

目　李淵克長安，迎代王於東宮，遷居大興殿後聽。與民約法十二條，悉除隋苛禁。淵之起兵也，留守官發其墳墓，毀其五廟。至是，衞文昇已卒，執陰世師等十餘人，斬之，餘無所問。馬邑郡丞三原李靖，（三原縣，在今陝西三原縣東北。）素與淵有隙，淵將斬之，靖大呼曰：「公興義兵，欲平暴亂，乃以私怨殺壯士乎！」世民爲之固請，乃捨之，世民因召置幕府。靖少負志氣，有文武才略，其舅韓擒虎每撫之曰：「可與言將帥之略者，獨此子耳！」

綱　李淵立代王侑爲皇帝，尊帝爲太上皇。侑時年十三。

綱　淵自爲大丞相，封唐王。以建成爲唐王世子，世民爲秦公，元吉爲齊公。

綱　十二月，唐王淵追謚其大父爲景王，大父，李虎。考爲元王，考，李昞。夫人竇氏爲穆妃。

綱　河池太守蕭瑀以郡降唐。唐以瑀爲禮部尚書，封宋國公。（河池郡治梁泉縣，即今陝西鳳縣。）

綱　屈突通降唐，唐遣通招河東通守堯君素，不下。

恭帝侑　煬帝之孫，太子昭之第三子。昭卒，封爲代王，留守西京，唐公李淵立以爲帝。在位二年，廢爲酅國公，年十五歲而薨。

綱　戊寅，（六一八）隋恭帝侑義寧二年、恭帝侗皇泰元年，唐高祖神堯皇帝李淵武德元年，夏王竇建德五鳳元年，凉王李軌安樂元年，楚王朱粲昌達元年。是歲幷楚士弘、魏、定楊、梁師都、秦、梁銑凡十二國。隋煬帝廣、恭帝侑、秦、魏亡。春正月，唐王淵自加殊禮。

綱　三月，隋宇文化及弑其君廣於江都，立秦王浩。

目　煬帝至江都，荒淫益甚，酒巵不離口；巵音支，飲酒器。然見天下危亂，亦不自安，退朝則幅巾短衣，徧歷臺閣，汲汲顧景，日光曰景。唯恐不足。常仰視天文，謂蕭后曰：「外閒大有人圖儂，然且共樂飲耳！」因引滿沉醉。又引鏡自照，曰：「好頭頸，誰當斫之！」斫，刀斬也。后驚問故，帝笑曰：「貴賤苦樂，更迭爲之，亦復何傷！」

郎將趙行樞請以許公宇文化及爲主。（許，今河南許昌市。）化及聞之，變色流汗，既而從之。郎將司馬德戡遂引兵自玄武門入直閤，裴虔通逼帝出宮，露刃侍立。帝歎曰：「我何罪至此？」賊黨馬文舉曰：「陛下違棄宗廟，巡遊不息，外勤征討，內極奢淫，四民喪業，盜賊蜂起；專任佞諛，飾非拒諫，何謂無罪！」帝曰：「我實負百姓；至於爾輩，榮祿兼極，何乃如是！」虔通欲遂弑帝，帝曰：「天子死自有法，何得加以鋒刃！取鴆酒來！」文舉等不許，使令狐行達縊殺之。

化及自稱大丞相，總百揆。以皇后令立秦王浩爲帝。

化及之入朝堂也，百官畢賀，蘇威亦往，給事郎許善心獨不至。化及殺之。其母范氏，年九十二，撫柩不哭，曰：「吾有子矣！」不食而卒。

綱　唐王淵自爲相國，加九錫。

唐王聞變慟哭曰：「吾北面事人，失道不能救，敢忘哀乎！」追諡曰煬。

蕭銑稱帝

李淵稱帝

唐罷郡置州

隋越王侗稱帝

突厥遣使如唐

唐定律令置學校

綱　宇文化及發江都。

綱　隋吳興太守沈法興起兵，討宇文化及。（吳興郡治吳興縣，卽今浙江湖州市。）據江表十餘郡。

綱　夏四月，宇文化及至彭城，（卽今江蘇徐州市。）魏公密拒之，化及引兵入東郡。

綱　梁王銑稱皇帝。

目　梁王蕭銑卽帝位，置百官，徙都江陵。（梁舊都，今湖北江陵縣。）脩復園廟。引岑文本爲中書侍郎，委以機密。

綱　五月，唐王淵稱皇帝。

目　隋恭帝禪位於唐，唐王卽皇帝位。推五運爲土德，色尙黃。

綱　唐罷郡置州，以太守爲刺史。

綱　隋越王侗稱皇帝。

目　東都留守官聞煬帝凶問，奉越王侗卽位。段達、王世充爲納言，元文都爲內史令，共掌朝政。

綱　突厥遣使如唐。

目　時突厥彊盛。唐初起兵，資其兵馬，前後餉遺，不可勝紀。突厥恃功驕倨，每遣使者至長安，多暴橫，唐主優容之。

綱　唐定律令，置學校。

唐廢隋帝爲酅國公

孫伏伽上書

目 命裴寂、劉文靜等脩律令，行之。置國子、太學、四門生，三百餘員，郡縣學亦置生員。

綱 六月，唐以秦公世民爲尚書令，裴寂爲右僕射、知政事，劉文靜爲納言，竇威、蕭瑀爲內史令。

綱 唐立四親廟。追尊皇高祖熙曰宣簡公；皇曾祖天賜曰懿王；皇祖虎曰景皇帝，廟號太祖；皇考昞曰元皇帝，廟號世祖；妣皆爲后，謚妃竇氏曰穆皇后。

綱 唐立世子建成爲皇太子，世民爲秦王，元吉爲齊王。

綱 唐廢隋帝侑爲酅國公，酅音奚。而選用其宗室。（酅，春秋紀邑，在今山東益都縣北。）

綱 唐以孫伏伽爲治書侍御史。

目 萬年縣法曹孫伏伽上表曰：（萬年縣，在今陝西西安市西北。）「隋以惡聞其過亡天下，故陛下得之；然陛下徒知得之之易，而未知隋失之之不難也。謂宜易其覆轍，務盡下情。凡人君言動，不可不愼。陛下今日卽位，明日有獻鷂雛者，此乃少年之事，豈聖主所須哉！又百戲、散樂，亡國淫聲。近太常於民閒借婦女裙襦以充妓衣，擬五月五日玄武門遊戲，此亦非所以爲子孫法也。夫善惡之習，漸染易移，太子、諸王參僚左右，宜謹擇其人；有門風不睦，素無行義，專好奢靡，以聲色遊獵爲事者，皆不可近。自古骨肉乖離，以至敗亡，未有不因左右離閒而然也」。唐主大悅，下詔褒稱，擢爲治書侍御史，賜帛三百匹，仍頒示遠近。

李密奉表降隋　李軌爲涼王　李密降唐　宇文化及稱帝　朱粲稱楚帝　涼王李軌稱帝　徐世勣降唐

綱 魏公密敗宇文化及於黎陽，奉表降隋。

綱 秋七月，隋王世充殺元文都，隋主以世充爲僕射。魏公密如東都，不至而復。聞變而還。

綱 八月，秦主舉卒，子仁杲立。

綱 唐立李軌爲涼王。

綱 隋人葬煬帝於江都。

綱 魏公密與隋戰，大敗，遂以其衆降唐。

綱 隋宇文化及弒秦王浩，自稱許帝。稱帝於魏縣，國號許。（宇文化及襲封許公，因以爲國號。即位於魏縣，在今河北大名縣西。改元天壽。）

綱 冬十月，唐以李密爲光祿卿，封邢國公。（邢州治襄國縣，即今河北邢臺縣。）

綱 朱粲自稱楚帝。取唐鄧州，（治穰，即今河南鄧縣。）刺史呂子臧死之。

綱 隋以王世充爲太尉。

綱 十一月，涼王李軌稱帝。（改元安樂。）

綱 唐秦王世民破秦兵，圍折墌，墌音隻，城名，薛仁杲居此。（折墌城，在今甘肅涇川縣東北。）秦主仁杲出降。

綱 徐世勣降唐，賜姓李氏。

目　徐世勣據李密舊境，未有所屬。魏徵隨密至長安，無所知名，乃自請安集山東。唐主以爲祕書丞，乘傳至黎陽，傳，驛車。勸世勣早降。世勣遂決意西向，謂長史郭孝恪曰：「此民衆土地，皆魏公有也；吾若獻之，是利主之敗，自爲功以邀富貴也，吾實恥之。今宜籍郡縣戶口、士馬之數以啓魏公，使自獻之。」乃使孝恪詣長安。唐主初怪世勣無表，既而聞之，歎曰：「世勣不背德，不邀功，眞純臣也！」賜姓李氏。使孝恪與世勣經營虎牢以東。（虎牢，在今河南滎陽縣西北。）

綱　唐斬薛仁杲于市。

綱　唐遣李密收撫山東。

目　李密遇大朝會，職當進食，深恥之；退，以告王伯當。伯當曰：「天下事，在公度內耳。」乃言於唐主曰：「臣蒙榮寵，曾無報效；山東之衆，皆臣故時麾下，請往收之。憑藉國威，取世充如拾芥耳！」羣臣皆以密狡猾好反，不可遣。唐主不聽，引密升御榻，飲勞甚厚。又以王伯當爲副而遣之。

綱　唐殺隋河東守將堯君素。

目　隋將堯君素守河東，唐遣獨孤懷恩攻之，不下；招之，不從。遣其妻至城下，謂之曰：「隋室已亡，君何自苦！」君素曰：「天下名義，非婦人所知！」引弓射之，應弦而倒。久之，食盡，又聞江都傾覆，左右殺君素以降。

盛彥師斬李密

李素立諫守法

唐定租庸調法

朱粲降唐

竇建德誅宇文化及

【綱】唐李密叛，行軍總管盛彥師討斬之。

【綱】唐以李素立爲侍御史。

【目】有犯法不至死者，唐主特命殺之。監察御史李素立諫曰：「三尺法，（以三尺竹簡書法律，故云。）王者所與天下共也；法一動搖，人無所措手足。陛下甫創鴻業，奈何棄法！臣不敢奉詔。」唐主從之。命所司授以七品清要官；擬雍州司戶，（雍州治萬年縣，在今陝西西安市西北。）唐主曰：「要而不清。」又擬祕書郎，唐主曰：「清而不要。」遂擢授侍御史。

【綱】唐以舞胡安叱奴爲散騎侍郎。舞胡，樂正。

恭帝侗 煬帝之孫，太子昭之第二子，昭卒，封爲越王，留守東都。王世充等立以爲帝。在位一年，爲世充所弒。

【綱】己卯，（六一九）隋恭帝侗皇泰二年，唐武德二年，鄭王王世充開明元年，梁王沈法興延康元年，吳王李子通明政元年。是歲隋、梁、楚（粲）亡，并楚（士弘）、夏、定楊、梁師都、梁銑凡九國。春二月，唐定租、庸、調法。（見卷三十九魏大統十六年「身租調庸」注。）

【目】每丁租二石，絹二匹，綿三兩；自茲以外，不得橫斂。

【綱】朱粲降唐，以爲楚王。

【綱】夏王建德破宇文化及於聊城，（在今山東聊城市北。）誅之。

【綱】唐以宇文士及爲上儀同，封德彝爲內史侍郎。

【綱】隋王世充自稱鄭王，加九錫。

王世充稱帝

王世充殺隋主侗隋亡

布席禮佛

唐置十二軍

綱 夏四月，鄭王世充稱帝。

綱 唐遣安興貴襲執涼主軌以歸，殺之，河西平。

綱 五月，鄭王世充弒隋主侗。

目 世充以尚書裴仁基、裴行儼有威名，忌之。仁基父子知之，亦不自安，乃與尚書左丞宇文儒童謀殺世充，復立隋主；事泄，皆夷三族。齊王世惲言於世充曰：「儒童等謀反，正爲隋主尚在故也，不如早除之。」世充遣人酖之，隋主請與太后訣，不許。乃布席禮佛曰：「願自今以往，不復生帝王家！」飲藥，不能絕，以帛縊殺之，謚曰恭皇帝。

綱 秋七月，唐置十二軍。初析關中爲十二道，今更置爲十二軍。

目 置十二軍，分統關內諸府，（關內諸府，謂關內道原、寧、夏等總管府。）皆取天星爲名，每軍將、副各一人，督以耕戰之務。由是士馬精彊，所向無敵。

綱 八月，唐酇公薨。

綱 唐殺其民部尚書劉文靜。

目 文靜自以材略功勳在裴寂之右，而位居其下，意甚不平。家數有妖，弟文起召巫厭勝。厭，鎮也。文靜有妾無寵，使其兄上變告之。唐主以文靜屬吏，秦王世民爲之固請曰：「昔在晉陽，文靜先建非常之策，始告寂知，及克京城，克長安也。任遇懸隔；今文靜觖望則有之，觖音厥。觖望，怨望也。非敢謀反。」寂曰：「文靜材略過人，性復麤險，天下未定，留之必貽

沈法興稱梁王　李子通稱吳帝

李綱

後患。」唐主素親寂，低回久之，卒用寂言。殺文靜，籍沒其家。

【綱】沈法興稱梁王於毗陵，（毗陵郡治晉陵縣，卽今江蘇常州市。）李子通稱吳帝於江都。（李子通，大業十一年據海陵。江都故屬吳郡，故稱吳帝。）

【綱】唐以李綱爲太子少保。

【目】初，綱以尙書領太子詹事，太子建成以秦王世民功高，忌之；綱屢諫不聽，乃乞骸骨。唐主罵曰：「卿爲何潘仁長史，（大業十三年西域商胡何潘仁入司竹園爲盜，劫李綱爲長史。）乃恥爲朕尙書邪！」綱曰：「潘仁，賊也，每欲妄殺人，臣諫之則止，爲其長史，可以無愧。陛下創業明主，臣所言如水投石，於太子亦然，臣何敢久汙天臺，辱東朝乎！」（東朝，東宮之朝。）唐主曰：「知公直士，勉留輔吾兒。」以爲太子少保。唐主嘗考第羣臣，以綱及孫伏伽爲第一。謂裴寂曰：「隋以主驕臣諂亡天下。朕卽位以來，每虛心求諫，唯綱盡忠款，伏伽誠直，餘人皆踵弊風，俛眉而已，豈朕所望哉！」

【綱】冬，定楊將宋金剛取澮州，（治澮川縣，卽今山西翼城縣。）唐遣秦王世民擊之。

【綱】十一月，唐秦王世民擊宋金剛，屯柏壁。（柏壁城，在今山西稷山縣東。）